文學研究叢書·古典詩學叢刊

白居易詩人品味研究

陳家煌　著

謹將此書獻給我一生辛勞的父親，陳萬添先生
（1949-2022）

目次

第一章
緒論

一　詩人品味

　　中唐所謂的「詩人」概念的轉化及定型，還有中唐「詩人」身分的確立及社會地位的提升，雖然是彼時大環境逐步積累的結果，但是白居易（772-846）於其中，展現了明確的詩人形象。詩人身分的確立，繫乎詩人聲望，而所謂的詩人聲望，若從布爾迪厄（Pierre Bourdieu, 1930-2002）理論的術語加以理解，則是某種符號資本（symbolic capital）（或譯為象徵資本），此乃一種無形卻具影響力的存在。詩人成為某種社會尊敬的象徵符號，寫詩的才能成為眾人崇敬的才能，成為龔鵬程先生所謂的「文學崇拜」。[1] 雖然寫詩的才能無法經世濟民、治國理邦，於世人沒有實質益處，不過詩人卻能依憑此種無形的符號資本，也就是詩人聲望，搏取社會上較有利的社會地位。換言之，符號資本如何累積成文化資本，進而轉換成政治資本或是社會資本，在古典詩研究中雖然屬於外圍研究的課題，但是對這類課題認識愈深，對詩歌的詮釋也能更真切。

　　在處理詩人聲望如何成為文化資本或是符號資本之前，可能先要考慮詩人如何塑造其形象的問題。讀者可以從詩作中去瞭解及揣想詩人，同樣地，詩人也藉由詩歌寫作來建構詩人形象。眾所周知，布拉姆斯在《鏡與燈》的理論中，讀者藉由作品，理解作者的歌哭感慨，

---

[1] 龔鵬程：〈文學崇拜與中國社會：以唐代為例〉，《文化符號學》（臺北：學生書局，1992年），頁307-401。

而作者藉由書寫，將自己的歌哭感慨符號化為文字，文本成了建構／虛構詩人形象的主要媒介。在詩作中，詩人主觀地展現了自我專屬的「品味」（taste），所謂的品味，即是鑑賞力（discriminateon），通過敏銳的辨識力或心智能力，可以區分出好的、壞的或普通的。[2]而且 taste 的概念不能夠與消費者（consumer）分開來談，因為消費者都運用與展現其鑑賞力。[3]所以，品味基本上涵蓋了物質文化的研究，而物質文化，又與社會階級（class）息息相關。

除了詩歌語感的鑑賞力及創造力（此乃詩人之所以為詩人的詩人技藝）之外，詩人在詩中呈現出對物事的品味，也是吸引讀者的題材內容之一。詩人想要在詩作中呈現出何種自我詩人形象，端看他詩作內容透露出何種「詩人品味」。

所謂的「品味」，與文化教養相關，個人的審美趣味、學術風度均離不開文化資本（cultural capital），並且文化品味乃是教育和教養的產物，雖然與個人才智有關，但是在討論品味時，不能捨棄個人教育水準、品味養成、以及社會出身等諸多外緣條件不論。如同布爾迪厄所說的：

> To the socially recognized hierarchy of the arts, and within each of them, of genres, schools or periods, corresponds a social hierarchy of the consumers. This predisposes tastes to function as markers of 'class'.[4]

2　〔英〕威廉斯著、劉建基譯：《關鍵詞：文化與社會的詞匯》（北京：三聯書店，2005年），頁481。

3　〔英〕威廉斯著、劉建基譯：《關鍵詞：文化與社會的詞匯》，頁483。

4　〔法〕Pierre Bourdieu, *Distinction, A Social Critique of The Judgement of Taste*, translated by Richard Nice, by the President and Fellows of Harvard College and Routledge & Kegan Paul 1984, p.2.

　　布爾迪厄不太認同天賦異秉、與生俱來的品味，反而從社會學者的角度觀察，凡能從事藝術活動（cultural practices）或擁有喜愛藝術的人，均與他們的教育程度有關。此外，便是其社會出身（social origin），而出身又關乎這些人能不能持續地受教育，養成品味。所以，所謂的「出身」便是決定品味的第一要素。此外，藝術層次的高下，又與消費能力相符合，因此，所謂的品味，便是「社會階級（class）」的另一種標誌。

　　布爾迪厄認為，在文化場域（cultural field）內，文化創作者所競爭的主要乃是名氣、尊崇和聲望等權威，此權威的基礎乃符號／象徵權力（symbolic power），這種符號權力乃文化創作者的文化資本（cultural capital）。此二種資本構成文化場域最重要的二種資本型態。符號資本有時雖然可以轉化為經濟資本，但它們不可相互化約，甚至有時會相互排斥。[5]

　　但是弔詭的是，白居易退居洛下前，其實同時擁有政治資本、經濟資本，甚至能評斷他人優劣的符號／象徵權力的文化資本。但他卻甘願退居洛下，放棄政治資本，營建自己專屬的壺中天地來收藏江南物，並且以詩歌記錄自己於履道宅的生活及收藏。[6]他精心營造的居住空間、收藏的物件、形塑的生活方式，在在都呈現出異於他人的卓異品味（distinguished tastes）。尤其值得注意的是，白居易的洛下生活，不僅在生活情調與收藏物件呈現品味，他晚期的詩作，也有異於主流的創作品味。

　　在筆者發表的〈論白居易詩的晚期風格〉一文中，提出了白居易詩反其道而行，不以追求凝煉如結晶的詩為寫作目標，反而以過剩的

5　許嘉猷：《藝術之眼——布爾迪厄的藝術社會學理論及其在台灣之量化與質化研究》（臺北：唐山出版社，2011年），頁44。
6　曹淑娟：〈江南境物與壺中天地——白居易履道園的收藏美學〉，《臺大中文學報》35期（2011年12月），頁85-124。

語言將詩意稀釋，建構屬於自己的詩歌風格。若以這一個角度來看，白居易的詩不僅「與時調不同」，而且與歷來的詩人唱反調。歷來被學習效法的凝練詩歌語言形式風格，被中唐詩人白居易捨棄，改以平直但不淺薄的詩歌語言來承載情思。除此之外，白居易晚期退居洛下之後的詩作，還有另一處與時調不同。他大量地歌詠自己所擁有之物。對白居易而言，詩人權力的展現奠基於對政治權力的放棄，因為放棄了與世人同調的爭逐名利資格（由自己一方片面地不斷宣示來告知世人），使得白居易盡力營造洛陽履道宅園林，自覺地安置江南物件、創造園林中的境景。在不斷地強調「園為我有」、「我在園中」之類的宣告詩作後，履道園的創建與描寫，變成白居易向世人宣告此園宅乃白居易最後終老，並且安頓身心的最後歸宿。白居易晚年自稱自己為「不才物」、「長物」、「愚叟」，在詩文中不斷地向世間宣告遠離政治場域的決心，並確切地營造類似「壺中天地」的履道園，將自己隱身於園宅，刻意地不過問世事。履道宅園林自從白居易接手後，便以一己主意，營建安排，最後居住於此、悠遊於此，並且將此地定位為終老和安頓身心之地。因此，不以詩載道，在洛下履道宅園中，白居易晚期詩歌題材，幾乎拋棄他早期〈與元九書〉中「詩歌合為時而作」的創作綱領，題材的選擇，反而大量歌詠其所擁有之物，與其「中隱」生活。[7]

布爾迪厄在論及馬內對近代藝術繪畫革命時，引用了法國小說家福樓拜的名言：「Écrire bien le médiocre」[8]，翻成英文意思是「Write the mediocre well」，也就是將平凡事物寫成不平凡。布爾迪厄認為馬內做到了「place the source of artistic 'creation' in the representation and

---

7　相關論述，請參見陳家煌：〈論白居易詩的晚期風格〉，《國文學報》54期（2013年12月），頁113-148。

8　〔法〕Pierre Bourdieu, *The Field of Cultural Production: Essays on Art and Literature*, editor and introduced by Randal Johnson, Cambridge: Polity Press, 1993,p.265.

not in the thing represented」[9]，也就是將創作品的美學根源，放在再現的過程（representation），而非再現的事物（the thing represented）。換言之，馬內於繪畫時所考量的優劣條件，是繪畫技藝的藝術本質本身，而不是題材的抉擇。如此一來，「主題之中立」（neutrality of the subject），成為馬內繪畫時，不以題材決定作品的優劣，在他的筆下就算是低俗世界的底層事物如酒鬼、妓女等之描繪，也能創造出偉大的畫作，因而擺脫說教式的繪畫主題，對世界作純藝術之凝視。[10]白居易在退居洛下後的詩歌題材，與早期諷喻詩作大相逕庭。詩歌主題經常是瑣碎的生活片斷，或是對私人物品的歌詠，就算是宴遊詩，與宴的人也都是至交好友，幾乎放棄政治場合的社交活動。但是與馬內相同的是，在專屬私人領域的記錄詩作，如何「將平凡事物寫成不平凡」，成了白居易放棄崇高詩歌主題所需面對的課題。帶有理想性的詩歌主題，不論優劣，至少可免於受人評議，但是詩作看似不擇題，甚至大量寫作私人生活，這些詩人生活題材入詩，如何引人入勝、吸引讀者注意，甚至流傳千古？身為詩人的白居易想必考慮過這類問題。

　　或許，白居易在「詩藝」上採取了不同於以往的技法，以便能用語言描繪平凡事物時，將之寫得不平凡，也就是引人入勝。換言之，白居易以其生活無虞的「經濟資本」，及其文章宗主的「文化資本」與「象徵資本」為基礎，在洛陽打造了自己創建經營的「詩人生活」，對於生活空間及收藏物品，作出了鑑別區分的品味，而這種品味是屬於詩人專有，不是政治家、宗教家、年輕文士、商人等階層所擁有。在製造出與一般民眾有區隔距離後，再以詩歌為載具，宣揚其生活品味及生活模式，因而更加確立其「象徵資本」的權力，也確立

9　〔法〕Pierre Bourdieu, *The Field of Cultural Production: Essays on Art and Literature*, p.239.

10　許嘉猷：《藝術之眼——布爾迪厄的藝術社會學理論及其在台灣之量化與質化研究》，頁67-70。

其「詩人形象」不可動搖的地位。白居易其詩人形象所呈現之詩人品味確立後，我們似乎就可以繼續探討後代詩人對白居易詩人形象、品味的繼承與接受，而宋代的蘇東坡便是一個最佳例子。

將所謂的「品味」與「階級」連結，並認為品味的鑑別（distinction）能力便是劃分階級的指標之一。這個想法與本書中，白居易刻意突出自身異於他人的詩人品味，其思考面向很值得參考。不過白居易品味的建立，並非僅僅來自於出身及家庭環境。白居易追求詩人的品味，可能來自於他身為詩人的意識及自覺。白居易於洛下對於生活品味的追求與執著，使他與周遭的友人生活模式有所區隔，用以刻意營造出白居易生活在俗世間但卻脫俗的形象，此形象的建立判準，便在於白居易獨特的辨別品味上。因此，當時以白居易為中心的洛下詩人群，似乎在分明的官階品級之外，另外隱然成為某種「階層（class）」存在。

在布爾迪厄所著 *The Field of Cultural Production* 一書，第一章第一節的標題便是：“The field of cultural production, or: the economic world reversed”[11]，文學場域不可避免地與作家生存環境之社會經濟政治有所關連，畢竟所有的作家也都曾經是活生生、有血有肉的生命存在，外圍研究雖然必須關注，但應該不能只從外圍因素來探討文學現象，嚴志雄先生對布爾迪厄的理論有著扼要而精闢的闡述：

> Bourdieu 強調：文學場域是在更大的、權力場域的結構內運作的，而後者的正當性來自於經濟或政治資本（economic or political capital）的擁有及其相對的、在社會中的宰制權力。在 Bourdieu 的描述下，文學場域（相對於權力場域）是「經濟世界的倒轉」（the economic world reversed），它擁有的經濟

---

11 〔法〕Pierre Bourdieu, *The Field of Cultural Production: Essays on Art and Literature*, p.29.

資本微不足道，是處於權力場域中讓人啼笑皆非的「瘋狂角落」（corner of madness）——文學場域的參與者以「被宰制的行動者」（dominated agents）的身分進行宰制；他在宰制階級中處於被宰制的位置，其擁有的，只是種種象徵性的資本（symbolic forms of capital），如學術資本、文化資本等。[12]

　　文人作家受制於經濟和政治資本的壓制下，他們所能擁有掌握的權力，以世俗力量（temporal power）而言是相當微不足道的。作家在政治上、經濟上無法發揮決定性的影響力，但是作家的世俗價值、社會聲望，卻相當程度掌握在這些擁有經濟、政治資本的人手中。這在廿一世紀的現代可能不那麼明顯，但是在古代封建禮教社會中，卻是極為普遍的現象。藝術家在布爾迪厄所謂的外緣原則與內緣原則中掙扎，傾向政治經濟的掌權者就如同中產階級向藝術靠攏。但想保有為藝術而藝術的創作獨立性，又不得不認同藝術必須從他人的經濟援助中獨立。因此，若藝術家順從而向權勢傾斜，就會被認為是因妥協而成功取得世俗聲名的一群；若不妥協，則可能被世俗價值認為是失敗的一群。

　　但是白居易卻是呈現出不同於布爾迪厄理論中的另一個面向。退居洛下的白居易擁有經濟資本，他也是個洗練的文化人，在政治場域及文化場域均擁有聲望的文雅士人，也就是布爾迪厄所謂的 cultivated disposition。因此，他一手建構成形的詩人生活與詩人格調，挾其雄厚的文化資本，便擁有當時社會對他的崇拜（the fetish of the name of the master）。因此就算白居易在詩中以淺白但洗練的詩歌，描寫他的日常生活時，也能展現他的品味與格調。因為白居易擁有被世人視為詩人的象徵資本（symbolic capital），他便有權力定位他的詩人生活是

12 嚴志雄：〈錢謙益攻排竟陵鍾、譚側議〉，《中國文學研究通訊》第14期第2卷，總第54期（2004年6月），頁95。

有品味的生活模式，如同布爾迪厄所說的：「Taste classifies, and it classifies the classifier」[13]，品味依附社會地位（class）而分階排序，高品味與低品味，從來與社會階層脫不了干係。白居易所形塑的詩人品味之所以值得深入研究，其價值便在於：在白居易之後的詩人階層，或是以詩人身分自居的文人，不論其仕途順逆、經濟窮達，他們的愛好、消遣、喜愛的物品、生活方式，都可以從白居易所建構的詩人形象中得到靈感，以及倣效的模式。白居易的詩人品味，幾乎定位了後代詩人們的品味，而形成中國傳統一貫的詩人品味。不論此人窮通榮悴，只要他以寫詩為展現情意的方法，那麼，他們最讚揚的詩人，明清之後，幾乎都是蘇東坡。但不可諱言的，宋代蘇東坡的詩人品味，有大部分是繼承唐代白居易的詩人品味而來。

　　布爾迪厄於 Dintinction──A social critique of the Judgement of Taste 一書中，引用馬克斯・韋伯（Max Weber, 1864-1920）的話，說明人對佔有物與品味之間的關係：

> One might be reading Marx, who writes: 'Man is initially posited as a private property owner, i.e., an exclusive owner whose exclusive ownership permit him both to preserve his personality and to distinguish himself from other men, as well as relate to them …… private property is man's personal, distinguishing and hence essential existence.'[14]

排他性的擁有，使人能夠保有自我人格，並藉此與他人區別或聯結，韋伯此段文字最末提到一個重要的觀點：私有財產就是一個人的人格，就是可區分的（distinguishing）、本質性的（essential）存在。所

---

13 〔法〕Pierre Bourdieu, *Distinction, A Social Critique of The Judgement of Taste*, p.6.

14 〔法〕Pierre Bourdieu, Distinction, *A Social Critique of The Judgement of Taste*, p.280.

以，佔有物品，等於展現自我異於他人的品味，甚至在某種程度來說，是宣示自我可區分、異於他人、卓越的（distinguished）、有特色的（distinctive）品味。品味，若以布爾迪厄的觀點切入，則屬於文化資本（cultural capital）的一環，甚至可以形塑為符號／象徵資本（symbolic capital）的一部分，成為個人身分的象徵，並依此擁有名望上的資源，以及成為眾人效法倣效的對象，依品味建立其聲望。

白居易退居洛下後，以詩人自身為主體所營構的私人領域（履道宅園林），充滿了白居易身為詩人的品味（Taste），關於園內建築物的分配，白居易於〈池上篇〉及洛下詩作中，均作了清楚的呈現。在池中的許多玩物，如鶴、馬、石等物質性的研究，日本漢學家與楊曉山均有論述（詳見下節相關研究成果列述）。詩人風雅的行為與興趣，如寫詩、釀酒、彈琴、煮茶、組識私家樂隊、種植草木，甚至好佛親禪，也呈現出詩人與眾不同的詩人「品味」。

所謂的品味，是建立在對物、事的鑑賞品味之上，因此討論品味的概念時，就不能脫離個人對「物」的喜好和愛戀。此外，何種人愛好何種物、擁有何種物，更牽涉到身分階層、審美標準，還有最重要的知識體系的建立。因此，何種人擁有何種品味，成為何種行家（connoisseur），與其社會地位息息相關。物與我之間，如何產生情感，達到戀物、收藏物、詠物，甚至物我交融，其間存在一套個人專屬的知識系統，如鄭毓瑜所言：

> 如果「物」世界的關係網，成為中國上古最重要的表述焦點，那麼，如何由「物」的角度詮釋古典詩，或者，該如何呈現古典詩的「物」背景，就成為值得進一步討論的問題。一般最熟知的應該是所謂「感物興情」或是「物我（情景）交融」這些說法，但是這些說法基本上是偏重在討論「文本內的物」，往往是在已經默許作者個我情志的主導下去談如何「託物寄

情」；然而「物」究竟如何出入「文本內外」，哪些「物」被擺
進來、哪些「物」被切割出去，以便成為一個可以辨認的「物
體系」，這顯然是另一個反思傳統詩歌的基本關鍵。[15]

古典詩中，詠物傳統以「感物興情」或是「物我交融」作為解詩詮釋
的切入方法，似乎成了既定的解讀模式。但是如同鄭毓瑜所言，哪些
物被擺進來、切割出去，其間呈現的「物體系」不僅在研究古典詩時
是重要思考面向，就算在研究單一詩人的詩作時，也同樣是重要的關
鍵。擷取、捨棄哪些物而成為詩歌歌詠的主題，乃是詩人品味的具體
展現策略。

　　本書以白居易之「詩人品味」為核心，探討白居易如何在其一生
中，培養對物、事之抉擇喜愛，以呈現其品味偏好。在敘述白居易追
求品味的客觀生活環境成立後，以閑適無虞的物質條件作為生活的基
礎，再去追求其興趣嗜好。以愛好物、事的抉擇鑑別，建立起異於俗
人且具「詩性」的生活品味，最後再以詩的形式，將品味作文學呈
現，藉以建立起高雅的詩人格調，此格調便是白居易欲展現於世人及
歷史的詩人形象，由詩人品味的建立及醇化的過程，向世人定義，何
謂本格的真正「詩人」。

二　相關研究成果

　　賈晉華在論及東都閑適詩人群的生活情趣和創作傾向時，以「好
佛親禪」、「平衡仕隱」、「耽玩園林」、「詩酒放狂」、「沉迷聲色」五大
主題論述。[16]關於這五部分，若是從白居易或是東都詩人群刻意張揚

---

15 鄭毓瑜：《引譬連類：文學研究的關鍵詞》（臺北：聯經出版事業公司，2012年），
　　頁232。
16 賈晉華：〈「平常心是道」與「中隱」〉，《漢學研究》第16卷2期（1998年12月），頁

其專屬的詩人品味，以建構其詩人形象的角度來看，那麼，當時以白居易為主的東都詩人群體，所採行的策略及生活模式，的確成功地引起當時人的注目，以及後代文人、詩人的效倣。不以戀物行為以及歌詠其愛好為恥，的確呈現了與眾不同、與以往不同的詩人品味。

　　在臺灣漢學界中，曹淑娟、侯迺慧兩位教授在白居易園林的營建上之研究，有相當傑出的研究成果。曹淑娟的兩篇文章〈白居易的江州體驗與廬山草堂的空間建構〉，《中華文史論叢》第94期（2009年4月）、〈江南境物與壺中天地——白居易履道園的收藏美學〉，《臺大中文學報》第35期（2011年12月），以及侯迺慧的〈身分、功能與園林審美意趣——白居易的私園與公園書寫〉，《人文集刊》第6期（2008年6月）、〈物境、藝境、道境——白居易履道園水景的多重造境美學〉，《清華學報》第41期3卷（2011年9月）、〈防衛與療癒——從城市實踐論白居易兩京詩的心理意涵〉，《臺北大學中文學報》第19期（2016年3月），頁23-55、〈從知命到委命——白居易詩命限主題中才、命、心的角力與安頓〉，《臺北大學中文學報》25期（2019年3月）。這六篇研究論文，均對白居易造園情思有深入研究。尤其〈江南境物與壺中天地——白居易履道園的收藏美學〉，更是將白居易洛下履道園池的江南物收藏品味拈出，拙著〈從鶴的物性論白居易詩中的鶴〉一文從曹先生此文中得到許多啟發。所謂的收藏美學，或是造境美學，均關乎白居易之品味。以物、境的刻意規畫，展現專屬於詩人異於他人的美感。日本漢學對所謂的白居易的「愛好」主題研究，最近在臺灣學界，也逐漸受重視。

　　品味（taste），在日文中並無直接對譯的詞組，也就是日文漢字中，並無「品味」一詞。比較接近的是「品定め」，是指品評、評價的意思，但也只是意思接近。除此之外，以語境而言，最相似的日語是

341-347；又見賈晉華：《唐代集會總集與詩人群研究》（北京：北京大學出版社，2001年），頁133-145。

「好み」（このみ）（喜好、嗜好）、「趣味」（しゅみ）（喜好、愛好）、「道楽」（どうらく）（愛好、癖好）、「気晴らし」（きばらし）（消遣、娛樂）等等。也就是接近英文的 taste、recreation、diversion、hobby、pastime、interest 等等。若我們針對日文中的這些核心關鍵詞去思考，則能對本研究有相當大的助益。

對本研究有直接可資參考的研究成果，大部分屬日本現在中生代學者的著作。現在四十歲到六十歲的日本學者所撰寫的許多白居易相關著作，有一個特點，就是開始關注白居易閑適生活的面向，並且以細讀白居易詩文，來重新體會和認識白居易這個詩人，不會再把論述重心擺在白居易的諷喻詩與長恨歌之類的代表作或名作。關於這種研究興趣的轉變，或者可以說來自吉川幸次郎與平岡武夫的影響，也可以說日本文學自平安朝以降，便重視白居易詩中那類關於季節變化與生命變化相當敏感的詩歌作品。

白居易研究在日本漢學界不論是戰前或是戰後，一直是許多漢學家研究的焦點。因為《白氏長慶集》自日本平安時代以來，便是日本上流士人必讀的書籍，因此在白居易研究中，決不能忽視日本漢學界的研究成果。日本在戰後白居易研究中，最重要的兩套出版書刊，便是《白居易研究講座》與《白居易研究年報》。

《白居易研究講座》共七卷，由太田次男、川合康三、下定雅弘等人主編，於一九九三年交付東京勉誠社出版第一卷，到一九九八年出版第七卷，除第七卷詳細地紹介日本白居易自古以來至戰後的研究史，足資參考。其中，第一卷中埋田重夫的〈白居易の閑適詩──詩人に復原力を与えるもの〉、下定雅弘的〈白居易の律詩〉、川合康三的〈ことばの過剰──唐代文學の中の白居易〉等文章，從各個角度來討論白居易詩作「日常性」的特色。在第二卷中，沢崎久和便以〈白居易の日常生活〉來專論白居易詩的日常特色，而妹尾達彥則在〈白居易と長安・洛陽〉中，將當時白居易於長安、洛陽住所特色標

示出來，也標示出了洛陽時期白居易重要詩友居住的地方。第二卷中吉川忠夫的〈白居易における仕と隱〉一文，對白居易吏隱與中隱的思想也有論及。從此套書卷一、卷二所收文章的擇題來看，除了白居易的生平與時代背景是十餘年前日本學界關注的焦點外，這些文章也處理了白居易詩中具有日常生活性的特質，這也就帶動了白居易洛下詩方面比較踏實的詩人生活方面的研究。比如在此套書第一卷中，中純子的〈白居易と詞──洛陽履道里における江南の再現〉一文中，便詳細地考索白居易退居洛下後，其履道里住宅的園林布置帶有濃厚的蘇杭風物，在洛下白居易經常令私人樂伎演唱或演奏白居易任蘇州刺史期間慣常聆聽的曲目，藉以再現江南風流。並認為白居易、劉禹錫等人創作〈楊柳枝〉詞牌時，與他們兩人均曾擔任過蘇州刺史有關。

　　一九九八年《白居易研究講座》全七冊出版完成後，自平成十二年（2000）始，由太田次男、新間一美、神鷹德治、下定雅弘等日本學者組成「白居易研究會」，以每年一冊的速度出版《白居易研究年報》。這套年報可算是日本專門研究白居易的年報，而這年報最重要的，便是每年均有由下定雅弘執筆的〈日本における白居易の研究〉，介紹當期前兩年的日本白居易研究概況，並對白居易相關研究的專書及單篇論文作摘要式的介紹，對本計畫日文資料掌握，助益甚大。在每年的〈日本における白居易の研究〉中，下定雅弘將前年的日本白居易研究成果分門別類羅列出來，值得注意的是在下定雅弘的分類中，有「愛好」一項，而所謂的「愛好」，依字典定義乃是「その事が好さで楽しむこと」，也就是享受喜愛的事物，並樂在其中，詞義即嗜好、消遣之意（名詞）。日本漢學界長期關注白居易日常生活所愛好之物事，如酒、食物、琴、庭園、犬、鶴、衣著、魚釣、松竹、花卉、繪畫、歌舞、山、月等等詩歌主題，或者可以被看成對白詩中物質描寫的重視。白居易愛好之物有其物質文化的重要性存在，而詩人白居易所愛好之物，亦顯現詩人之品味。

　　日本漢學界的白居易研究，幾乎是以白居易為中心的唐文化史研究，在白居易詩歌研究上，也注重白詩的日常生活，在《白居易研究年報》第二號的〈編集後紀〉中，下定雅弘提到：

> 今号でもまた、白居易における、詩体への関心・馬への愛情・虚構についての意識・作品の文字の異同と逸句・庭園への愛好・諷諭表現・劉禹錫との唱和など、白居易とその文学が持つさまざまな魅力が発掘、問題が示されている。また先人と同時代の白居易への愛情と認識が紹介されている。この雑誌が、白居易の研究を通して、新しい世紀の新しい人間の生き方を少しでも充実させるために、いささかの貢献ができるなら、これに過ぎる幸いはない。[17]

　　從這段文字可知，白居易對馬的關愛、對詩歌體式的關心、關於虛構的意識、對庭園之愛好、諷喻詩的表現手法、以及與劉禹錫的唱和等內容，都是日本漢學界研究白居易時所關注的焦點。這似乎也是日本現當代白居易研究的重心，亦即關注白詩中的日常性、物質性研究，從詩文內部或社會史外緣研究，來加深加廣白居易研究。不過可惜的是，《白居易研究年報》編至二○一九年的第20號最終號後，現已不再出刊了。

　　除了《白居易研究年報》的許多單篇論文足資參考外，另外，近年來日本學界有兩本白居易研究專書也很值得參考。一是下定雅弘：《白樂天の愉悅──生きる叡智の輝き》（東京：勉誠出版，2006年），另一本是埋田重夫：《白居易研究──閑適の詩想》（東京：汲古書院，2006年）[18]。這兩本書是近幾年內日本重要的白居易研究專

---

17 《白居易研究年報》，第2號2001年，頁309。
18 此二書目前均有中譯本：〔日〕下定雅弘著、李寅生譯：《白樂天的世界》（南京：鳳

書，而兩位作者分別出生於一九四七、一九五七，在同年出版此書，
也代表日本白居易研究中生代學者開始有重量級學術著作出現。下定
雅弘在書中「前編」敘述白居易的生平後，提出了支撐白居易一生主
要的人生觀理論：叡智的結晶「知足」，並認定白居易晚年長壽並能
遠離政治的紛擾，便是知足思想的支持。其實這在白居易研究中並非
創見，陳寅恪早已提出這種看法。此書比較重要的地方，在於「後
編」中，細膩地描寫了白居易詩中呈現出來的詩人生活樣貌，分為八
大主題進行描寫：「女性」、「友情」、「衣食住」、「動物たち」、「植
物」、「趣味」、「養生」及「詩歌」。在這些論述中，「衣食住」與「趣
味」的論述尤其精采細膩，讓我們從他的解釋闡發中，理解白居易生
活的情調與情趣，吃飯、穿衣、飲酒、齋戒等白居易日常生活瑣事，
下定雅弘均作詳細地考察。可見下定雅弘亦注意白居易之生活品味，
而這也是日本漢學界對白居易生活情調研究中注重小細節的再度展
現。埋田重夫的這本著作，又比下定雅弘彼書更嚴謹細膩。首先，埋
田重夫關注白居易對於自身「身體」變化的敏銳書寫，包括身體的姿
態、歌詠白髮變化的狀況、白居易對睡眠狀況的書寫、白居易的詠病
詩，在對白居易外在形骸書寫的研究後，埋田重夫又研究了各階段白
居易所居住過的房舍、屋舍周遭種植的植物。而其中，與本研究最相
關的部分，是埋田重夫從《白居易集》中的〈池上篇〉為論述核心，
詳細地考索了白居易洛陽履道宅位置及形勢。

　　近年來不止臺灣和日本漢學界持繼關注白居易居於洛下的履道宅
園林構建，西方漢學界也開始注意白居易園林營建與中唐士人仕宦心
態的關係，其中最精采的論述便是宇文所安（Stephen Owen）與楊曉
山。宇文所安在《中國「中世紀」的終結——中唐文學文化論集》中，

鳳出版社，2017年）、〔日〕埋田重夫著、王旭東譯：《白居易研究：閒適的詩想》
（西安：西北大學出版社，2019年）。

有一節〈機智與私人生活〉，[19]他以白居易的〈食筍〉詩為例，認為中唐文人像白居易會將「注意力揮灑到微末的事物，賦予它們過度的價值和意義」，宇文所安認為「詩意地賦予某物的價值，與某物通常所具有的較低的價值之間，存在差別，這造就了『溢餘』（surplus）；這一溢餘即是『機智的』（witty）；它並非來自事物和境況本身，而是源於詩人自己。這種詮釋的溢餘屬於詩人，是詩人創造出來為了自娛的。」[20]宇文所安在這裡將白居易經常在詩中展現出日常性題材的詩作，作了也是另一種形式「機智」的詮釋。此在，他在這篇文章中，也提到白居易的履道宅園池乃是一種「私人天地」，而這種私人空間乃是一個人工造成的小型自然，身為園池的主人，詩人可以對這私人天地擁有權力，並且可以安排、籌劃經驗的發生，因此能藉園池表現自我、實現自我。

此外，宇文所安的學生楊曉山於《私人領域的變形：唐宋詩歌中的園林與玩好》（文韜譯，南京：江蘇人民出版社，2008年）一書中，承續著宇文所安所謂的「私人天地」或「私人領域」的概念。此書有極大的篇幅是以白居易的履道宅為主要論述，討論白居易身為園主的「中隱」思想、戀物（石、鶴、馬）情結，並總歸到白居易如何在私人領域中的「所有權」自處，產生閑適的人生態度。楊曉山提出四個維持私人領域價值的概念：占有（possession）、獨特性（singularity）、展示（display）和游戲（playfulness），並在書中大量地以白居易為例進行相關論述。

由以上的文獻評述可知，我們在研究白居易時，必須跳脫以往只研究白居易代表作的範圍，若一味地重視白居易諷喻詩或〈新樂

---

19 〔美〕宇文所安（Stephen Owen）著、陳引馳、陳磊譯：《中國「中世紀」的終結：中唐文學文化論集》（臺北：聯經出版事業公司，2007年），頁85-109。

20 〔美〕宇文所安（Stephen Owen）著、陳引馳、陳磊譯：《中國「中世紀」的終結：中唐文學文化論集》，頁88。

府〉、〈秦中吟〉、〈長恨歌〉、〈琵琶行〉等代表詩作，白居易研究就流
於刻板單調。而愈多刻板的研究氛圍下，我們對白居易就有愈多的成
見，無法見識白居易與白詩的其他價值所在。

　　其實這個課題，在十餘年前筆者博士論文《白居易詩人自覺研
究》中第五章〈白居易以詩人自居後所建立的「詩人形象」〉中的第一
節「高雅的生活情調──以學識厚植興趣」，已初步論述白居易的興趣
和嗜好。其中也論及了白居易「獨特的文人品味」而有以下的論述：

> 　　白居易之獨特文人品味，乃建立在「酒」、「書」、「琴」、「詩」
> 與「茶」的獨特鑑賞能力之上，其獨特鑑賞能力的基點，則在
> 於白居易具有「別」的能力，亦是辨別、判別所喜好之物的優
> 劣。在辨別自己喜好之物事，於品味過程中，能得到專屬於自
> 身的樂趣，審物愈精，對於物件的要求也愈趨精緻，對有興趣
> 之事花費精神與時間去鑽研，探索這些嗜好中精微的「知
> 識」，使詩人的生活因這些嗜好更增添美感與趣味，甚至更精
> 緻地去追求與營構這些物事的品味，以豐富詩人生活，這便是
> 本節所謂的詩人「生活情調」。[21]

在當時，筆者限於學力，僅就白居易詩中的「酒」、「書」、「琴」、
「詩」與「茶」來探詩白居易的品味，而尚未發展出「詩人品味」的
核心概念。不過當時對白居易興趣嗜好的初步探討研究，在多年的思
索後，似乎可以建構出另類詮解白居易詩作的方法模式。在撰寫博士
論文時，僅從「辨別」的角度來探討白居易的品味，並未從社會階層
及後天出身培育的教養來思索白居易的詩人品味。現在，有了許多社
會學及文學理論作為方法，重新檢視這個十餘年前思考過的學術課
題，想必定能有更多新鮮的研究成果呈現。

---

21 陳家煌：《白居易詩人自覺研究》（高雄：中山大學文學院，2009年），頁267。

　　此外，漢學界中對於「品味」的研究成果，大多以物質文化研究中的文人品味為主，時代大多以明代為大宗，因為城市便利、商業發達，而明清特殊的候選官制度，在文人階層中形成「仕紳」階層，有許多文人經由科考得到功名後，不論任官與否，都能享有特權，在地方上成為半官半民的既得利益階層。[22]這些明清的地方仕紳階層，在生活無虞且無心仕進後，便開始從事興趣嗜好的活動，關心「長物」，如鐘鼎卣彝、書畫法帖、窰玉古玩、文房器具、焚香鼓琴、栽花種竹、選石飼鶴、養生吐納等無益國家生民的閑事，並技進於道，將這些玩好知識撰寫成專著。知名的便有高濂的《遵生八箋》、文震亨的《長物志》、李漁的《閒情偶寄》、鄧實的《談藝錄》等。在學界研究中，例如毛文芳廿餘年前的大作《晚明閒賞美學》（臺北：臺灣學生書局，2000年），在晚明士大夫的文人品味研究，便樹立良好的典範，獲取極大的研究成果。此書為毛文芳一九九七年博士論文同名改寫，書中將晚明美學風格意涵與範疇定位為「閒賞」，並考據晚明閒賞美學的諸多文獻，如《遵生八箋》、《洞天清祿集》、《清秘藏》、《考槃餘事》、《長物志》及《瓶史》等晚明閒賞美學著作，並發展出其晚明閒賞美學的理論。毛文芳認為晚明美學的兩大課題為「尊生」與「審美」，對文人間「雅」、「俗」概念的釐清，及晚明文人品味鑑賞方式，還有晚明文人的美感境界及美感經營等詮解，對本書的「詩人品味」相關概念均大有助益。由此書中揭櫫的晚明文人生活品味及生命美感，若與白居易相較，實有許多相似之處。故本書之研究方法及思路，亦多汲取毛文芳此書，而且獲益良多。

　　此外，巫仁恕的《品味奢華：晚明的消費社會與士大夫》（臺

---

22 關於明清仕紳階層的形成及享有的特權，可參閱張仲禮著、李榮昌譯：《中國紳士——關於其在十九世紀中國社會中作用的研究》（上海：上海社科院出版社，1991年），頁32-54。此外亦可參閱瞿同祖著、范忠信、晏鋒譯：《清代地方政府》（北京：法律出版社，2003年），頁282-330。

北：聯經出版事業公司，2007年），亦是探討晚明文人品味的重要專著。與毛文芳注重文人玩好鑑賞與美感經營切入的角度不同，巫仁恕從物質文化、消費現象的角度出發，重新研究晚明士大夫的消費行為、文化身分認同及社會地位消長的諸多現象。此書導論先敘述此書的研究方法及篇章結構，第一章則探討晚明消費社會的形成。第二章到第六章，分別從「乘轎」、「服飾」、「旅遊」、「家具」及「飲食」深入探討晚明文人的消費時尚、身分權力、文人品味之間的關係，建構晚明奢華的物質文化現象的解釋。此書以消費理論及物質理論的西方學術觀點重新審視晚明的文人品味，值得本書參考，其研究對象的行為及心態，亦可與本書研究對象白居易互相比較。

　　相異於毛文芳和巫仁恕對晚明美學品味的研究，邱德亮在其〈癖嗜文化：論晚明文人詭態的美學形象〉一文中，提到很多很新穎的研究視角及方法，讓我們對晚明文人美學有新鮮的觀看方式。邱德亮在此文的第四節提出了「業餘理想」（amateur ideal）的概念，他認為明代文人在投入大量的文化市場後，成文化生產場域的新興力量。文人——士大夫，一方面承受經世濟民的政治專業活動而成為技術官僚，一方面又渴望悠遊於字畫、詩文、山水的閒隱生活，有著濃厚的「業餘主義」（amateurism）。業餘理想的文人對美學的堅持反而比專業的匠人更追求藝術純粹性，反對匠氣，在生活上崇尚「閒賞」、「清玩」的生活品味。這種文人生活反而成為商賈或權勢等消費者效法的對象。[23]邱德亮繼續在文中提出了「文人作為藝術品」，也就是即使是不出仕無權勢的文人，亦能就其藝術品味、文學品味、生活品味成為某種引起社會注目且尊敬的標榜，其喜好、嗜好、玩好，都能引起時尚流行，文人本身的作為及品味，便成了某種無形的藝術品供社會欣

---

23 邱德亮：〈癖嗜文化：論晚明文人詭態的美學形象〉，《文化研究》第8期（2019年春），頁74-76。

賞甚至傚效。[24]邱德亮的這篇文章，觀察晚明文人品味，甚至定位晚明「文人形象」及其造成的社會效果，都值得本書參考。

　　以上列舉日本漢學界及西方漢學界對白居易生活品味研究成果，以及毛文芳、巫仁恕的晚明文人品味研究作為對照組，這些研究成果及其使用的研究方法、研究觀點，都值得吾輩深思，本書也在這些研究成果的基礎上，希望對白居易的詩人品味，有更全面完整的論述。

三　研究方法：術語的界定及其作為工具性的運用

　　在人文學科的研究中，建構理論來解釋現象所採取的步驟和進行的程序，大概就被視為研究方法。在分析白居易詩文文本所呈現出筆者所謂的「詩人品味」，某些社會學相關理論，對此一文學領域上的研究便有相當大的助益。在研究時，所採取的研究方法，會因為研究的對象有所不同。如何因應不同的研究對象或現象，來採取不同的研究方法，則是進行研究時必需考量的要件。因此，韋伯認為，所謂的好的方法，就是可以在具體的研究工作中，證明為結果豐碩而用起來具效率的方法。因此沒有一個特定的方法，會比其他的方法來得正確，因為方法的選擇，是視研究中應用的機會及研究的主題而定。[25]此外，韋伯更認為，一門學問之所以妥當（valid），並不只是由於它的方法，更是由於它所發展出來的核心概念。如果一門學問的概念不精確而曖昧，各種混淆與誤解都會產生，它所獲得的結果，也會缺乏其運用所必需具備的準確性。一個概念如果具有數個相牴牾的意義，那麼它也就喪失了其科學上的若干妥當性。因此，一個真正的科學

---

24 邱德亮：〈癖嗜文化：論晚明文人詭態的美學形象〉，《文化研究》第8期（2019年春），頁80-85。

25 〔德〕韋伯（Max Weber, 1864-1920）著、錢永祥等譯：《學術與政治：韋伯選集I》（臺北：遠流出版社，2014年），頁66。

家，應該努力發展出盡可能精確而嚴謹的概念。[26]

理論和觀念之間的關係，Bammel 的論述也值得我們參考：

> 所謂觀念（concept），就是我們揣想事物的方式，我們如何思
> 考事情。觀念是思考的基本工具，且可用定義表達。但是，理
> 論則闡明觀念與觀念之間的關係。理論企圖說明事物間的關
> 聯。比方說，我們有「質量」、「能源」與「動力」的概念，然
> 而「相對論」才說明了其間的關係。[27]

在本書中，最重要的核心概念，當然是品味（taste）。以品味作為核
心概念，如何定義及定位此概念，成為本書最重要的研究課題。此
外，在白居易身上，是否存在著本書所謂專屬於白居易的「詩人品
味」，此品味又與一般吃穿用度、行住坐臥的生活品味有何不同。釐
清概念後，則可尋求適當的方法，解釋概念間的關係，並藉此以理論
進行說明。

如前文所言，本書將採布爾迪厄社會階層相關理論作為方法，切
入白居易的詩人品味研究。除了上述社會階層對品味形成的理論論述
外，布爾迪厄的文化資本、經濟資本、特殊象徵資本及權力場域、文
化生產場域等以社會學理論切入文學小說的研究方法，也值得本研究
借鏡思考。布爾迪厄以十九世紀法國小說家福樓拜的小說《情感教
育》為分析對象，建構出他的文學／社會學理論，而撰作《藝術的法
則──文學場的生成與結構》[28] 書。此書為了分析《情感教育》此

26　〔德〕韋伯（Max Weber, 1864-1920）著、錢永祥等譯：《學術與政治：韋伯選集I》
　　（臺北：遠流出版社，2014年），頁66。

27　〔美〕Gene Bammel、Lei Lane Burrus-Bammel著，涂淑芳譯：《休閒與人類行為》
　　（臺北：桂冠圖書公司，1996年），頁150。

28　本書中譯本為〔法〕布爾迪厄著、劉暉譯：《藝術的法則──文學場的生成與結構》
　　（北京：中央編譯出版社，2011年）。

一小說，創建了幾個重要的學術概念，對於此小說所描寫的社會結構
及福樓拜當時所處的法國社會藝文界的現象，作了社會學上的分析。
以社會學理論及學術概念為分析工具，對此本小說及小說作者，進行
有效的分析。如此書的〈序言　作為福樓拜的分析家的福樓拜〉一文
一開始所提到的：

> 《情感教育》這部作品雖被成千上萬次地評論過，卻無疑沒有
> 被真正讀過，它提供了對其自身進行社會學分析所必須的一切
> 手段：嚴格意義上的內部閱讀所揭示的作品結構，也就是弗雷
> 德里克的經歷發生於其中的社會空間的結構，也成為作者本人
> 所處的社會空間的結構。[29]

這段像繞口令似的宣言，其實乃作者向讀者宣示，他的閱讀方法與研
究方法，乃是以社會學角度介入作品的詮釋，文句中出現的「社會空
間的結構」，則與他後來為了因為剖析《情感教育》這部小說，而創
發出的「場域」（field）這個專有術語有密切關係。場域這個術語後
來經布爾迪厄將概念加以擴大延伸，亦創發出「權力場」、「文化生產
場」、「社會空間」等相關概念。這些術語的產生，都是為了分析研究
《情感教育》而被創生。換言之，為了有效地研究分析《情感教育》
這部小說，布爾迪厄建構並定義許多術語，而這些經定義後的術語概
念，則成為分析《情感教育》最有效的「工具」。

　　布爾迪厄的這種做法，為單一文學作品建構術語，再將這些術語
之間的關係作密切連結而形成理論架構，最後在文學理論和社會學理
論提出新的學術思想，建立新的理論，其做法與簡奈特（Gerard
Genette）為了分析研究普魯斯特（Marcel Prout）所寫的《追憶似水

---

29 〔法〕布爾迪厄著、劉暉譯：《藝術的法則──文學場的生成與結構》（北京：中央
　　編譯出版社，2011年），頁1。

年華》這部小說，而建構一連申的敘事學術語，最終建立起獨特的敘事理論一樣。在《辭格 III》[30]這本敘事學著作中，簡奈特提出了「次序」、「時間距離」、「頻率」、「語式」、「語態」等小說研究的概念工具，令人訝異的是，他所援引作為剖析的例子，幾乎都是《追憶似水年華》這部小說的內容，令人不禁懷疑，簡奈特的這些術語工具，是否是專為《追憶似水年華》而創設。不過，這些術語概念，對小說來說又深具普遍性，可以適用在許多小說研究上，且大大地擴展了敘事學的視野及可剖析作品的方法。因此，布爾迪爾及簡奈特的以某部作品拓展其學術工具術語，從單一的研究對象，發展出文學的共相研究，其發展出來的學術概念，可供他人使用，並有效解決他人所抉發的問題，如此一來，學術工作才能發展和進步。

　　若我們將「品味」及「詩人品味」作為白居易研究的核心概念的話，到底要考慮哪些可作為工具條件的術語呢？首先，我們可以先考慮品味如何成為可能。亦即，在何種情況下，能使主體可以執行品味的活動，而過著有品味的生活。宋代時有俗諺說：「三世仕宦，方解著衣喫飯」[31]，這句俗諺恰巧與前文提到布爾迪厄闡發「品味」此一概念相通。此外，這句的三世仕宦，指的是長時間的高階社會地位，著衣吃飯，則是人們活在世上最基本的「溫飽」生理需求。那麼，「解」這個字，便是重要的關鍵字了。如何解？為何解，還有「解」的能力如何培養，在在都與本論文思索的題旨相關。

　　「品味」這個詞，照字面的原意本來便是指「品嚐滋味」。品與味兩個辭連結成一個詞組，若我們使用中央研究院「漢籍電子文獻資料庫」中所收錄的所有文獻，檢索先秦至清代，品味這個詞組僅出現四次。最早在十三經中出現過兩次，在先秦諸子典籍中沒有出現過，

30　〔法〕傑哈・簡奈特（Gerard Genette, 1930-2018）著、廖素珊、楊恩祖譯：《辭格第三集》（臺北：時報文化出版公司，2003年）。

31　此語出自〔宋〕陸游：《老學庵筆記》（臺北：廣文書局，1972年），卷5，頁166。

新、舊唐書各出現一次。出現例子如下：

> 內饔：掌王及后、世子膳羞之割亨煎和之事，辨體名肉物，辨百品味之物。[32]
>
> 問品味，曰：「子亟食於某乎？」[33]
>
> 玄宗曰：「朕承祖宗休德，至於享祀粢盛，實思豐潔，禮物之具，諒在昭忠。其非芳潔不應法制者，亦不可用。」以是更令太常量加品味。[34]
>
> 玄宗曰：「朕承祖宗休德，享祀粢盛，實貴豐絜。有如不應於法，亦不敢用。」乃詔太常，擇品味可增者稍加焉。[35]

值得注意的是，在上列四例品、味連用的詞組，品味都當成名詞使用，幾乎等同於食物品項。《周禮》在「辨百品味之物」下的鄭玄注：「百品味，庶羞之屬，言百舉成數」。庶羞乃是各種美味食物的意思，因此這裡的品味乃指美味食物。同對地，《禮記》在「問品味」下孔穎達疏：「品味者，殽饌也」，同樣也是將品味訓解為食物飯菜。新舊唐書出現的兩則品味實同一例，也是將品味作食物品項意思使用。

但若我們從《說文解字》中將品和味兩字分開看它們的原義，則只有味與食物相關：

> 品，眾庶也，从三口。[36]

---

32 〔清〕阮元校勘：《十三經注疏‧周禮》（臺北：藝文印書館影嘉慶二十年南昌府學雕本，1993年），卷4，葉10b。

33 〔清〕阮元校勘：《十三經注疏‧禮記》（臺北：藝文印書館影嘉慶二十年南昌府學雕本，1993年），卷35，葉5a。

34 〔後晉〕劉昫：《舊唐書》（北京：中華書局，1975年），卷25，頁972。

35 〔宋〕歐陽修等：《新唐書》（北京：中華書局，1975年），卷122，頁4357。

36 〔漢〕許慎撰、〔清〕段玉裁注：《說文解字注》（臺北：藝文印書館影經韻樓藏版本，1989年），二篇下，32b。

味，滋味也，从口未聲。[37]

品的原義本來是「眾多」的意思，所以段玉裁注：「人三為眾，故從三口，會意也」。而味，滋味也，段玉裁注：「滋，言多也」，所以味乃多味。因此品味二字組成字，其意思與現在我們所使用的意思乃有所差異。

　　品味二字連用成為詞組，似乎是晚近才有的現象。正如同齊邦媛所言：

> 除了情操之外，中國文學也表現了品味和境界，而西方的文學批評史當中，由柏拉圖以降至德希達，幾千年的文學批評史可以用一個字來點化：文學批評史即 taste 的歷史，品味史。中國人是到最近才使用品味這個字眼，尤其在朱光潛之後，這個概念才普遍起來。在此之前，梁啟超與王國維兩位都講境界。[38]

品與味兩字連用成為一個詞組，雖然從先秦便已出現，但畢竟是少數，而且用法都是當成餚饌食物品項的替代詞名詞。自民國後，此一詞彙大量被使用，而且如同前文所述，這個詞彙，不是日文發明的漢字詞組而轉被中國大量通用，因為在日文辭典中也找不到這個詞彙。也就是此一詞是標準的由華文語境中產生，如齊邦媛所言，此一詞彙到了很近代才流行而大量出現在華文世界中，並用以詮解中國文學批評史，並取代「境界」一詞，其推廣者可能是民國美學專家朱光潛。不過到底是誰將古代的品味意思轉成現在通用的意思，則不得而知。

　　在古漢語語境之中，品味本來是指食物，但現在華語語境中，品

37 〔漢〕許慎撰、〔清〕段玉裁注：《說文解字注》，二篇上，15b。
38 齊邦媛：《霧起霧散之際》（臺北：天下文化出版公司，2017年），頁116。

味的意思，卻與英文中的 taste 相當接近。若我們查詢牛津字典的解釋如下（以下省略字典中的例句）：

taste /teɪst/ noun, verb

noun FLAVOUR 味1 [C, U] the particular quality that different foods and drinks have that allows you to recognize them when you put them in your mouth 味道；滋味

SENSE 感覺官能2 [U] the sense you have that allows you to recognize different foods and drinks when you put them in your mouth 味覺

SMALL QUANTITY 少量3 [C, usually sing.] a small quantity of food or drink that you try in order to see what it is like 少許嚐的東西；一口；一點兒

SHORT EXPERIENCE 短暫經歷4 [sing.] a short experience of sth 體驗；嘗試

ABILITY TO CHOOSE WELL 判斷力5 [U] a person's ability to choose things that people recognize as being of good quality or appropriate 鑒賞力；欣賞力

WHAT YOU LIKE 喜好6 [C, U] ~ (for/in sth) what a person likes or prefers 愛好；志趣

■verb（not used in the progressive tenses 不用於進行時）HAVE FLAVOUR 有味道　1 linking verb ~ (of sth) to have a particular flavour 有⋯味道　2 -tasting（in adjectives 構成形容詞）having a particular flavour 有⋯味道的

RECOGNIZE FLAVOUR 辨味　3 [VN] (often used with can or could 常與 can 或 could 連用) to be able to recognize flavours in food and drink 嚐出，品出（食品或飲料的味道）

TEST FLAVOUR 嚐味　4 [VN] to test the flavour of sth by eating or drinking a small amount of it 嚐，品（味道）

EAT/DRINK 吃；喝　5 [VN] to eat or drink food or liquid 吃；喝

HAVE SHORT EXPERIENCE 有短暫經歷　6 [VN] to have a short experience of sth, especially sth that you want more of 淺嚐；嚐到甜頭[39]

「品味」這個詞，本為動詞，原意乃是吃食品嚐之意。當 taste 當名詞時，有滋味、味覺、少量或一小口、體驗、欣賞力及愛好等多重意思；而當作動詞時，主要是辨別味道或品嚐味道的意思。中文的品味，幾與英文的 taste 意思相同。此外，中文語境所謂的「有品味」，並不是指有味覺或有滋味，而是泛指有高雅、得體的表現，這便與 tastefull、tastefulness，也就是品味高雅的意思相連結。在 tasefull 的牛津字典的解釋：「（especially of clothes, furniture, decorations, etc. 尤指衣服、傢具、裝飾等）attractive and of good quality and showing that the person who chose them can recognize good things 高雅的；雅致的；優美的」[40]，且與英文中的「in taste」這個片語接近。

所以，taste 本來是感官味覺的動詞，本來指辨味，後來轉而成為對食物的品嚐能力，成為判斷味道、建立標準的鑑別能力，到後來指具有這種能力，成為 tastefull 的人，也就是具有鑑別力、有品味的人。這個詞的流變大致如此。在中文的對譯上，會與「品味」作漢字語境的相對譯詞，也是因為「品」有品定位階的意思，而「味」則與品嚐食物的感官能力相關，因此，以「品味」來對譯「taste」，在**翻**

39　〔英〕A. S. Hornby（霍恩比）原著、趙翠蓮、鄒曉玲等翻譯：《牛津高階英漢雙解詞典・第八版》（香港：牛津大學出版社，2013年），頁2138-2139。

40　〔英〕A. S. Hornby（霍恩比）原著、趙翠蓮、鄒曉玲等翻譯：《牛津高階英漢雙解詞典・第八版》，頁2139。

譯上是成功的例子。而且此一譯詞，跟「幽默」（humor）一樣，都是由中國人翻譯，而非由日本傳入的近代日本譯詞。

　　不過就算在西方的英文世界中，taste 也是一個在十三世紀才出現的字彙，就如同英國學者雷蒙・威廉斯（Raymond Williams, 1921-1988）所定義的 taste 這個關鍵詞：

> Taste 這個詞的身體意涵從13世紀起在英文裡出現。它最早的意涵不單指「以嘴辨味」（tasting with the mouth），而且較接近現代的 touch（觸摸）或 feel（感覺）。這個詞最接近的詞源為古法文 taster，意大利文 tastare——意指感覺、觸摸。從14世紀以來，它與「嘴巴」有明顯的關係，然而其普遍的意涵一直持續被使用，並且其衍生的隱喻留存至今。「Good taste」這個語滙指的是「好的理解力」（good understanding），在1425年的文獻中可以找到。另外，「no spiritual tast」（沒有性靈的感覺），則是在1502年的文獻中可以發現。[41]

在英文中初登場的 taste，與吃的身體動作密切相關，後來卻由吃食，逐漸發展成品嚐，甚至具有辨別優劣美醜的「鑒賞」。如劉建基在譯威廉斯闡釋的這個「taste」關鍵詞時，便將 taste 譯為：「味道、鑒賞力、品位」。由劉建基的翻譯，我們大致上也可以知道，品味（taste）這個詞，在使用的語境上，或許可以與味道、鑒賞力、品位這三個詞組的意涵相通。威廉斯也在上述的這段引文後補充：「Taste 等同於 discrimination（鑒賞力）……Tasteful（有鑒賞力的）與 tasteless（無鑒賞力的）在同一時期由 taste 衍生出來。」[42]或許，我

---

41 〔英〕雷蒙・威廉斯著、劉建基譯：《關鍵詞：文化與社會的詞滙》（北京：三聯書店，2005年），頁480。

42 〔英〕雷蒙・威廉斯著、劉建基譯：《關鍵詞：文化與社會的詞滙》，頁481。

們在某些語境下，可以將品味與鑒賞力等量齊觀，亦即品味某物，乃是展現鑒賞某物的能力，而其鑒賞能力的準確，便形成有鑒賞力或無鑒賞力的他人印象及評價。如此，鑒賞力的有無，乃一個人是否有品味的判準。

　　十八世紀英國實證主義及經驗主義哲學家休姆（David Hume, 1711-1776），關於品味，寫過兩篇重要的文章，"Of The Standard Of Taste" 及 "Of the Delicacy of Taste and Passion"。這兩篇文章，中國大陸楊適翻譯為〈鑒賞的標準〉及〈鑒賞力的細緻和情感的細緻〉，收錄在《休姆散文集》[43]中。在〈鑒賞的標準〉一文中，休姆提到對藝術的鑒賞力可以經由鍛鍊而來：

　　　　人與人之間在鑒賞力的細緻上雖然相差甚遠，要想增進和改善這種能力的辦法，莫過於在一門特殊的藝術上進行實際鍛鍊，經常地觀察和沈思一種具體的美。任何對象在剛剛出現在眼睛或想像力之前時，我們對它的感受總不免是模糊混亂的，這時我們的心靈在很大程度上還無法對它的優缺點作出判斷。鑒賞力還不能感知作品中的某些優美之處，更不必說辨別每個優美處的特性，確定它的質量和程度了。如果能就作品的整體作個一般的評論，說它是美的或是醜的，就算夠好的了；就是這樣的判斷，一個缺乏實際鍛鍊的人，在說出時也不免會流露出很大的躊躇和保留。但是在他對這個對象有了經驗之後，他的感覺就比較確實和細緻起來，不僅能覺察到各個部分的美和不足，而且能辨別各種美和不足的類型，各各給以適當的讚揚與批評。在觀察對象的全部過程裡，都有一種清晰明白的感受在伴隨著，對於作品中各部分很自然地適於引起快感和不快到了

43　〔英〕休姆（David Hume, 1711-1776）著、楊適等譯：《休姆散文集》（臺北：志文出版社，1990年）。

什麼火候，屬於怎樣的類型，他能辨認得清清楚楚。先前彷彿
蒙在對象上的一層霧消散了，官能由於不斷運用也更加完善起
來，於是他能夠毫不猶豫地評判各種作品中的美。總之，在完
成作品時實際鍛鍊所給予我們的靈巧和熟練，本身正是在品鑒
作品的實際鍛鍊中獲得的。[44]

鑒賞力的培養是實在經驗中藉由細緻（原文是 delicacy，此詞亦有敏
感、靈巧之意思）感覺辨別鍛鍊出來的。經由鍛鍊，能辨別、察覺各
種美及不足，使得辨認美醜的能力更加細緻敏銳，這就是鑒賞力的
養成。

　　如此說來，別物辨味，便是鑒賞力／品味最重要的能力。因此，
在討論白居易的詩人品味時，我們首先要定位白居易日常生活品味及
個人品味如何；接下來，再討論白居易如何將生活品味帶入到詩歌
中，形成何種專屬於白居易的「詩人品味」。詩歌創作、文學創作，
都是藝術創作的一種，而詩歌寫作又與詩人生命、詩人生活經驗密不
可分。白居易的個人品味與藝術層次的詩人品味，如何互通、互相影
響，也是本書欲探討的課題。

　　品味是一種鑒賞力，而詩人品味便是身為詩人獨特的鑒賞世界物
事的能力。詩人品味與文學批評家品味不同之處，在於批評家品味的
對象是文學作品，而詩人將對世界的鑒賞和品味，以敏銳的觀察力轉
換成文學語言，以文學作品呈現他對這個世界的鑒賞結果。因此，文
學作品便是其品味後的再現（representative）成果。

　　此外，關於「文學品味」，大多是從讀者的角度出發，探討讀者
閱讀文學作品時的鑒賞力表現。如張錯對文學品味的定位：

---

44 〔英〕休姆（David Hume, 1711-1776）著、楊適等譯：《休姆散文集》，頁154-155。

文學品味就是品嘗文本意義之餘，其味如何引申。蘇格蘭哲學家及散文家休姆（David Hume, 1711-1776）在〈論品味標準〉（"Of The Standard Of Taste"）中指出，許多文學經典的價值就在於他們能經得起時代、地點與風俗的變遷。真情流露與體悟大自然的作品，經歷過小段時間，會獲得大眾雅賞，然後永垂不朽。但大眾喜愛欣賞並非眾所一致，個人品味及喜歡哪個作家作品，就像選擇朋友一樣，必需對味才行。[45]

如同張錯以上對文學品味的釋義，文學品味大多是讀者端的鑒賞能力。但本書所謂的詩人品味，則是在創作端的詩人，對於其詩歌創作採行何種策略及寫作心態，是偏重創作端的研究。

　　因此，在此書，最主要探索的課題，便是白居易如何追求自身的生活品味，亦即在生活中展現其異於他人的鑒賞力，也就是其生活上的品味有無獨到的特殊性。再者，其獨到的生活品味，對其詩歌鑒別及創作，有沒有密切關係，而這種生活品味，是否影響其文學活動，其建構出一套獨特且屬於白居易的文學風格，展現其獨特的詩人品味？這些問題，都必須經過白居易的詩文文本仔細爬梳後才能獲得。此外，如同前文 Bammel 的所言，在白居易的詩文中找到能夠建構成理論的關鍵詞作為主要的觀念，並依此作為工具來探討欲解決的問題。職是之故，觀念的定義極為重要，而爬梳文本尋找核心觀念的關鍵詞後，進行探討及定義，則是本書採取的主要研究方法。

四　篇章安排

　　在此會從四個角度來切入探討白居易的詩人品味，分別是「詩人

45　張錯：《西洋文學術語手冊——文學詮釋舉隅（第二版）》（臺北：書林出版公司，2011年），頁318。

品味的基礎」、「詩人品味的建立」、「詩人品味的展現」、「詩人品味的追求」四個面向進行討論。品味的展現通常與消費行為密切相關，因此，自范伯倫（Thorstein Veblen, 1857-1929）的《有閑階級論》一書發行以來，提出炫耀性消費概念以展現與眾不同的品味，便有了理論基礎。對白居易而言，其生活中的品味展現，雖然不見得是炫耀性消費的展現結果，不過，追求「閑適」，倒是白居易生活及創作最重要的品味基礎。因此本書一開始便從「閑適」理論的提出與「閑適」生活的追求，探討「閑適」作為白居易詩人品味的基礎。

接下來的第二部分則是探討白居易如何建立他心中的詩人品味。本人認為，白居易以其獨特不凡的「鑑別」能力來建立起他的詩人品味，而他的鑑別能力，可以從他特別的感受力及辨別力中看出，尤其他對「氣味」敏感的書寫、對身體的鑑賞，還有他對友人品格的鑑別來決定其社交對象，在在都是其鑑別能力的展現。有了鑑別能力後，才能區分出好惡及優劣，也才能建立起專屬於自己的品味，與眾不同的品味。

第四章則接續近人及日本漢學家對白居易吃穿用度的重視，將白居易的日常生活（everyday life）進行考察，討論白居易對這些日常生活必備的活動，如何在平凡的食衣住行日常活動中，展現其特異的品味。炫耀式的消費，在白居易詩中並不常被提及，但如何活出與別人有所差異的生活，則是白居易思考的重點。這些「不俗」的生活方式，寫入詩中，其詩也就有了「脫俗」或「不凡」的詩人品味。首先，先考察白居易對食物的品味，其次考察白居易的服飾品味，最後再以江州為分界，分別探討白居易一生中前後期住處的設計品味。飲食、服飾及住所，展現了白居易生活最貼切的品味追求，而這些追求與其經濟收入息息相關。在達到富貴生活後，白居易吃穿用度的支出也會與之前的日常生活有所不同，本文即花費許多力氣論述其間變化差異。

　　最後第五章的重點在於檢視白居易以其獨特異於主流的生活方式，建構出閑適的生活環境、經濟無虞的基礎後，如何面對「過剩」、「多餘」的時間，是白居易晚年退屈生活中最重要的課題。排遣無聊、面對退屈，白居易刻意培養興趣嗜好，而這些興趣便成了他生活品味的展現，將這些興趣寫入詩中，也成為白居易詩人品味的具體成果。在白居易眾多的興趣嗜好中，本書選取了最具代表性特色的興趣嗜好作為白居易詩人品味的展現，分別是貯石養鶴、釀酒飲茶、彈琴訓妓及鑑賞山水。

　　本書從白居易詩文及唐人相關文獻中建構出白居易的詩人品味，在篇章安排的四個部分，品味的基礎、建立、追求及展現，分別從各個角度來探析白居易的生活品味，希望能將身為詩人的白居易異於他人或其他詩人的獨特品味及生活樣式掘發出來。對於白居易既漫長又多產的一生，如何以詩文書寫其生命，其書寫的題材又如何網羅及割捨，什麼該寫？什麼不該寫？寫出哪些題材會塑造自己成為哪種讀者心中的詩人形象，大概是本書關心的課題。個人品味大概只有我們親近的親人朋友或同事同儕會注意，而這種品味也多侷限於生活品味，其影響力僅限於周遭。但白居易身為一個當代重要的文學家詩人，也成為文學史甚至政治史上一個指標型的人物，其個人品味呈現於其詩文之中，影響力鉅大，甚至其人可以成為後人加以模倣效法的對象。白居易在他的詩人品味中展現了過人的「格調」，這種因品味而呈現的格調展現，白居易清楚地知道一定會有人當成榜樣加以崇拜追隨，他晚年寫了這首詩：

　　　鬚白面微紅，醺醺半醉中。百年隨手過，萬事轉頭空。臥疾瘦居士，行歌狂老翁。仍聞好事者，將我畫屏風。（〈自詠〉，卷34：頁778）[46]

46　〔唐〕白居易著、顧學頡校點：《白居易集》（北京：中華書局，1979年），卷5，頁

此詩作於開成三年（838）白居易六十七歲時，在當時，便有人景仰
白居易這位詩人，將他當成是指標人物，像歷史人物一樣繪於屏風之
上。換言之，白居易的這位詩人形象，在當代深植人心，並把他當成
偶像一樣繪成畫以便日日觀看，更不用說白樂天身後的詩人形象，如
何影響宋代以後的文人及日韓等鄰國。白居易的詩人形象之所以影響
廣大，當然是因為其優秀的詩文作品感動人心，但也有一部分可能是
因為其特別的詩人品味，以其優秀的詩文呈現，讓獨樹一幟的白居易
詩人形象更具獨特性，引人入勝，讓白居易此一詩人成為後世漢文化
圈中令人喜愛的詩人文學家吧。

95。本書所引白居易詩文，均以此版本為主，引文後逕標詩文題目及本書卷、頁
（如〈詩文題〉，卷：頁）於後，不另作註，全書體例如一。

第二章
詩人品味的基礎：閑適

一　因「無事」而「閑適」

　　白居易在詩中，持續不斷地提出「無事」這個詞。蕭馳（1947-2021）曾以這個詞彙在白詩中反覆出現，而建構出白居易思想上受南宗禪（洪州禪）影響的說法，因此在不同時期的詩中出現了七十餘次的「無事」一詞，解釋白詩重視日常生活的描寫，乃是受洪州禪影響：「如此說來，禪家的解悟也只有在吃飯睡眠這種最平常的生活時刻裡才能實現了。在日常生活裡自在『無事』正是洪州禪風的特徵之一。」[1]白居易在詩中大量使用無事一詞，加上其佛教徒的身分，當然會讓人聯想到馬祖道一（709-778）洪州禪之核心理論：「平常心是道」。許多白居易研究者，如孫昌武、謝思煒、賈晉華，還有蕭馳等人，幾乎將白居易其人及其詩，與洪州禪密切連結，也就中證明了白居易受洪州禪影響甚大。蕭馳更深入地闡發洪州禪重視日常的「無事」佛理對白居易創作的影響，而有了以下的論述：

> 　　樂天的「閑適」之趣與王、孟彰顯清靜的幽閑、幽玄之趣並不相同，它滲透著與洪州禪情調一致的世俗性和日常性，難怪倡導「隨時即景就事行樂」的明代閑適文人要以樂天相標榜了。洪州禪宗教生活中極端的自然主義亦生發出白詩的文學自然主義：正如洪州禪以為一飲一啄、行住坐臥皆為禪修一樣，樂天

1　蕭馳：《佛法與詩境》（北京：中華書局，2005年），頁177。

亦以吃飯睡眠等等瑣事為詩，因為對樂天而言，寫詩也只是閒
適生活中一樁無事之事。[2]

白詩中的確有世俗性與日常性的表現特色，在貶江州前後，也與南宗
禪師們往來，其中最著名的為馬祖道一的弟子興善惟寬。白居易任太
子左贊善大夫時，曾問法於惟寬，後來於江州時追憶此事，而寫了
〈傳法堂碑〉一文。因此蕭馳認為白居易自江州時期後，詩中開始大
量出現無事一詞，乃是深受洪州禪的影響，並在創作時取材的內容，
以世俗性及日常性為宗，其情調與洪州禪法相倣。

　　不過白居易詩中大量出現無事一詞，受到佛教洪州禪多少影響，
似乎還可以再思考。洪州禪法中的無事觀，乃是斷除一切欲念而無所
執著（見〈傳法堂碑〉惟寬的答覆），心頭無一事，進而達到自在無
礙的境界；但是白居易詩中的無事，大多是指涉公餘閑暇，無公事纏
身，在心情上輕鬆自在。雖然白詩大多以描寫行住坐臥來呈現其輕快
的心情，但是這跟洪州禪注重日常生活的修行而言，似乎不可等量齊
觀，視為同一種心態。洪州禪注重的是日常性的修行，但這並不表示
禪師們主張輕鬆或是隨便地面對修行這件事。

　　「無事」一詞最早出現在白詩之中，是白居易在元和初年任盩厔
縣尉閑暇時所做的詩。此詩名為〈官舍小亭閒望〉：

> 風竹散清韻，煙槐凝綠姿。日高人吏去，閒坐在茅茨。葛衣禦
> 時暑，蔬飯療朝飢。持此聊自足，心力少營為。亭上獨吟罷，
> 眼前無事時。數峰太白雪，一卷陶潛詩。人心各自是，我是良
> 在茲。迴謝爭名客，甘從君所嗤。（〈官舍小亭閒望〉，卷5：頁
> 95。）

2　蕭馳：《佛法與詩境》，頁179-180。

這首詩被白居易歸類收在閑適詩之中。此詩呈現出悠閑自在的心情，及靜觀自得的尋常風景，先決條件是「日高人吏去」，讓白居易處在無公務的環境中，他才能夠靜下心來，品味日常辦公的環境，就中抉發出美感來。

對於繁忙公務之餘，能有閑暇的心情來欣賞日常周遭景物，知足保和，呈現出閑適的心情。在白居易仕宦早期、貶任江州司馬前，因為盡責的任官態度和積極的職責意識，讓白居易經常處在過度勞累的工作狀態之下。因此，若我們遍觀白居易在盩厔尉、左拾遺兼翰林學士及京兆府戶曹參軍兼翰林學士期間的閑適詩，我們可以發現元和初期乃白居易在仕途上嶄露頭角的時期，忙碌到幾乎無法休息。因此，若無公務纏身時，白居易通常會感受到悠閑愉快，如上述〈官舍小亭閒望〉詩中所呈現的情況。甚至，因生病而不得不休息時，對白居易而言，反而得到了休養的機會，能稍微舒緩忙碌的官場生活，如此詩所寫的：

> 欹枕不視事，兩日門掩關。始知吏役身，不病不得閑。閑意不在遠，小亭方丈間。西檐竹梢上，坐見太白山。遙愧峰上雲，對此塵中顏。（〈病假中南亭閑望〉，卷5：頁95。）

白居易此時任盩厔尉，兩日掩關不出門且不視事的原因是，白居易生病了。但是他在詩中也感嘆身為畿縣尉的吏役之身，「不病不得閑」。〈官舍小亭閒望〉與〈病假中南亭閑望〉兩詩寫在同一時期，前一詩是寫公務結束後的悠閑將況，後一詩則是寫因病無法處理公務的偷閑時光，此二詩都歸類在「閑適」詩之中。白居易在江州時將詩集分為四類，對「閑適」類的定義：「又或退公獨處，或移病閑居，知足保和，吟玩情性者一百首」（〈與元九書〉，卷45：頁964），可見，「退公」乃是閑適詩構成的第一重要條件。

　　之後白居易入禁中任左拾遺兼翰林學士，責任更重，工作量也愈大。且因為入院時是六位翰林學士中資歷最淺的人，所以常要值夜班。最常跟他值夜的，乃是另一位年輕的翰林學士，時任員外郎的錢徽。白居易曾在翰林院夜值時，寫詩給他同年制舉登科的蕭俛，此時蕭俛任監察御使：

> 憲臺文法地，翰林清切司。鷹猜課野鶴，驥德責山麋。課責雖不同，同歸非所宜。是以方寸內，忽忽暗相思。夏日獨上直，日長何所為。澹然無他念，虛靜是吾師。形委有事牽，心與無事期。中膺一以曠，外累都若遺。地貴身不覺，意閑境來隨。但對松與竹，如在山中時。情性聊自適，吟詠偶成詩。此意非夫子，餘人多不知。（〈夏日獨直寄蕭侍御〉，卷5：頁97。）

此詩前面以野鶴和山麋來比喻蕭俛不羈自由和自己粗野疏曠的本性，卻擔任著須具備鷹猜和驥德的御使和拾遺官職職務，因此造成了「同歸非所宜」的衝突。接著白居易寫到了他自己獨自在夏日於翰林院值勤時想到蕭俛，以下便是白居易描寫如何轉換心境來渡過獨直的夏日時光。而這段論述，便是白居易「閑適」詩最重要的理論基礎。首先，蕭俛擔任的風憲官、白居易擔任的供奉官，雖然是七品與八品的位階，卻都是可以參與早朝的「朝參官」，在當時是重要的清望官職。但也因為階卑權重，因此工作繁忙。所以白居易在夏日獨上直後，向蕭俛解釋自己如何度過漫長的夏日時光。

　　此詩最重要的詩意轉折句為「形委有事牽，心與無事期」，在此白居易明確地將「有事」及「無事」相對、「形」也與「心」相對。這兩句的解釋為：雖然身體因公務受拘束於工作的場所，形體受公事牽絆，但是內心卻期盼「無事」，或者與「無事」的狀態有所約定。「期」在此，可作為希冀、盼望，似乎也可以作約定的意思解釋。因

此，「形委有事牽」是指當下的處境，而「心與無事期」，則是自己將夏日獨直工作的場景，假裝和轉移成不是在執行公務的狀態。很明顯的，這兩句中所指的「事」，全部都是指公務之事。「中臆一以曠」，則是自我心境變化轉移，使自己不受工作事務（外累）所束縛，因此就算在工作場所中，若「無事」，從心境的自我調整後，也能自在如意，達到「意閑境來隨」的轉換效果。轉念之間，能使御使臺及翰林院這兩處工作的人，若無工作任務纏身，雖然在夏日獨直，無事之際，也能如同在山中一樣清幽，不受滋擾，因此達到「地貴身不覺」，不會因身處貴地而緊張悽惶不安。因為「意閑境來隨」，最後可以使「情性聊自適」，自在舒適。因此這種「意閑」後產生的「自適」效果，就算處於貴地之中，亦有成效，最主要的基礎便是若在貴地，也無公事的話，那麼在工作處所，也無異於在山中一般能閑適自處。

〈夏日獨直寄蕭侍御〉一詩，完全呈現了白居易的「閑適」觀，也在詩中表達其理論脈絡。退公獨處，當然可以展現無公事而閑適的狀態，但就算在工作場所，於翰林院若無公事相逼，則可以藉由「心與無事期」的方式來「意閑境來隨」。採取主體轉換心境的做法，讓就算是身處翰林院的「貴地」，也能如在山中般「外累都若遺」。若從這個角度來看，不論是置身何地，山林或工作時的「貴地」，是否能產生閑適的心境，完全是看有沒有公務纏身。若無公務時，就算在翰林院中，也可以讓自身恍若置身在山林中，無拘無束。

同樣地，若是「有事」，則不僅是「形委有事牽」，那麼就算在山林中，心境也會受到拘束而不自適。白居易閑適詩的取決標準，幾乎是以「有事」或「無事」來作判別，而詩中所謂的「事」，便是公務。因此，當我們綜觀白居易文集的《前集》，詩有廿卷，四卷為閑適詩，任盩厔尉及翰林學士時期的詩作比例不多，因為元和初年，白居易熱中仕途，公務繁重，無閑適之感。而閑適詩創作量最多的時期，都是身無公務的守喪下邽及江州司馬時期。此外，杭州刺史時的

閑適詩，也都是退公獨處的休沐時作品。可見白居易在長慶時期請元稹編《白氏長慶集》時，亦遵循自己在江州時〈與元九書〉中詩分四類的分類標準。

例如這首詩，雖然內容也是因公出差，卻被白居易歸到閑適類：

> 石擁百泉合，雲破千峰開。平生烟霞侶，此地重徘徊。今日勤王意，一半為山來。（〈祗役駱口因與王質夫同遊秋山偶題三韻〉，卷5：頁94。）

為了王事而祗役駱口驛，而此次是白居易第二次來駱口出公差。據〈再因公事到駱口驛〉提到「今年到時夏雲白，去年來時秋樹紅。兩度見山心有愧，皆因王事到山中」（卷13：頁257），可見白居易寫作此詩時，是任盩厔尉時第二度到駱口驛出差，而且是夏天，因此詩中有「此地重徘徊」的詩句。在此詩中，白居易雖然因王事公務而來，不過在公務之餘，能和王質夫「同遊秋山」，在公務結束後遊山，使得白居易視此行為乃「閑適」的另種表現。從此亦可知公事的有無、也就是「無事」與否，乃是閑適與否的判斷標準。

白居易任官時，屢為公務仄逼，常感不得自由。因此當他因守母喪而退居渭北下邽時，集子中的閑適詩就大量增多了，這是因為守喪期間根本不會有公務纏身。所以，他在下邽守喪期間所寫的〈適意二首〉，最能說明他因無事、無公務職責在身，讓他得到適意閑適的感覺：

> 十年為旅客，常有飢寒愁。三年作諫官，復多尸素羞。有酒不暇飲，有山不得遊。豈無平生志，拘牽不自由。一朝歸渭上，泛如不繫舟。置心世事外，無喜亦無憂。終日一蔬食，終年一布裘。寒來彌懶放，數日一梳頭。朝睡足始起，夜酌醉即休。人心不過適，適外復何求。

> 早歲從旅遊，頗諳時俗意。中年忝班列，備見朝廷事。作客誠
> 已難，為臣尤不易。況余方且介，舉動多忤累。直道速我尤，
> 詭遇非吾志。胸中十年內，消盡浩然氣。自從返田畝，頓覺無
> 憂愧。蟠木用難施，浮雲心易遂。悠悠身與世，從此兩相棄。
> （〈適意二首〉，卷6：頁111-112。）

此組詩第一首一開始，便寫出了白居易當官時的為難之處，也就是任官時過於盡責，造成自己極大的心理壓力，使自己完全不敢放鬆，而經常處在一種緊張狀態。其中最讓白居易感到壓力的任官時期，便是任左拾遺兼翰林學士的那三年期間。雖然他客氣地說自己如同尸位素餐沒盡職責，不過他要表達的其實是位居此官時，讓他無閒暇可以飲酒遊山，做自己喜歡的休閒娛樂之事。此詩中他以「不自由」這三個字，總結自己任諫官時的處境。白居易接著寫，因守喪而退居渭北下邽時，因無官職在身，無公事繫心，使自己能「置心世事外」，處於無事的狀態，所以就算粗衣淡食，亦能得到自在。而這種自在，白居易稱之為「適」。

　　〈適意二首〉的第二首，也是重覆述說著自己任官時因個性耿直而動輒得咎，進退失據，不得自由。詩中甚至抱怨過快的升遷速度，太早進入政壇的權力核心中，白居易將自己順遂的境遇稱為「詭遇」，反而不樂於自身擁有更高的權力。擔任責任重大的翰林學士的結果，便是在任職的過程中「消盡浩然氣」。因此，守喪罷官歸田畝後，便頓覺無憂且無愧，雖以蟠木無用及浮雲自在比喻，但是最重要的是白居易指稱：脫離了官職，便能使自己處於「適意」的境況。

　　從〈適意二首〉這兩首詩看來，白居易任職時，有公務在身，便覺不閑而且不適。反觀，若無公務在身，也就是「無事」繫於心，則可以使心境處於「閑適」的狀態。處於閑適狀態下的白居易，則更能對自己喜好的事物投入更多心力，而不是像在任官時，因緊張的壓

力，使自己「有酒不暇飲，有山不得遊」，只能專注在公務的處理。

因此，若「無事」，也就是無公務之時，白居易便處在一種無壓力的狀態，這會使他感覺到閑暇適意，也就是「閑適」。因為下邽退居守喪本來就無法有官職在身，「無事」而「閑適」是理所當然的狀況。不過在閑適類的詩作中，白居易也大量收入在杭州刺史任內的詩作。杭州刺史時閑適詩作中的無事，依然是指無公務在身。只不過與之前稍微不同之處，在於杭州刺史的閑適詩，除了寫到無公務纏身的困擾外，還加上對公務閑暇之餘自身所從事的樂事，及對熱中於權勢者被公事纏身的人的批評。如此詩所寫的：

> 漫漫潮初平，熙熙春日至。空闊遠江山，晴明好天氣。外有適
> 意物，中無繫心事。數篇對竹吟，一杯望雲醉。行攜杖扶力，
> 臥讀書取睡。久養病形骸，深諳閑氣味。遙思九城陌，擾擾趨
> 名利。今朝是隻日，朝謁多軒騎。寵者防悔尤，權者懷憂畏。
> 為報高車蓋，恐非真富貴。（〈郡中即事〉，卷8：頁156-157。）

此詩的重點在於「外有適意物，中無繫心事」。這首詩應該是白居易在刺史公務閑暇時的作品，因為心中無繫心掛心之事，所以能對身外之物仔細把玩，而得到「適意」的感受。詩中提到的適意物，主要是詩、竹、雲、酒、杖、書，還有最特別的：「病」。此詩大概是白居易因病而請了病假，因請假而無公務在身，所以無事之餘，能「深諳閑氣味」。對於閑暇的心境特別有感觸，也更能習慣「閑」之狀態，而不落入無聊的境況。最後白居易在此詩中評論在長安名利地費心斲力的官員，戕心伐性後雖然能得到外在的榮華富貴，但是這種虛名財貨若無「閑適」的條件來享受，這類富貴是否是真正的富貴呢？換言之，白居易認為「真富貴」，必須是建立在能深諳閑氣味的條件下才能成立。

　　對於在長安爭名逐利的士人，無法理解閒暇對人生真正的價值。因此追求到的富貴，在悔尤憂畏的情況下，沒辦法真正地享受。白居易將這種富貴視為「非真富貴」，也就是假富貴，虛有其表。因此，白居易對富貴的看法，乃是能否享受其富貴之實為主。反觀，若能無事而得到悠閒的時刻，不被公務擾動心情，那麼就算是擔任刺史地方官，也無異於隱居於山林，就如同這首詩所寫的：

> 藹藹四月初，新樹葉成陰。動搖風景麗，蓋覆庭院深。下有無事人，竟日此幽尋。豈惟玩時物，亦可開煩襟。時與道人語，或聽詩客吟。度春足芳色，入夜多鳴禽。偶得幽閒境，遂忘塵俗心。始知真隱者，不必在山林。（〈玩新庭樹因詠所懷〉，卷8：頁160。）

此詩寫於白居易任杭州刺史時期。從詩的內容看起來，白居易此詩所描寫的乃是卸下公務後，處於放假狀態下寫的詩。同樣地，因為沒有公務之事，休假時的白居易自詡為「無事人」，因為無事，可以幽尋日常常見的住所周遭風景。因為無事，心境也有所改變，所以就算是在自己家裡的庭院中，也可以「玩時物」，欣賞新庭樹。這種因無事、可以轉換心境，甚至可以將日常生活景色因心境的轉換成為「幽閒境」，變成觀注欣賞的對象，那麼，就算身任刺史太守負有重責大任，亦能得到閒適的感受。如果能以心轉境，那麼，在俗世間而忘塵俗心的結果，便如同隱居生活，而這種結廬在人境隱居情態，就有可能達成。

　　用「無事」來指稱無公事纏身，因不用為公務負責而身心感到輕鬆，不僅在白居易的詩中如此使用，連在元稹（779-831）的詩也是一樣。例如元稹的〈代杭民答樂天〉詩，就用「無事」一詞來稱白居易卸杭州刺史後，即將前往擔任的太子左庶子是公務較為清閒、位高權輕的職位：

翠幕籠斜日，朱衣儼別筵。管弦淒欲罷，城郭望衣然。路溢新
城市，農開舊廢田。春坊幸無事，何惜借三年。[3]

詩末的「春坊」，便是指白居易即將赴任太子左庶子的工作地點：「東
宮」。對唐人來說，東宮官乃冷官。雖然左庶子綜理東宮事務，不過
在元稹眼中依然是「無事」之官。同樣地，元稹也用「無一事」，來
形容官職的清閑，如這首他在任通州司馬時寫的〈通州〉詩：

平生欲得山中住，天與通州遠郡山。睡到日西無一事，月儲三
萬買教閑。[4]

在元稹詩中，無事亦是與「閑」相連結，但白居易更進一步，將無事
視為「閑適」的基礎罷了。

除了元稹，柳宗元（773-819）及劉禹錫（772-842）詩中所出現
的「無事」或「無一事」一詞，也大多指無公務在身，因而身心輕鬆
自在。所以白居易詩中的無事，並不見得必然定要跟洪州禪相連結。
但白詩中大量出現「無事」，蕭馳看出此現象，也值得重視。但是依
上文之論述，白詩中的無事，乃無公務在身的意思，而且是與他的閑
適理論連結在一起。因無事而悠閑、而自適，在悠閑自適後，不用為
公務煩心，不過卻可以從事自己喜歡的事。這種詩人偷得浮生公務閑
暇之餘的輕鬆心境，能夠安心做嗜好興趣的樂事，使得白居易閑適的
生活得以成立。相反地，若是落到公務繁忙的生活之中，白居易通常
會感傷怨嘆，這也是「感傷詩」的基調之一。例如他對感傷類詩作的
定義：「又有事物牽於外，情理動於內，隨感遇而形於歎詠者一百

3　〔唐〕元稹著、冀勤點校：《元稹集》（北京：中華書局，1982年），卷15，頁179。
4　〔唐〕元稹著、冀勤點校：《元稹集》，卷20，頁228。

首，謂之感傷詩」（〈與元九書〉，卷45：頁964），文中的「事物牽於外」，應該是指的煩人累牘的公事束縛吧！如這首〈權攝昭應早秋書事寄元拾遺兼呈李司錄〉所寫的：

> 夏閏秋候早，七月風騷騷。渭川煙景晚，驪山宮殿高。丹殿子
> 司諫，赤縣我徒勞。相去半日程，不得同遊遨。到官來十日，
> 覽鏡生二毛。可憐趨走吏，塵土滿青袍。郵傳擁兩驛，簿書堆
> 六曹。為問綱紀掾，何必使鉛刀。（卷9：頁167。）

這是白居易任盩厔尉時，權攝昭應縣令時的詩作。昭應縣的等級跟長安縣、萬年縣、洛陽縣、河南縣等京都首府等級的縣一樣是「赤縣」。雖然僅是暫時權攝縣令，不過對一般唐代文人來說，能權攝赤縣縣令，是莫大的榮耀。不過白居易卻在此詩中，向身任左拾遺的元稹及任錄事參軍的李姓友人[5]抱怨，權攝赤縣令，乃徒勞之舉，淪為「趨走吏」，讓自己青袍官服沾滿塵土。所做的事是兩驛郵傳送往迎來的公事，還有堆滿六曹的公文簿書。此詩題的「早秋書『事』」，很明顯地，其事，乃專指公事而言。白居易對公務纏身必須費心處理而「感傷」。

　　不過白居易的感傷詩，比例較多的還是嘆老傷逝的內容居多，抱怨公務繁忙的詩也不多。白詩中，四卷閑適詩，收錄渭下退居守喪和江州司馬時的作品最多。閑適，乃閑而適，因此自適的前提是閑暇。因此「無事」：無公務在身，如此才能「得閑」。下邽守喪和江州司馬是白居易無公務在身的時期，尤其是江州司馬期間，「州民康，非司馬功；郡政壞，非司馬罪」（〈江州司馬廳記〉，卷43：頁933），更是讓白居易固定領得俸祿卻無公事在身。如此的白居易，更能理解

5　此中的李司錄，可能是當時剛入李錡幕僚的李紳，錄事參軍可能是李紳的檢校官銜。

「閑」的可貴與享受「閑」的舒適,如此詩所寫的:

> 不爭榮耀任沈淪,日與時疏共道親。北省朋僚音信斷,東林長
> 老往還頻。病停夜食閑如社,慵擁朝裘暖似春。漸老漸諳閑氣
> 味,終身不擬作忙人。(〈閑意〉,卷17:頁360。)

白居易非自願地被剝奪認真努力工作的機會,被貶到江州任無權無
責,甚至「無事」的司馬。任司馬期間,「日與時疏」,不能發揮經世
濟民的政治才能,與北省(中書省和門下省合稱北省)的同僚疏離,
不通音訊,整日過著閑暇的生活。照理說,白居易應該要抱怨自己懷
才不遇,流落江州。但是白居易卻漸諳「閑氣味」,而體會到閑的好
處之後,便放棄回到之前的忙人生活狀態。從此詩看來,白居易若要
追求閑適,便先要放棄自己成為忙人的機會。愈是體會了閑氣味,享
受了閑的好處,那麼,白居易便會一再重覆思考「真富貴」的本質為
何。還有,他的人生終極追求的目標是什麼,以及他想要過著什麼樣
的生活。不過關於白居易的閑適,日人川合康三的意見,也值得我們
參考:

> 白居易的閑適,是在名與利大體得到滿足的前提下產生的,它
> 並不正面地否定名利、排斥對名利的欲望。白居易閑適的本質
> 屬性可以由此來把握吧。也就是說它不是處在與世俗完全相排
> 斥上,而是融入折衷調和、歸於無形的境地。這就給白居易的
> 文學創作以一種不同於比如柳宗元那樣絕對對立的嚴峻,而呈
> 現出一種平和安祥。[6]

---

6 〔日〕川合康三著、劉維治、張劍、蔣寅譯:《終南山的變容:中唐文學論集》(上
  海:上海古籍出版社,2013年),頁240。

川合氏所言的，不排斥名利而將名利得到滿足，成為白居易閑適的前提，這個意見相當正確。換言之，既要名利得到滿足，又要不受公務拘束，白居易前半生為止為此感到相當困擾，這倒不能全然歸於仕／隱的二元抉擇。但是這種物質條件的名利滿足又不受塵事羈絆的兩難，似乎在左遷江州時，白居易得到了兩全的人生方案。

二　面對運命的態度──委順

眾所皆知，「窮則獨善其身，達則兼善天下」這兩句出自《孟子》的概念，成為白居易中年以前將詩集分為四類中，諷諭及閑適兩類詩的主要理念。這段理念的陳述，在〈與元九書〉中清楚地呈現出來：

> 微之，古人云：「窮則獨善其身，達則兼濟天下。」僕雖不肖，常師此語。大丈夫所守者道，所待者時。時之來也，為雲龍，為風鵬，勃然突然，陳力以出；時之不來也，為霧豹，為冥鴻，寂兮寥兮，奉身而退。進退出處，何往而不自得哉？故僕志在兼濟，行在獨善，奉而始終之則為道，言而發明之則為詩。謂之「諷諭詩」，兼濟之志也；謂之「閑適詩」，獨善之義也。（〈與元九書〉，卷45：頁964。）

白居易在此，將孟子的兼濟獨善概念，更清楚地闡釋出來。孟子在這兩句重點擺在「窮」、「達」兩種境遇時，大丈夫該如何不失志而泰然自處。不過白居易卻將獨善、兼濟當成是命運的安排，會處在何種處境，是窮是達，乃「時」，也就是上天時運的安排。這樣便將孟子著重道德主體不受窮達影響而能不動於心、安心於任何處境的修持力量，變成命定論的思考。因此，大丈夫守道，但所待者「時」，而時運、成功的時機可遇不可強求。若時運來時，則不管為龍為鵬，都要

「陳力以出」；但若時運不來，沒有飛黃騰達的契機時，則「奉身而退」，將自己安置在「寂兮寥兮」的境況。言下之意，便是要甘於寂寞、安於隱退，就像霧豹、冥鴻般，雖然擁有才能，卻要接受命運的安排。在時刻來臨時，就要陳力以出，用盡力氣來發揮才能；同樣地，若時運不濟，便退隱。在這段文字中，「陳力」和「奉身」，乃是白居易認為得時與失時、窮達兩種不同人生境遇必須做的事。所以孟子兼濟獨善，是指大丈夫不因局勢的窮通而心志有所變替，但是白居易卻是「志在兼濟」，以兼濟為志向，而「行在獨善」，若不遇兼濟之時，則白居易則選擇獨善其身。但不管是兼濟或獨善，白居易都努力地以詩歌來進行「言而發明之」，以詩為工作，來述說自己的處境和抉擇。

從白居易在貶江州初期寫給元稹的這封信看起來，白居易有可能在貶謫之餘，心灰意冷，在政治上失去了積極進取的熱情，故在人生觀上傾向命定論。一樣是任江州司馬同時期所寫的〈與楊虞卿書〉，白居易對妻舅楊虞卿亦表達了同樣的看法：

> 凡人情通達則謂由人，窮塞而後信命，僕則不然。十年前以固陋之姿，瑣屑之藝，與敏手利足者齊驅，豈合有所獲哉？然而求名而得名，求祿而得祿，人皆以為能，僕獨以為命。命通則事偶，事偶則幸來。幸之來，尚歸之於命，不幸之來也，捨命復何歸哉？所以上不怨天，下不尤人者，實如此也。又常照鏡，或觀寫真，自相形骨，非富貴者必矣。以此自決，益不復疑。（〈與楊虞卿書〉，卷44：頁948-949。）

在這段文字中，白居易一開始就提出他的想法與時人不同。大部分成功的人認為成功是因為自己的才能和努力才能成功，而失敗不順遂，則認為是命運的安排。但是白居易向妻舅好友說自己的想法剛好相

反。白居易認為，自己才能不足（固陋之姿、瑣屑之藝），卻能求名得名、求祿得祿，因此自己的成功是因為命通事偶後則幸運降臨在自己身上。成功顯達，在白居易身上，他認為是命運的安排。幸遇來自於命，不幸也是同樣來自於命，因此「不幸之來也，捨命復何歸哉」。窮通達塞，都是命定的，因此白居易就產生了命定想法。有了這種想法後，等於是抹殺自己的才能和努力在成功失敗之間的必然性，所以白居易在接下來的文字說：「故寵辱之來，不至驚怪，亦足下素所知也。今且安時順命，用遣歲月」。自身才能不足憑恃，接下來用「安時順命」的生活態度來過日子即可。

　　因此，在江州時期，白居易開始有了「安時順命」的想法，詩中開始出現了「委順」、「委命」等看似向命運低頭的用語。委順一詞，本出自《莊子・外篇》〈知北遊〉，其原文如下：

> 舜問乎丞曰：「道可得而有乎？」曰：「汝身非汝有也，汝何得有夫道？」舜曰：「吾身非吾有也，孰有之哉？」曰：「是天地之委形也；生非汝有，是天地之委和也；性命非汝有，是天地之委順也；孫子非汝有，是天地之委蛻也。故行不知所往，處不知所持，食不知所味。天地之強陽氣也，又胡可得而有邪？」[7]

成玄英在委順下作疏：「委，結聚也。夫天地陰陽，結聚剛柔和順之氣，成汝身形性命者也。故聚則為生，散則為死。死生聚散，即不由汝，是知汝身，豈汝有耶？」從這裡可知，不論是委和、委順、委蛻，均是天地陰陽剛柔和順之氣所聚結，人力全無著力之處，所以

7　〔先秦〕莊周著、〔清〕郭慶藩編、王孝魚整理：《莊子集釋》（臺北：萬卷樓圖書公司，1993年），卷七下，頁739。

「汝生非汝有」，自己對於出生、性命終結及子孫繁衍之事，全然無可奈何，其主宰者乃天而非人。所以郭象在此處作註：「若身是汝有者，則美惡死生，當制之由汝。」因為人是氣聚而生，氣散而亡，所以生死兩端，乃人力所不能為、不能制。

所以在《莊子》出現的委順一詞，其委乃是聚結，而順則是天地和順之氣。委順一詞，指的是人的生命存在狀態，是天地和順之氣繼續聚結的結果。而人的出生，乃是天地和順之氣開始聚結的結果，而委蛻在成玄英的疏解釋為：「陰陽聚結，故有子孫，獨化而成，猶如蟬蛻」，即子孫為天地陰陽和順之氣，自行單獨變化而生成。從語意脈絡來看，「和順」為同義複詞，「委和」等同於「委順」，乃是指人的出生及繼續活著的狀態。不過白居易在使用莊子這個術語時，卻好像不是依莊子原意（或是成疏義）而另行賦予其他意義。

白居易詩中最早出現「委順」一詞，乃是在擔任翰林學士時的詩作：

> 非老亦非少，年過三紀餘。非賤亦非貴，朝登一命初。才小分易足，心寬體長舒。充腸皆美食，容膝即安居。況此松齋下，一琴數帙書。書不求甚解，琴聊以自娛。夜直入君門，晚歸臥吾廬。形骸委順動，方寸付空虛。持此將過日，自然多晏如。昏昏復默默，非智亦非愚。（〈松齋自題〉，卷5：頁96。）

此詩雖然是五古，不過白居易作詩不論近體、古體，都有大量使用對偶排比的傾向。此詩歸類在「閑適詩」之中，「形骸委順動，方寸付空虛」這一聯乃對仗句式，即形骸與方寸，身、心相對，「委」對「付」，動詞對動詞，若以「空虛」一詞的詞性看來，「順動」亦是一組詞組，因此「委順動」便要理解成「委」（動詞）＋「順動」（名詞）。

　　那麼，「委順動」與莊子書中的「委順」的概念，應該不會相同。白詩中的「委・順動」的委，就其文意脈絡看來，應該不是莊子書中「結聚」的意思，而是接近「寄託、委託」的意思；而「順動」一詞語本《易經・豫卦》：「天地以順動，故日月不過，而四時不忒。聖人以順動，則刑罰清而民服。」[8]意思則是順應事物固有的規律而運動。換言之，白詩中第一次出現的「委順」一詞，其實，乃是「委順動」。而「委順動」，則與《莊子》書中「委順」作為人活著的狀態之義，有所不同。從〈松齋自題〉一詩便可以看出來，此詩主要的主旨是敘述自己「才小分易足」的生活，同樣地，在「夜直入君門」的翰林學士公事之餘，回到自己的松齋住所，過著衣食無虞、讀書彈琴的生活。大意是「身體形骸寄託於天地自然的變化，而方寸內心也付託於無欲無求的沖淡」，所以「持此將過日」，生活平靜自然則晏如愉悅。

　　在《莊子》裡「委順」意思，有著人力無法掌握自然賦予形骸生死變化的過程，是一種被動消極的狀態敘述，不過，在白居易的詩中，卻將「委順」變成了自己用這種觀念和想法，來面對及克服生命中困頓的方法。〈松齋自題〉中的「委順動」，有順其自然不強求的意味。其餘在別的詩中出現的「委順」用法，則更有主動積極義，而且「委順」也會和「知足」在一起合用，例如「形骸為異物，委順心猶足」（〈歸田三首〉之三，卷6：頁114）、「知分心自足，委順身常安」（〈詠懷〉，卷7：頁145），甚至委順本身也是某種修持的方法，如「自從委順任浮沈，漸覺年多功用深」（〈詠懷〉，卷16：頁341），像是某種法門般，委順的修練，經年之後，可以「功用深」，有一定的效果。

　　白居易的委順，雖然來自莊子，但似乎是望文生義，他大概沒看

8　〔清〕阮元校勘：《十三經注疏・周易》（臺北：藝文印書館影嘉慶二十年南昌府學雕本，1993年），卷2，葉34b。

過成玄英的《南華真經疏》，這可以從他〈無可奈何〉這段文字中可以得知：

> 是以達人靜則腸然與陰合跡，動則浩然與陽同波。委順而已，孰知其他？時邪命邪？吾其無奈彼何。委邪順邪，彼亦無奈吾何。夫兩無奈何，然後能冥至順而合太和，故吾所以飲太和。扣至順，而為無可奈何之歌。（〈無可奈何〉，卷39：頁884。）

這篇似文似詩的〈無可奈何〉，使用了相當多的莊子思想，寫作年代不詳，大概可以推測是左遷江州之後，對人生產生反思懷疑後的消頹念頭，放棄積極進取熱中之心的作品。在這段文字中，白居易認為達人可以做到動靜與陰陽配合，與自然律動規則合拍，則是「委順」。時、命是自己所不能掌握的，因此「吾其無奈彼何」，但是若能做到「委邪順邪」，則自己亦能不受命遇窮通的控制，擁有自己的主體自由。在這裡，白居易將「委」與「順」視為同樣詞性的詞，甚至還隱約將此詞視為同義複詞，也就是委與順的意義相似或相同；那麼，若委可以詮釋為委託、託付，「順」就可能在白居易的語境中詮釋為「順從」、「順服」。若就此來看，白居易的委順，即是「順其自然律動規則」，也就是順其自然不以人力強加反抗的意思。這種想法，白居易也曾用詩句傳達出來：「我無奈命何，委順以待終。命無奈我何，方寸如虛空」（〈達理二首〉之一，卷7：頁146）。這種看似消極無作為的想法，其實是白居易用來抵抗命運無情摧殘的手段。所以看似消極，其實其力道是用來抗拒「時、命」不可逆料的變化，那麼其功用可能就顯得巨大。這也就是白居易詩中提到「自從委順任浮沈，漸覺年多功用深」，以委順自外於人世的變化，其修持結果，自然能抵擋時運不濟造成的傷害和缺憾。所以當他任忠州刺史時，便直接以委順為題說理：

> 山城雖荒蕪，竹樹有嘉色。郡俸誠不多，亦足充衣食。外累由
> 心起，心寧累自息。尚欲忘家鄉，誰能算官職。宜懷齊遠近，
> 委順隨南北。歸去誠可憐，天涯住亦得。（〈委順〉，卷11：頁
> 221。）

此詩是抱怨忠州地處偏遠，白居易作此詩以自寬。白居易用最簡單的
方法排除對忠州荒蕪冷僻的不滿，即「心寧累自息」，再來用齊一遠
近的莊子齊物論中的觀念，來等同故鄉、忠州遠近差距，最後用「委
順」的想法來終結在異地任官無法返鄉的無奈惆悵。

　　後來「委順」就發展成更為消極的「委命」一詞。如這首詩所
寫的：

> 行年四十五，兩鬢半蒼蒼。清瘦詩成癖，粗豪酒放狂。老來尤
> 委命，安處即為鄉。或擬廬山下，來春結草堂。（〈四十五〉，
> 卷16：頁336。）

委命一詞，在白居易詩中，是江州司馬後才出現的辭彙。由詩的語境
看來，委命幾乎與是與委順意思相同，不過這首詩有趣的地方，是白
居易在感嘆年老時，兩鬢蒼蒼，因寫詩而清瘦，不過卻因喝酒而粗豪
放狂，這些都是江州日常生活的寫照。詩作的後半卻寫老來尤委命，
更是順服命運的安排。若是如此，則最後兩句，不是「委命」的行
為。預備在廬山結構草堂之舉，與聽從命運安排而不作努力的委命觀
念，根本無法合一。白居易詩中的委命，大抵是指消除名利進取心而
言，倒也不是任何時候都隨順命運的安排，這種想法，就如他自己寫
的：「自茲唯委命，名利心雙息……回看世間苦，苦在求不得。我今
無所求，庶離憂悲域」（〈遣懷〉，卷11：頁220）。求名求利之心雙
息，就是委命後的效用。但是很明顯地，白居易將委命的觀念和無所

求結合在一起，成為面對人生困頓時期的解決之道。

　　白居易一生在詩歌中對於「命」有各種詳細的論述。[9]白居易的確在不同時期，一方面認為自己命運困塞，則面相不是長壽富貴之人；不過一方面又認為自己相當幸運，跟其他人相較起來：「顧慚虛劣姿，所得亦已多」（〈答故人〉，卷7：頁130）。因此，委順動、委順、委命後，若能衣食無虞，則白居易或許便展現了知足滿意的心情：

> 我身何所似，似彼孤生蓬。秋霜翦根斷，浩浩隨長風。昔遊秦雍間，今落巴蠻中。昔為意氣郎，今作寂寥翁。外貌雖寂寞，中懷頗沖融。賦命有厚薄，委心任窮通。通當為大鵬，舉翅摩蒼穹。窮則為鷦鷯，一枝足自容。苟知此道者，身窮心不窮。
> （〈我身〉，卷11：頁215。）

這與〈與楊虞卿書〉中展現的命定觀相似，「賦命有厚薄，委心任窮通」，窮困時則類似鷦鷯棲於一枝，而通達時則像大鵬九萬里鵬舉：視賦命之厚薄，再視情況，委心於時運的窮通變化。

　　其實白居易這種反覆強調自己不要被命運左右、只要順勢順服命的安排，他真正的用意是：在控制不了的命運前，自己唯一能做的是，不要過度追求「身外」的權勢富貴及物質享受。如果能泯除富貴分賤的世俗觀感，那麼擁有「我身」後，便能隨遇而安。身分上，不論是意氣郎還是寂寥翁，生活場所不論是秦雍首都區還是在巴蠻中，心中都能懷有沖融之意，不受外界環境變化而患得患失。維持平靜，就算「身窮」卻能保持「心不窮」的態度，來面對人生中的榮華與困頓。

9　關於白居易對「命」的描述這個主題，侯迺慧有很清楚的整理及闡發，見侯迺慧：〈從知命到委命——白居易詩命限主題中才、命、心的角力與安頓〉，《臺北大學中文學報》第25期（2019年3月），頁71-109。

　　在〈我身〉這首詩之中，白居易在感嘆自己身不由己，不論身在何處、身居何位，都很難自己作主自決而操控於命運。也因此，他才在年輕時開始有委順的想法，而委順和委命到江州遇到真正人生中第一次困頓時而大量在詩文中出現。就如同筆者曾提到過的，白居易一生中有很強烈的不自信，不過不自信不是自卑感，而是關於自己的才華，白居易常感到無所用所無處施展。因此他在政治上，自謙為鉛刀，[10]詩中認為自己不足之處的例子繁不勝舉，到了江州之後，甚至認為自己是無用的蟠木：

> 蟠木蟠木，有似我身。不中乎器，無用於人。下擁腫而上轞菌，桷不桷兮輪不輪。天子建明堂兮既非梁棟，諸候斲大輅兮材又不中。唯我病夫，或有所用。用爾為几，承吾臂支吾頤而已矣。不傷爾性，不枉爾理。爾怏怏為几之外，無所用爾。爾既不材，吾亦不材。胡為乎人間裝回，蟠木蟠木。吾與汝歸草堂去來。（〈蟠木謠〉，卷39：頁884。）

此為白居易在江州創作的〈三謠〉其中一首歌謠。在此，白居易以蟠木自喻：「有似我身」。其相似的特色在於「不中乎器，無用於人」。但是，就白居易貶江州之前的經歷看來，還有他在長慶和寶曆年間重新進入長安政壇看來，白居易的確是有政治上的才能。在〈蟠木謠〉中，雖說白居易此時受到貶謫江州的打擊，卻也不至於明顯地將自己視為蟠木，然後不受天子、諸候的重用，成為無用之物，這可能是囚

---

10 白詩中以鉛刀自喻有以下詩句：「為問綱紀掾，何必使鉛刀」（〈權攝昭應早秋書事寄元拾遺兼呈李司錄〉，卷9：頁167）、「鉛刀磨欲盡，銀印換何頻」（〈去歲罷杭州今春領吳郡慚無善政聊寫鄙懷兼寄三相公〉，卷24：頁530）、「金劍淬來長透匣，鉛刀磨盡不成鋒」（〈喜與韋左丞同入南省因敘舊以贈之〉，卷25：頁572）、「鐵馬因疲退，鉛刀以鈍全」（〈喜老自嘲〉，卷37：頁854）。

貶官而寫出的沮喪的話。不過蟠木對白居易而言也不是真的沒有用處，它可以在「不傷爾性、不枉爾理」的情況下作成憑几，可以「承吾臂、支吾頤」，為白居易所用。所以，蟠木為几雖然「怏怏」不樂，因為無所用於世而成為「不才」之物，但是，它卻是能讓白居易承臂支頤，對白居易而言是相當有用之物。只不過這種「用」，要在特定的情境下才能發揮其用。

〈蟠木謠〉其實就是白居易才能的大寓言。以事實而言，白居易有經世濟民的「大才」，但是白居易卻選擇了用蟠木來宣示其「不才」。這種自相矛盾的說法，白居易並非不知，而是白居易以「不傷爾性、不枉爾理」定位自己接下來的人生進程。他所追求的人生目標，已不再是能被天子、諸候重用的梁棟大才之功，而是能服務自身的蟠几之才。「不傷爾性、不枉爾理」，在此，就是白居易在其詩文中一再強調的「委順」哲學。

因為委順，所以無所求。在委順的過程中，就算遭遇挫折，也可以歸因於命運的安排。但是白居易是否完全消去任官顯榮的志向而傾向辭官歸隱呢？至少在江州時期還沒有，他在得到忠州刺史任命準備卸下江州司馬時，寫了一首詩給當時的江西觀察使裴堪：

> 一從簪笏事金貂，每借溫顏放折腰。長覺身輕離泥滓，忽驚手重捧瓊瑤。馬因迴顧雖增價，桐遇知音已半燋。他日秉鈞如見念，壯心直氣未全銷。(〈江西裴常侍以優禮見待又蒙贈詩輒敘鄙誠用伸感謝〉，卷17：頁371。)

前面感謝裴堪在任上對於白居易任司馬時的「優禮見待」，所以就算處在類似泥滓的司馬官職上，也覺得身輕無拘束。腹聯則以伯樂回顧馬使馬價倍增、蔡邕尋得焦尾琴之典，感謝裴堪願意青眼相加，使白居易養譽增望。最後一句，則寫日後若裴堪任宰相執政，則不要忘了

重用自己，因為自己還存有壯心直氣。最後一聯求重用的意圖相當明確，有此一詩，則白詩中所有委順、委命、委化之類的詞語，都在此詩寫成時成為矛盾的話語，而這種白居易式的矛盾也值得讓我們重新思索。

白居易以委順、委命來排除厄運的折磨。不過若是時來運轉，處於能夠「達則兼濟天下」之時，白居易亦接受而不推拒。這種想法形成了隨遇而安的吏隱概念，最後發展成了中隱思想，成為白居易晚年支撐起洛下退居生活最重要的人生哲學。關於這點，將在下節詳述。不過，委順於命運的安排，並不表示自己不用考慮到未來是否能發揮自己的才能。在白居易江州後的想法，不適當的才能或不合時宜的才能，最好能藏而不用，或是會戕生伐性的才能，也最好不要表現出來。例如他曾提到的「龜靈未免剟腸患」（〈放言五首〉之二，卷15：頁319）、「龍智猶經醢，龜靈未免剟」（〈東南行一百韻〉，卷16：頁325），龍智龜靈的才能反而遭殺身之禍。同樣地，「鸚為能言長剪翅，龜緣難死久揥床」（〈寄微之〉，卷18：頁387），鸚鵡的能言反遭禍，龜亦長命而不得自由。總之，江州的貶謫，讓白居易原有的知足自滿思想，轉變成在仕途上更加消極及畏縮的心態。在擔任左拾遺諫官時的勇敢進取的政治企圖心，在左遷江州後幾乎消失殆盡。在卸任江州司馬赴任忠州刺史的路上，白居易寫作了一首相當長的長詩，向弟弟白行簡（776-826）敘述日後的人生態度及政治趣向：

> ……劍學將何用，丹燒竟不成。孤舟泙一葉，雙鬢雪千莖。老見人情盡，閑思物理精。如湯探冷熱，似博鬭輸贏。險路應須避，迷途莫共爭。此心知止足，何物要經營。玉向泥中潔，松經雪後貞。無妨隱朝市，不必謝寰瀛。但在前非悟，期無後患嬰。多知非景福，少語是元亨。晦即全身藥，明為伐性兵。昏昏隨世俗，蠢蠢學黎甿。鳥以能言轉，龜緣入夢烹。知之一何

晚，猶足保餘生。（〈江州赴忠州至江陵已來舟中示舍弟五十
韻〉，卷17：頁375。）

此詩前半段乃是敘述自己江州之前的仕宦經歷。學劍、燒丹均無所
成，此指出世、入世之事業均無成就。「險路應須避，迷途莫共爭」，
其實也就是趨吉避兇的心態，而且偏重在避兇。消極避兇、不讓前次
被貶江州的事重演，白居易也期望「但在前非悟，期無後患嬰」，自
己能免於再度貶謫的危險之中。因此他向弟弟白行簡提到自己必處養
晦除明，過著昏昏蠢蠢、少知少語的知足日子，這才能「保餘生」，
以免像鳥能言而被束縛，龜神靈而被烹殺。但是，白居易也提到，若
能知足保性，免於禍難的話，那麼自身可以如松、雪般潔淨清高，而
且「無妨隱朝市，不必謝寰瀛」，不用入山隱居，而能在塵寰中過著
無災無禍的日子。

　　看來，白居易四十四歲被貶江州，真的如驚弓之鳥，惶恐不已。
為避免重蹈覆轍，白居易知足保身、韜光養晦，似乎看破名利，而一
味進行委順的修持。只是不求名利，不求官位，白居易韜光養晦後擁
有大量的時間如何排遣？其人生追求的最終目的為何？委順後唯唯諾
諾，成為同時後輩李林宗口中的「囁嚅公」[11]，白居易之名稍減，其
原因乃是避禍居洛之舉，被李林宗、杜牧等人輕視。不過白居易從江
州四年左遷生活之後，也漸漸找到除了政治舞臺外可以自我實現的場
域，這也是他在詩中提到的「老見人情盡，閑思物理精」。閑思物理
之精，成了白居易品味萬物的基本能力。中年以後，逐漸遠離「如湯
探冷熱，似博鬭輸贏」的政治場域，也讓白居易找回自我，能從事自
己喜歡的興趣和嗜好，逐漸發展自己與眾不同的品味。其實就算不在
政界爭名逐利，以委順的心態苟活於人間，說不定更能尋回自我、實
現自我。

---

11 事見〔唐〕范攄：《雲溪友議》（臺北：世界書局，1991年），卷中，頁32。

　　白居易在其文中鮮少提到「委順」一詞，僅在〈故饒州刺史吳府君神道碑銘〉中，為自己進士同年吳丹所寫的這篇文章題到「委順」。吳丹為白居易進士同年，且在年輕初仕以來便相當敬重的一位友人，雖是進士同年，年齡卻大白居易廿八歲。白居為他寫的這篇神道碑銘，推崇吳丹為「達人」，而且在此文中，我們可以看出白居易應該受吳丹影響甚深：

> 汩市朝，溺妻子，非達也；困山林，擯血屬，亦非達也；若有人與群動處一代間，彼為彼，我為我，不自潔，不自污，不巢許，不伊呂，水其心，雲其身，浮沈消息，無往而不自得者，非達人乎？吾友吳君，從事於斯矣。……既壯，在家為長，屬有三幼弟、八稚侄，嗷嗷慄慄，不忍見其飢寒，慨然有幹祿意，乃曰：「肥遁不可以立訓，吾將業儒以馳名；名競不可能恬神，吾將體元以育德；凍餒不可以安道，吾將強學以徇祿；祿位不可以多取，吾將知足而守中。」繇是去江湖，來京師，求名得名，求祿得祿。身榮家給之外，無長物，無越思，素琴在左，《黃庭》在右，澹乎自處，與太和始終。履仕途二十七年，享壽命八十二歲，無室家累，無子孫憂。屈伸寵辱，委順而已，未嘗一日感感其心，至於歸全反真。故予所謂達人之徒歟，信矣！（〈故饒州刺史吳府君神道碑銘〉，卷69：頁1447-1448。）

從吳丹一生的經歷來看，「知足守中」為吳丹的處世原則，而「屈伸寵辱，委順而已」，則為吳丹應對世間的態度，從以上的文字看來，我們可以確定，白居易似乎是將吳丹視為模範加以學習的對象。

三　從「吏隱」到「中隱」

　　上一節提到了，白居易自左遷江州後，開始了委順委命的生活態度。有別於卅多歲時在仕途上的熱衷進取，開始消極地面對未來的人生，在詩文中屢屢以知足保和、韜光養晦的想法，作為未來生存原則。有了這個想法後，大家認為的左遷司馬之職，對白居易而言，反而認為是很好的卸責免禍的官職。這種想法，白居易完全不諱言地寫到了〈江州司馬廳記〉之中：

> 自武德以來，庶官以便宜制事，大攝小，重侵輕，郡守之職，總於諸侯帥；郡佐之職，移於部從事。故自五大都督府至於上中下郡，司馬之事盡去，唯員與俸在。凡內外文武官左遷右移者遞居之，凡執役事上，與給事於省寺軍府者遙署之。凡仕久資高，耄昏軟弱不任事，而時不忍棄者實蒞之。蒞之者，進不課其能，退不殿其不能，才不才，一也。若有人蓄器貯用，急於兼濟者居之，雖一日不樂；若有人養志忘名，安於獨善者處之，雖終身無悶。官不官，繫乎時也；適不適，在乎人也。江州左匡廬，右江湖，土高氣清，富有佳境。刺史，守土臣，不可遠觀游；群吏，執事官，不敢自暇佚。惟司馬，綽綽可以從容於山水詩酒間。由是郡南樓山、北樓水、滋亭、百花亭、風篁、石巖、瀑布、廬宮、源潭洞、東西二林寺、泉石、松雪，司馬盡有之矣。苟有志於吏隱者，舍此官何求焉？案《唐典》，上州司馬，秩五品，歲廩數百石，月俸六七萬。官足以庇身，食足以給家。州民康非司馬功，郡政壞非司馬罪，無言責，無事憂。噫！為國謀，則尸素之尤蠹者；為身謀，則祿仕之優穩者。予佐是郡，行四年矣，其心休休如一日二日。何哉？識時知命而已。又安知後之司馬，不有與吾同志者乎？因

書所得，以告來者。時元和十三年七月八日記。（〈江州司馬廳
記〉，卷43：頁932-933。）

在這篇四百字的文章中，白居易自元和十年冬天抵達江州，至寫此文
時，已滿兩年半，而跨越四個年頭。盧山草堂建成於元和十二年春，
此〈江州司馬廳記〉晚於〈草堂記〉一年餘。這篇〈江州司馬廳記〉
幾乎是白居易對於自己提出的委順概念最清楚的具體實踐，而且裡面
的仕／隱、出／處、窮／達，白居易對這些相對的立場，都有獨到的
看法。各州的司馬官職原為統軍的軍職，但自唐高祖武德年間統一天
下後，各州的兵權集中在都督或節度使手上，州郡司馬統兵之官，僅
成為「唯員與俸在」的閑職。在唐代，司馬是空下來讓官員左遷右移
的職位，左遷貶官、右移待退，若非有罪或「仕久資高，耄昏軟弱不
任事」準備退休的人，否則無法蒞任此官。因為此官幾乎沒有任何權
力，也不負責任何業務，所以任此官者：「進不課其能，退不殿其不
能，才不才，一也」。但因為是副太守的職階，「秩五品，歲廩數百
石，月俸六七萬。官足以庇身，食足以給家」，坐領俸祿而無言責、
無事憂，白居易稱此官為「尸素之尤蠹者」。但若依自身優穩閑雅的
生活來看，又是「祿仕之優穩者」。此外，白居易將尸素與祿仕分別
用來指涉「為國謀」、「為身謀」，其間價值取向很明確，白居易已傾
向將自己江州司馬的職位定位為「為身謀」之優穩官職，「兼濟者居
之，雖一日不樂」，但白居易卻樂居此位，可見白居易在此時，大概
也放棄了兼濟的志向。最後，白居易用「吏隱」的概念將司馬尸素與
祿仕的特色為之縮合。而且，不難看出，這篇文章的論述，摻雜著大
量程度「委順」思想的成分。

　　白居易在江州時期後詩文中，經常出現「吏隱」一詞。其實，這
個詞在杜甫（714-770）的詩中也出現過三次，分別是〈白水縣崔少
府十九翁高齋三十韻〉的「吏隱適性情，茲焉其窟宅」，用吏隱來稱

許這個崔姓縣尉;〈東津送韋諷攝閬州錄事〉的「聞說江山好,憐君
吏隱兼」,這裡的吏隱也是用來稱許韋諷;第三處則是〈院中晚晴懷
西郭茅舍〉,此詩所用的吏隱,便是用來自詡了,其詩如下:

> 幕府秋風日夜清,澹雲疏雨過高城。葉心朱實看時落,階面青
> 苔老更生。復有樓臺銜暮景,不勞鐘鼓報新晴。浣花溪裏花饒
> 笑,肯信吾兼吏隱名。[12]

此詩黃鶴繫年於代宗廣德二年(764)秋作,此時嚴武(726-765)任
西川節度使,並在當年六月表奏杜甫為節度參謀檢校工部員外郎,賜
緋魚袋。所以杜甫作此詩時,當是在嚴武幕中,所謂的「院中」,仇兆
鰲註為「節度使府署」。此詩末句「吏隱」下,仇註為:「《汝南先賢
傳》:鄭欽吏隱於蟻陂之陽。楊德周曰:晉山濤,吏非吏,隱非隱。
公在幕府為吏,歸草堂為隱,兼有其名也。」《汝南先賢傳》為三國
時期周斐所撰,已失佚,現僅存有輯本。此書主要記載兩漢時期,生
活在汝南郡的先賢,而「吏隱」一詞據仇兆鰲考證,最早出現於此書
之中。不過《汝南先賢傳》也僅出現此詞彙而沒多加解釋。大概觀其
字面上的意思,仇兆鰲解釋為在工作處所時身分為吏,但回家時身分
則為隱退,兼有其名,端看所在的位置來區分。仇兆鰲在此詩最後作
詮釋詩,又於末聯作如下的詮釋:「溪菊正開,若笑人勞攘者,彼亦
肯信我吏隱之志否耶?《杜臆》:玩末二句,直欲乞休,而其詞含蓄
近謔,溫柔敦厚之意可見。」從仇註的語氣看來,兼有官吏身分及隱
退志向的杜甫,吏與隱之間,他認為杜甫比較傾向欲隱退之志。因此
他也引用明代王嗣奭(1566-1648)所撰《杜臆》的意見,認為杜甫
「直欲乞休」。

---

12 〔唐〕杜甫著、〔清〕仇兆鰲注:〈院中晚晴懷西郭茅舍〉,《杜詩詳註》(北京:中華
　書局,1979年),卷14,頁1171-1172。

　　因此，吏／隱，這組詞彙，若看成偏義副詞，應該比較偏重隱的這部分，而吏則成為隱的某種例外狀態。因此，居於任官的處境卻有隱退的志向或心境，便是仇註對於杜詩中使用吏隱的詮釋。不過，在白居易的〈江州司馬廳記〉中的吏隱使用語境，並不是杜詩中的「吏隱名」，也不是乞休的願望，而是擔任司馬此職無事責卻領餉俸的狀態。所以白居易才說：「苟有志於吏隱者，舍此官何求焉？」並以尸位素餐來形容此官。

　　不過，值得注意的是，各州司馬的職位，無事責的員與俸在的官階，如白居易所言，其存在的目的是用來安插因罪左遷的中央朝官，或是仕久資高、耄昏軟弱不任事而準備退休的待退地方官員。對待退官員而言，任司馬此職，乃是使其退休前優養的過渡時期；而對左遷士人而言，司馬一職的無公事，等於是朝廷執政者強力剝奪他們任事的權力，所以白居易才會說「若有人蓄器貯用，急於兼濟者居之，雖一日不樂」，因為左遷司馬，是一種政治上的懲罰。

　　不過，白居易在江州時，卻用「吏隱」的概念，將貶謫的事實，在觀感和意義作完全翻轉。執政者貶逐罪人所安置的職位，對「養志忘名，安於獨善者」而言，反而是某種「祿仕之優穩」，甚至是獎掖。這種「吏隱」：隱於吏職，使得白居易對於（中央朝官）貶謫為司馬一事，有了完全相反的詮解，這也就是他所謂的「官不官，繫乎時也；適不適，在乎人也」。白居易這一個觀念的扭轉，就是某種人生觀的完全扭轉。

　　「吏隱」一詞首次出現在白居易詩文中，便是出自〈江州司馬廳記〉中。也就是說，白居易是到了江州第三年後，才開始思考並運用吏隱這個概念來將貶謫情緒加以抒解。吏隱這個想法在某種程度上應用在左遷司馬之事上，又較「委順」或「委命」對貶江州一事更加地具有撫慰力道。

　　「吏隱」一詞，在白居易詩中出現過四次。首次出現在任杭州刺

史時的〈奉和李大夫題新詩二首各六韻　因嚴亭〉，有兩首出現在任
蘇州刺史時的詩：〈郡西亭偶詠〉、〈仲夏齋居偶題八韻寄微之及崔湖
州〉，第四首出現在長安擔任刑部侍郎時的詩〈和微之詩二十三首　和
朝回與王鍊師遊南山下〉。在杭州刺史任內的〈因嚴亭〉一詩，詩句為
「何如兼吏隱，復得事躋攀」（卷20：頁448），乃是稱讚李大夫似吏
似隱，能抽暇登山遊訪因嚴亭，並不是白居易自稱。但是寫在蘇州刺
史的那兩首詩的其中一首，便是以吏隱來稱自己任官時的狀態了：

> 常愛西亭面北林，公私塵事不能侵。共閒作伴無如鶴，與老相
> 宜只有琴。莫遣是非分作界，須教吏隱合為心。可憐此道人皆
> 見，但要修行功用深。（〈郡西亭偶詠〉，卷24：頁534。）

從這首在蘇州太守任上寫的詩看來，白居易在早年無事而閑適、中年
委順任化後，五十五歲的白居易，已經達到了「公私塵事不能侵」的
修為：亦即自己的生活及心境，幾乎不受外在公務私事的影響。前文
提到過，白居易詩裡提到「自從委順任浮沈，漸覺年多功用深」，將
委順視為個人免除外界挫折遺憾的修持工夫。不過，自江州視司馬職
位為吏隱的最佳官職後，到了蘇州太守任上，甚至也把位高權重的刺
史職位，塑造成也可以「須教吏隱合為心」的職位。不過，白居易在
任杭州刺史時，依然公務繁重，如他詩中所寫的：「鰥惸心所念，簡
牘手自操。何言符竹貴，未免州縣勞」（〈初領郡政衙退登東樓作〉，
卷8：頁155）。事實上，如果連蘇州太守這種雄郡的地方守土官都能
以吏隱的方式來擔任的話，那麼，白居易幾乎在唐代的任何職位上，
都可以依吏隱的原則，居其位而不被其公私塵事所侵擾。

　　同樣也，白居易在卸任蘇守後，文宗大和元年、五十六歲時入京
任秘書監，於隔年五十七歲時轉刑部侍郎，封晉陽縣男，官位和權勢
達到人生的最高峰，位高而權重。此時，在他的詩中出現了第四次的

「吏隱」一詞，也是最後一次：

> 藹藹春景餘，峨峨夏雲初。蹀躞退朝騎，飄颻隨風裾。晨從四
> 丞相，入拜白玉除。暮與一道士，山尋青谿居。吏隱本齊致，
> 朝野孰云殊。道在有中適，機忘無外虞。但愧煙霄上，鸞鳳為
> 吾徒。又慚雲水間，鷗鶴不我疏。坐傾數杯酒，臥枕一卷書。
> 興酣頭兀兀，睡覺心于于。以此送日月，問師為何如。（〈和朝
> 回與王鍊師遊南山下〉，卷22：頁488。）

這首詩是白居易〈和微之詩二十三首〉的第廿一首，此詩作於大和二
年，元稹尚在浙東觀察使任上。此詩雖然是和元稹的唱和作品，不
過，詩中所寫的內容，更能呈現「吏隱」的內容。在〈江州司馬廳
記〉中，白居易以司馬為員與俸在的具員職位，所以在江州司馬任
上，就像「吏隱」般，無言責無事憂。不過，在〈郡西亭偶詠〉和
〈和朝回與王鍊師遊南山下〉兩詩中，我們可以看出白居易將吏隱的
內涵進一步詮解，就算在事繁責重的刺史任上、位高權重的侍郎位
置，白居易也可以遂行其「吏隱」的作為。只是在蘇州太守任上，白
居易僅提出「須教吏隱合為心」，其吏隱僅是心志所之罷了。不過在
刑部侍郎任上，白居易明確地以朝／暮之作對比，用來指涉吏／隱之
事。早上隨宰相早朝，執行政務，但傍晚卻尋道士，進行隱者會做的
事。吏與隱，完全毫無衝突矛盾，因此可以「齊致」。若吏隱本齊致
的話，那麼，在朝或在野，便沒有任何內涵上的差別了。這種以主動
的心態，泯除吏／隱中間界線的方式，賦予了傳統以來，對「吏隱」
這個辭彙的認知，且形成了專屬於白居易的獨特吏隱觀：也就是「吏
隱本齊致，朝野孰云殊」，在任官時也可以藉由自己心態的調整，使
自己任官就像在野隱退般，在朝在野，齊一無殊、混同為一。

　　吏隱概念提出及改造後，白居易終於可從「無事」➔「得到閑

適」➔「委順」➔使自我不受命運挫折的折磨➔「吏隱」➔在朝在野
無殊異。這個心態自我調整的過程,對白居易而言是重要的。首先,
在日常生活中,免除公務的束縛後,能達到「無事」而感到閑適,接
著,使用「委順」的態度,來面對政治路上的挫折,順勢委命,來達
到不怨天不尤人的江州生活。最後,白居易在江州領悟到「吏隱」,
這幾乎是在委順的基礎上,主動作自我生命的詮釋。也就是自己不論
在什麼職位上,在無言責事憂的司馬,或是守土一方的刺史,或是權
力核心的侍郎,白居易都能運用吏隱的概念,使自己處於不受外務侵
擾的處境。就算必須處理公務而不能得「閑」,也能達到「適」的境
界。這種做法,就是在吏務之中,也保有能隱退的能力。這也就是白
居易在上詩中提到的「道在有中適,機忘無外虞」,因為吏隱的概念
提出,使得白居易在任何官位上,都能忘機達到「無外虞」的定力,
如此,便能「中適」,內心得到自適。

　　不過,吏隱畢竟是前人已使用過的概念,白居易雖然將吏隱的意
涵擴大及加以變化,但是,最能與他晚年人生產生密切關聯的,乃是
他自創的「中隱」概念。為了這個新創說法,白居易還寫了以中隱為
詩題的詩:

> 大隱住朝市,小隱入丘樊。丘樊太冷落,朝市太囂諠。不如作
> 中隱,隱在留司官。似出復似處,非忙亦非閑。不勞心與力,
> 又免飢與寒。終歲無公事,隨月有俸錢。君若好登臨,城南有
> 秋山。君若愛遊蕩,城東有春園。君若欲一醉,時出赴賓筵。
> 洛中好君子,可以恣歡言。君若欲高臥,但自深掩關。亦無車
> 馬客,造次到門前。人生處一世,其道難兩全。賤即苦凍餒,
> 貴則多憂患。唯此中隱士,致身吉且安。窮通與豐約,正在四
> 者間。(〈中隱〉,卷22:頁490。)

這首詩寫在白居易任太子賓客分司東都時。吏隱和中隱的概念有所不同，吏隱是不論身在何種官職，都能最大限度利用公務閑暇時，從事類似「隱」之事。但是中隱，卻只能用在太子賓客分司東都這個職位。事實上，若我們仔細比較〈江州司馬廳記〉中「苟有志於吏隱者，舍此官何求焉」的論述，我們更可以說太子賓客分司東都之官，「終歲無公事，隨月有俸錢」，便是更高階且更自由的司馬官（司馬五品，太子賓客三品）。無（公）事且能委順，而在委順之中，又能得到隨心所欲、做想做的事的自由，如詩中提到的登臨、遊蕩、歡談、高臥等，太子賓客職務之「中隱」更勝於司馬官職之「吏隱」。

不過關於白居易的中隱思想中，不斷地提到知足保和的生活方式及人生觀，呂正惠認為這類詩「像這樣囉哩囉嗦的細數，大概很少人可以耐心地讀下去」，並且認為白居易的知足語，正反映出他「心靈的空虛」，呂正惠進一步認為白居易的「心靈空虛」，便是白居易晚年生命的價值喪失了「理想性」。[13] 呂正惠的批評，雖然也有值得參考之處，但從另一個角度看來，白居易失去理想的場域，乃在政壇上。在政治場域，白居易幾乎放棄了再上一層樓的欲望，這也使得他對政治失去了理想。但是，他卻將餘命時光，花費集中在日常生活的閑適滿足上，以至於囉哩囉嗦的細數生命中的美好，及他有興趣從事之事，這也是他從吏隱開始建構中隱生活模式，來向世人宣稱他退出政壇的主要原因。

自四十七歲於江州司馬任上在〈江州司馬廳記〉提出「吏隱」，到五十八歲任太子賓客分司東都而作〈中隱〉此詩，白居易在這期間，經歷了忠州刺史、司門員外郎、主客郎中、中書舍人、杭州刺史、太子左庶子分司、蘇州刺史、秘書監、刑部侍郎，十年中官運一

---

13 呂正惠：〈白居易的「中隱」觀及其矛盾〉，《唐代文學研究》第12輯（2008年1月），頁665-669。

路亨通，權位達到人生的顛峰。若說吏隱是白居易左遷江州提出來自我安慰的想法，那麼，任刑部侍郎時，再用吏隱來應對刑部侍郎的職務，那未免太不合理了。對白居易而言，雖然懷有吏隱之志，但他對於自己的官職，還是有很強的職責意識，如他在此詩所寫的：

> 君賦此詩夜，窮陰歲之餘。我和此詩日，微和春之初。老知顏狀改，病覺肢體虛。頭上毛髮短，口中牙齒疏。一落老病界，難逃生死墟。況此促促世，與君多索居。君在浙江東，榮駕方伯輿。我在魏闕下，謬乘大夫車。妻孥常各飽，奴婢亦盈廬。唯是利人事，比君全不如。我統十郎官，君領百吏胥。我掌四曹局，君管十鄉閭。君為父母君，大惠在資儲。我為刀筆吏，小惡乃誅鋤。君提七郡籍，我按三尺書。俱已佩金印，嘗同趨玉除。外寵信非薄，中懷何不攄。恩光未報答，日月空居諸。磊落嘗許君，踽促應笑予。所以自知分，欲先歌歸歟。（〈和除夜作〉，卷22：頁483。）

此詩也是〈和微之詩二十三首〉這組組詩裡的其中一首。前段在感嘆自己與元稹已逐漸衰老，已經到了「一落老病界，難逃生死墟」，必須要面對老病死亡的年紀了。不過，此詩最重要的是，在除夜時元稹感嘆年華老去的哀傷，但白居易在應和元稹嘆老畏死的情緒後，卻在接下來的詩句，大力著墨及比較兩人的官職性質。白居易此時擔任刑部侍郎，是統領十郎官、掌管四曹局的誅惡鋤奸的法務大臣。白居易在詩中將獲居高位的原因歸到皇帝的寵信（外寵信非薄），不過對於自己的工作成效卻自謙不足，無法報答皇帝的「恩光」，致使自己在此職位上空度日月而踽促不堪。從以上白居易對於刑部侍郎與浙東觀察使職務的比較，也可以看出白居易對己職的重視與自豪。也因為對自己職務的自詡，因此白居易在擔任刑部侍郎時，幾乎是僶俛從公，

用盡全力，如他在詩中所寫的：「不知有益及民無，二十年來食官祿。就暖移盤簷下食，防寒擁被帷中宿。秋官月俸八九萬，豈徒遣爾身溫足。勤操丹筆念黃沙，莫使飢寒囚滯獄」（〈和自勸二首〉之一，卷22：頁486）。對於白居易而言，雖然他在刑部侍郎時期，在詩中提到公務之餘自己會用吏隱的心態跟隨道士「山尋青谿居」，而且認為吏隱本齊致；但是在秉公任職時，白居易依然「勤操丹筆」進行三尺書的審判作業，以認真於公務期許自己不會誤審陷無辜的人入獄。

　　因此，就算在刑部侍郎期間，白居易好像可以用吏隱的方法，在公務閑暇之餘做到吏隱齊致、朝野無殊的境界。不過，在有公務在身時，白居易依然戮力於公事。不過，當他卸下刑部侍郎，就任太子賓客分司東都後，回到了洛陽，寫了〈中隱〉這首詩，從此他就再也沒離開過洛陽了，直到老死。中隱的概念為白居易所獨創，就跟「閑適」一詞一樣，成為中國歷來文人共有常用的語彙。但是，白居易的詩文中，僅出現過一次中隱，寫完了〈中隱〉一詩，白居易就再也沒提過中隱一詞了。

　　在提出吏隱之時，白居易於〈江州司馬廳記〉寫到「苟有志於吏隱者」，這大概也是寫出他的心境。到底要不要放棄兼濟之志？甘願當一個「尸素之尤蠹者」？若要獨善，要不要選擇一個「祿仕之優穩者」的局勢，來「為身謀」？在江州時的白居易，還沒下定決心，準備放棄兼濟之志，所以，他在蘇州太守、刑部侍郎這些重要官職時，都提出吏隱，作為自己能暫時逃離公務煩心的權宜手段。直到白居易提出「中隱」，隱在分司官，等於是向世人宣告，自己完全放棄了兼濟的理想，放棄了「為國謀」的志向，餘生都準備「為身謀」，享受「祿仕之優穩」，就算被他人視為「尸素之尤蠹者」也在所不惜。

　　白居易的〈中隱〉詩幾乎可視為他退出紛擾政壇的宣言。退居洛下任太子賓客分司東都後，白居易的生命，真正進入到「無事」的局面，再也不用「委順」來排遣貶謫的愁苦。其非吏非隱的吏隱做法，

升級成佔有官職、領有俸祿卻無事責無言憂的賓客分司。如此文提到的，白居易視司馬官職為「凡內外文武官左遷右移者遞居之，凡執役事上，與給事於省寺軍府者遙署之。凡仕久資高，耄昏軟弱不任事，而時不忍棄者實蒞之」，而太子賓客分司東都的性質幾乎與司馬一模一樣，所不同的是，賓客官品階更高、待遇及聲望更優。白居易任司馬是遭貶，但任賓客分司卻是自乞得來，雖均類於吏隱性質，但是居兩官之間，白居易心境宜有所不同。

四　閑而適的自由自在

對白居易而言，歌誦無事時的閑暇、以委順時消解左遷的委曲，以及將吏隱作為公務之餘從事喜好之事，這些都是白居易用來追求自由無礙的表現。再者，在閑暇中所展現的自由無礙，隨心所欲，這就是白居易詩中的「自適」。

從上面的討論看來，我們可以瞭解，白居易的志向逐漸地從兼濟之志轉向至獨善。這不表示白居易沒有經世濟民的才能，在《舊唐書》中〈白居易傳〉可以清楚地看到後人對白居易政治才能的評價：

> 元和主盟，微之、樂天而已。臣觀元之制策，白之奏議，極文章之壺奧，盡治亂之根荄。非徒謠頌之片言，盤盂之小說。[14]

白居易以文學能臣，於仕途上盡心盡責，尤其在憲宗、穆宗二代君王時發揮政治上的才華達到高峰，並以文學作品為載體，展現其經世濟民的能力。

---

14 〔五代〕劉昫：《舊唐書》（北京：中華書局，1975年），卷166，頁4360。

　　經檢索白居易之詩，出現「自由」多達廿次。[15]不過，在詩中使用自由一詞，並不是白居易的專利，在中唐詩人寫詩，或多或少會使用「自由」入詩，但是使用次數都沒有白居易來得多。現存《全唐詩》中最早出現使用自由一詞的是初唐沈佺期〈七夕曝衣篇〉中「椒房金屋寵新流，意氣嬌奢不自由」，其餘的，李白、王維、高適、岑參等盛唐詩人詩中完全沒出現「自由」，僅杜甫詩中出現了三次。「自由」一詞開始被詩人較頻繁使用，是自中唐之後才開始，經檢索，共有盧綸一次、王建二次、劉商一次、韓愈三次、柳宗元一次、劉禹錫一次、張籍一次、元稹八次、熊孺登一次、姚合一次、杜牧二次、李商隱三次。由此頻率看來，中唐詩人雖然開始使用「自由」入詩，但也是偶一為之。像白居易使用了廿次、元稹八次，「自由」這個詞彙，可以算是元白特別鍾愛入詩的詞組。

　　其次是「自在」在白居易的詩中出現八次。同樣地若檢索這個詞，在《全唐詩》之中，詩中有「自在」此詞彙的使用次數：初唐趙彥昭一次、杜甫、劉禹錫、張籍均二次、盧全、元稹、殷堯藩各一次、姚合二次、李咸用、鄭谷各一次。若如「自由」的使用狀況來看，白居易的八次使用次數，也是遠高於唐代其他詩人，況且他還有一首詩的詩題就直接命名為〈自在〉。

　　其實，不論「自由」或是「自在」，或兩者合一的「自由自在」，其語源都來自漢譯佛典，大概都是佛教的術語。若我們檢閱一下佛教辭典，則可能對唐代詩人們使用這兩個詞彙有較清楚的認識。在佛陀教育基金會編纂的《實用佛學辭典》中，對「自在」條的定義如下：

　　自在　（術語）進退無礙，謂之自在。又心離煩惱之繫縛，通

15　關於中唐詩人開始大量使用「自由」這個詞組，謝思煒曾作過精闢的論述，請參見謝思煒：〈中唐詩人的「自由」觀念及其思想史意義〉，《唐詩與唐史論集》（北京：中華書局，2016年），頁149-153。

達無礙，謂之自在。[16]

佛陀教育基金會的《實用佛學辭典》並沒有收錄「自由」一詞。任繼
愈編的《佛教大辭典》，屬較新的佛教辭典，其中便收有「自由自
在」及「自在」的詞條：

> **自由自在**　雜語。佛教將沒有任何障礙而能充分自主的成道境
> 界稱為「自由」。《壇經・頓漸品》謂：「見性之人立亦得，不立
> 亦得，去來自由，無滯無礙。」又云：「自性無非、無痴、無
> 亂，念念般若觀照，常離法相，自由自在。」「自由自在」就是
> 見性之後「縱橫盡得」的境界。菩薩成道，叫做得「大自在」。
> 後來，亦用「自由」或「自由自在」泛指擺脫束縛與壓迫。
> **自在**　教義名詞。梵文 īśvara 的意譯。意謂絕對自由，或指自
> 我主宰（「我」），與「無礙」、「縱任」等義同。是「涅槃」的
> 屬性之一（四德中之「我」），亦是「神通」的特徵。在教理
> 上，則以「不自在」作為世間的特性之一，故說「無常」、「無
> 我」。[17]

在任繼愈的詞條解釋中可見，「自在」是較純粹的佛教術語，也就是
教義名詞，而自由或自由自在為雜語，則是比較接近一般性的說法。
　　不過觀察自在與自由的意涵，雖然大致同義，若從另一個同義的
詞「無礙」來看，則更能理解。「通達無礙」、「無滯無礙」，則指自我
意欲不被阻擋，因此身為「自我主宰」的「我」（佛教教義名詞，梵
文 ātman，音譯為阿特曼），則為絕對獨立自主且可任意支配一切的

---

16 佛陀教育基金會：《實用佛學辭典》（臺北：財團法人佛陀教育基金會，2011年），
　　頁709。
17 任繼愈：《佛教大辭典》（南京：江蘇古籍出版社，2002年），頁538。

主體。若能成為絕對自由的我，則能「無礙」與「縱任」，成為自由自在的主體。換言之，要達到自由或自在的境界，佛教《六祖壇經》認為要「見性」覺悟後才能做到。但是，一般的用法則是將個人主體擺脫束縛與壓迫，也能稱為自由或自在。

白居易詩中出現的自由或自在，多是呈現白居易自我主體擺脫束縛和壓迫後的輕鬆愉快，我們在讀白居易這類詩的時候，更要注意身為詩人主體如何擺脫世間束縛的方法。如同任繼愈在「自在」詞條中所言，佛教多以「不自在」作為世間的特性之一，所以我們在看詩人使用這個詞彙時，可能也要觀察是否常用反義。不過，經檢索，詩人大多使用「自在」作正面的意思，全唐詩中，沒有詩人用過「不自在」一詞入詩，但是，「不自由」這種相反詞彙的使用頻率卻遠大於正面的「自由」。甚至可以說，除了杜甫、韓愈與白居易以外，唐代詩人們以「自由」入詩時，大多使用的是其相反義的「不自由」，或疑問詞組「豈自由」、「可自由」。白居易在早期的詩作也曾用過「不自由」入詩。以「不自由」來感嘆自己被工作公務束縛而不得自在，如他在下邽守喪時寫的這首詩：

> 十年為旅客，常有飢寒愁。三年作諫官，復多尸素羞。有酒不暇飲，有山不得遊。豈無平生志，拘牽不自由。一朝歸渭上，泛如不繫舟。置心世事外，無喜亦無憂。終日一蔬食，終年一布裘。寒來彌懶放，數日一梳頭。朝睡足始起，夜酌醉即休。人心不過適，適外復何求。（〈適意二首〉其一，卷6：頁111。）

由此詩看來，白居易用「不自由」基本上還是在談自己為了糊口而工作的辛苦。大致上也延續著早期對「無事」的追求，若「有事」，似乎就跟不自由相連結，造成自己的「不適意」。因此，此詩題所謂的「適意」，便是指自己擺脫了飢寒的處境及繁重的翰林學士工作，歸

退於渭上下邽守喪，便能如不繫舟（典出《莊子》）般不受拘束，而
能得到自由與適意。在此詩中，白居易所謂的不自由乃是因公事束縛
無法飲酒、遊山，亦即從事自己喜歡的事。但守喪下邽，無公事束
縛，雖蔬食布裘，粗茶淡飯，朝睡足、夜酌醉，這種無拘無礙的生
活，便是白居易所謂的「適」。換言之，在白居易詩中的語境，大約
自由或自在的用法，就與「適」的用法涵義相同。

在白詩中有一首詩，直接將詩題命名為〈自在〉：

> 杲杲冬日光，明暖真可愛。移榻向陽坐，擁裘仍解帶。小奴搥
> 我足，小婢搔我背。自問我為誰，胡然獨安泰。安泰良有以，
> 與君論梗概。心了事未了，飢寒迫於外。事了心未了，念慮煎
> 于內。我今實多幸，事與心和會。內外及中間，了然無一礙。
> 所以日陽中，向君言自在。（〈自在〉，卷30：頁685-686。）

此詩是唐文宗大和九年，白居易六十四歲由太子賓客分司東都改授同
州刺史不赴，轉授太子少傅分司東都時所做。此時，白居易已過了他
心中所謂的自由生活七年左右，如他詩中自稱「如此來幾時，已過六
七秋。從心至百骸，無一不自由。拙退是其分，榮耀非所求。雖被世
間笑，終無身外憂」（〈何處堪避暑〉，卷30：頁684）。〈自在〉詩寫白
居易分司官的日常生活，也就是冬天移榻擁裘解帶曬太陽，然後有兩
個婢女在服侍他，讓他感覺到安泰自適。詩中提到，「內外及中間，
了然無一礙」，也就是心中、身外，都無礙自適，所以得到「自在」
的感受，而這種無礙自在，是「事與心和會」的結果，事態和心願相
合，事情順己意發展，無外在飢寒之迫、內心的念慮煎熬，讓自己能
在冬陽下享受溫暖。

當然，這種內外皆舒暢「無一不自由」的書寫，會令人感到頹廢
無作為。白居易也知道自己被「世間笑」，不過白居易自謙為「拙

退」乃其本分，而自己並不再追求榮耀，那麼無身外之憂，乃是他老年時追求的人生生活。在〈何處堪避暑〉詩的最末兩句：「此語君莫怪，靜思吾亦愁。如何三伏月，楊尹謫虔州」，白居易寫他這種無事悠閑的日常生活，以拙退為本的日子，乃是為了避免受政治迫害，一不小心就會像妻舅楊虞卿一樣，被貶到南方的虔州。白居易一直到老年，還是懼怕捲入政治漩渦中，他早在刑部侍郎任上就寫下了「人間禍福愚難料，世上風波老不禁。萬一差池似前事，又應追悔不抽簪」（〈戊申歲暮詠懷三首〉，卷27：頁606），可見白居易晚年，長安政壇的紛擾讓白居易經常擔心受怕不已。

在白居易詩中使用廿次的「自由」一詞，與他人不同的是，白居易這廿次中僅有五次是使用「不自由」的反義用法，其餘的十五次都是正面地使用自由之義。而且，除了多使用「自由」正面義而與唐代其他詩人有異外，白居易在使用「自由」一詞時，最明顯的特殊用法，是他會將「自由」與「身」結合在一起，形成「身自由」或「自由身」這樣子專屬於白居易的特殊詞組，這種詞組組合，在白詩中共有十例，佔使用「自由」一詞廿例的一半，不可謂不多。經檢索，唐詩中除了白居易外僅有張籍在〈送白賓客分司東都〉中有「詩裏難同相得伴，酒邊多見自由身」，還有薛能（810-880）的〈除夜作〉中有「何當平賊後，歸作自由身」，而張籍的詩作中正面使用自由一詞，很有可能受到白詩的影響。

如上所說，「自在」、「自由」的觀念，源自佛教。白居易詩中獨創的將「自由」與「身」相結合，令人不得不聯想其受《維摩詰經》第二卷〈方便品〉中關於「我」與「身」論述非常大的影響。在〈方便品〉裡，白衣／淨名居士，也就是維摩詰在向前往問疾於維摩詰的「諸仁者」（亦即數千大眾）以其身疾廣為說法時提到一大串佛教對色身（肉身）的觀念：

諸仁者。如此身明智者所不怙。是身如聚沫不可撮摩。是身如
泡不得久立。是身如炎從渴愛生。是身如芭蕉中無有堅。是身
如幻從顛倒起。是身如夢為虛妄見。是身如影從業緣現。是身
如響屬諸因緣。是身如浮雲須臾變滅。是身如電念念不住。是
身無主為如地。是身無我為如火。是身無壽為如風。是身無人
為如水。是身不實四大為家。是身為空離我我所。是身無知如
草木瓦礫。是身無作風力所轉。是身不淨穢惡充滿。是身為虛
偽。雖假以澡浴衣食必歸磨滅。是身為災百一病惱。是身如丘
井為老所逼。是身無定為要當死。是身如毒蛇如怨賊如空聚。
陰界諸入所共合成。[18]

維摩詰以身疾示法，說明了色身（亦即肉身身體）的不可依恃。色身
如泡不得久立、如芭蕉內無實性、如幻如夢、如浮雲須臾變滅、如電
念念不住，且是身無主、無我、無壽、無人，四大皆空，這些譬喻都
為人所習見熟悉。不過維摩詰在評論色身的缺點以凸顯後面要讚揚的
法身／佛身的這段論述，僧肇（384-414）的註給我們在閱讀白詩中
「自由身」有許多新的切入角度。例如僧肇在「是身無我為如火」下
作註：

什曰：焚燒林野，威聲振烈，若勇士陳師制勝時也。實而求
之，非有敵也。身，亦如是。舉動云為，興造萬端，從惑而
觀，若有真宰也。尋其所由，非有我也。
肇曰：縱任自由，謂之我。而外火起滅由薪，火不自在。火不
自在，火無我也。外火，既無我，內火，內亦然。[19]

---

18 〔後秦〕僧肇等注：《注維摩詰所說經》（上海：上海古籍出版社影民國間刊本，
　　1990年），卷2，頁32-36。
19 〔後秦〕僧肇等注：《注維摩詰所說經》，卷2，頁33。

注中的「什」為譯《維摩詰經》的後秦法師鳩摩羅什（344-413），而僧肇為其弟子。據僧肇自言，什法師譯經時，他曾在旁協助，因此得到法師許多對此經的見解，而添加入經注中。《維摩詰經》中視色身無我，但什法師直言其舉動興造如火，威聲振烈，似能焚燒林野，但尋其所由來，「非有我也」。其弟子僧肇繼續解釋師說，將「我」解釋為「縱任自由」的主宰，而色身如外火，不能自在（自主）。因此色身無我，即無能主宰，若不能主宰，則不能自燃，無法自在。其火起或火滅，如薪之著火，全由薪木控制，無法自主。因此色身如外火，無可主宰之我。若有我，則能縱任自由，如內火可自我控制，因此「內火，火亦然（燃）」。

在這段僧肇師徒的解釋中可知，其認定「色身無我」，無法自主，因此不得自在。而能自主主宰的「我」，則能「從任自由」。我之自由，由我決定。色身無我，無法作主，因此僧肇在「是身為空離我我所」下繼續作註：

> 肇曰：我，身之妙主也。我所，自我之外、身及國財、妻子，萬物盡我所有。智者觀身，身內空寂，二事俱離也。[20]

維摩詰示疾說法，好像在這裡將「我」與「身」視為兩個對立的概念，而「我」為身之「妙主」，亦即能主宰著「我所」，且自我之外……萬物，盡我所有。

在〈方便品〉中不斷地出現「是身」，則提出我、我所之概念，若從白居易受《維摩詰經》深刻影響程度來看，[21]他詩中大量的「身

---

20 〔後秦〕僧肇等注：《注維摩詰所說經》，卷2，頁34。

21 關於白居易受《維摩詰經》影響，而效法其白衣居士生活的研究，可參見孫昌武：《中國文學中的維摩與觀音》（天津：天津教育出版社，2006年），頁156-160；而何劍平於此論題有更加深入的研究成果，請參見何劍平：《中國中古維摩詰信仰研究》（成都：巴蜀書社，2009年），頁726-736。此外，《維摩詰經》帶動中國居士文化風

自由」的概念提出，想必與〈方便品〉中維摩詰論「身」及「自由」有密切關係。「身」既然無主，而「我」為身之「主宰」，如「內火」不假外薪便能自燃，所以「我」是「縱任自由」的，是「自在」的，而「身」不得自由，因為身「無我」，而「我」是「身之妙主」。白居易巧妙地使用了〈方便品〉中的身、我、我所、是身無主，及僧肇註的「縱任自由」、「火不自在」、「我」、「身之妙主」等概念，創造了「身自由」或「自由身」之概念寫入詩中，成為白居易「閑適」理論中重要的術語。因為「身」是「無主」且不自由的存在，身若可自由，則因為有了「身之妙主」的「我」加入。具有主宰特質的「我」為身之主，是身，才能達到「自由身」的狀況。

在白居易詩中，特別用詩句文字描寫身體衰敗老化的狀態，當然，也不用《維摩詰經》對「是身為虛偽，雖假以澡浴衣食，必歸磨滅」，將色身視為虛幻不可依恃，光用常識經驗判斷，人的身體必然會老化病死，乃是理所當然的事。但是白居易「過度」地強調並在詩文中描寫自己身體衰老，大多數的評論家都將白居易此舉視為「怕死」，甚至如趙甌北還寫詩譏諷白居易的詩「語語不畏死，正是畏死語」。但若從「我」、「我所」、「色身」的佛教概念來看，白居易大量描寫自己身體衰老，其實乃是更加凸顯了「我」之主宰性。「我為身之妙主」，因此能不受身體衰老的控制，能做到「縱任自由」的地步。也因為有「我的主體抉擇」下，「身自由」或「自由身」才有可能達到。

氣興盛的相關研究，亦可參閱，蕭麗華：〈從「一行三昧」看蘇軾的居士形象〉，《臺大中文學報》第54期（2016年9月），頁83-91、蕭麗華：〈唐宋佛教居士形象的兩個人物——王維與蘇軾〉，《佛光學報》新第4期第2卷（2018年7月），頁210-221，這二篇文章中扼要精確的論述。當然，最精簡明確的研究成果，可參閱蕭麗華：〈唐詩中的維摩詰意象〉，《武漢大學學報（人文科學版）》第68卷第2期（2015年3月），頁44-52。

在白居易詩中，第一次將「自由」與「身」結合，是在江州時期所寫的〈詠意〉一詩：

> 常聞南華經，巧勞智憂愁。不如無能者，飽食但遨遊。平生愛慕道，今日近此流。自來潯陽郡，四序忽已周。不分物黑白，但與時沈浮。朝餐夕安寢，用是為身謀。此外即閑放，時尋山水幽。春遊慧遠寺，秋上庾公樓。或吟詩一章，或飲茶一甌。身心一無繫，浩浩如虛舟。富貴亦有苦，苦在心危憂。貧賤亦有樂，樂在身自由。（〈詠意〉，卷7：頁135。）

此詩寫白居易到江州一年後，逐漸安於江州左遷生活，展現的身心安適之心情。詩中所謂的「朝餐夕安寢」，白居易認為「用是」（這樣做），乃是「為身謀」。這裡透出有趣的玄機，何者「用是」？若照後面詩篇的語境來看，乃是「心」用是，而為身謀。最後「身心兩無繫」，都擺脫了束縛，得到了白居易口中的自由，而這種自由，是超越富貴貧賤的世俗價值的狀態。

白居易在文宗大和元年於長安擔任秘書監時，於〈閑行〉詩中出現了第二次自由身的詞彙：

> 五十年來思慮熟，忙人應未勝閑人。林園傲逸真成貴，衣食單疏不是貧。專掌圖書無過地，遍尋山水自由身。儻年七十猶強健，尚得閑行十五春。（〈閑行〉，卷25：頁561。）

詩中雖然將自由身置於「遍尋山水」之後，其實那是表示自己有權力決定是否能去遍尋山水的自由。其自由來自於秘書監專掌圖書的工作，不會與人爭權奪利，相對平和。此詩的頷聯，根本就是強詞奪理：若在林園傲逸隱退，根本不是「貴」，而是「賤」，也就是社會地

位不高；同樣地，單衣、疏食，根本就稱不上「富」，而是常人眼中的「貧」。真正的富是錦衣玉食，而不是衣食單疏！但是白居易卻在這聯以「真成貴」、「不是貧」來顛覆凡人和世俗的價值觀。明明是「不貴」、「真貧」，但在白居易的閑忙相對比下，世俗的貧賤富貴判斷標準，便不適合用在白居易身上了。白居易的富貴貧賤判斷標準，是依閑、忙來判別的。能有閑暇不忙且能遍遊尋山水的權力，才能得到真正的「自由身」。身是否能自由，端看自己能否有權決定自己的閑暇或繁忙。

依照這個邏輯和理路，難怪白居易會認為裴度因為功勳太高而無法得到「自由身」。這個想法展現在〈和裴令公一日日一年年雜言見贈〉詩中：

> 一日日作老翁，一年年過春風。公心不以貴隔我，我散唯將閑伴公。我無才能忝高秩，合是人間閑散物。公有功德在生民，何因得作自由身？前日魏王潭上宴連夜，今日午橋池頭遊拂晨。山客硯前吟待月，野人樽前醉送春。不敢與公閑中爭第一，亦應占得第二第三人。（〈和裴令公一日日一年年雜言見贈〉，卷29：頁673。）

裴度為中唐時期的名相，於唐憲宗元和年間曾平定淮西吳元濟的不臣勢力，從憲宗到武宗期間，在唐朝政局中都有莫大的政治影響力。此詩作於唐文宗開成二年，白居易六十六歲任太子少傅分司東都時，而裴度此刻亦在洛陽擔任東都留守。白居易自認自己是無才能的閑散之物，而有功德在生民的裴度無法得作自由身。但是這裡白居易又認為裴度於「閑」中是第一人，因此，閑暇並不是「自由身」的必要條件。裴度無法得作自由身，乃是有功德在生民，被國家需要，因此身不由已，無法自由無礙。作為對照，身為「閑散物」的白居易，似乎

就能得到自由身，因為他具有主體的決定主宰權力。

　　這種操之在己的權力，白居易已經營許久。就如他在〈風雪中作〉所寫的「心為身君父，身為心臣子。不得身自由，皆為心所使。我心既知足，我身自安止。方寸語形骸，吾應不負爾」（卷30：頁677），白居易將心與身擬人化，身之自由，來自於心之知足，而如君父具主宰權的心，若能知足，則身體便能安止，不受拘束而得到自由。能夠在風雪天於家中的暖帳溫爐前擁氊喝粥，白居易自以為「是時心與身，了無閑事牽。以此度風雪，閑居來六年」，是己心抉擇的結果。在此詩中的心，就類似《維摩詰經》中縱任自由具主宰權力的「我」。自我的心使自我無閑事牽掛，因此能使自身安止，讓自己的身心由自由意志的選擇得到無礙自在，這種自我抉擇的狀況已有六年之久。當然，對於外界讓自己身體處於不舒服狀態的感受，白居易也不斷地大量書寫，不過如何能應對肉身的不舒服，白居易便認為不讓肉體受到外界折磨時，消除不適，這也成為他口中的另一種自由身，如下面這首詩所寫的：

　　　　頭痛汗盈巾，連宵復達晨。不堪逢苦熱，猶賴是閑人。朝客應
　　　　煩倦，農夫更苦辛。始慚當此日，得作自由身。（〈苦熱〉，卷
　　　　28：頁635。）

此詩，白居易並沒說自己不被暑熱所苦，只是說必須上早朝的位高權重朝參官及在田中辛苦工作的農夫，在這種苦熱天中，應該更辛苦，而自己雖然也是被苦熱天氣所逼迫，卻不用像朝客及農夫一樣，被迫在這種苦熱天上朝和下田。自己能免於更痛苦的環境，是自我抉擇的結果。

　　若被束縛則無法自由，對白居易而言，自己最大束縛便是官職責

任。白居易具有強烈的職責意識，[22]在任何職位上都僶俛從公，不敢鬆懈，因此當官對他而言，有強大的心理壓力。他不止一次提到任官對其心靈斲傷壓迫，就算在任蘇州刺史時也還感嘆「少年賓旅非吾輩，晚歲簪纓束我身」（〈郡中閑獨寄微之及崔湖州〉，卷24：頁541）、逾六十歲任河南尹也還在感慨「幾時辭府印，卻作自由身」（〈晚歸早出〉，卷28：頁651），因此被世人認為是無仕宦前途可言的「分司」官，便成為白居易年老後所追求的官職。在準備卸下刑部侍郎時，便打算「莫求致仕且分司」，而得到太子賓客分司東都此官職時，又不吝叨絮述說「而我何所樂，所樂在分司」，原因是「唯有分司官恰好，閑遊雖老未能休」，身為白家族長的白居易必須照顧往生的兄長白幼文及弟弟白行簡的家人，因此不能休官。但又為了自身的閑適，所以處心積慮地向當時的執政求分司一職。其代價便是向當權者宣示，自己放棄追求權力的資格，等於自願流放到洛陽，遠離權力核心。

　　這一些都是自我主體自求的，白居易決定如此做，因此得到了自由之身。因分司而閑，也使得自己遠離世俗權勢間的紛擾。只是當時唐人大部分的人生價值均建立在功名富貴的成就上，白居易雖然遠離權力核心，自甘退居洛陽分司官，雖然得到了自由身，不過他的人生最終所要追求的是什麼？自由自在免於飢寒之憂，白居易最後把人生價值欲建立在何處？他要做什麼來實現自我存在的價值和完成自我存在的意義，都是值得我們深思的事。

---

22 白居易具備強烈的職責意識，由劉寧提出，見劉寧：《唐宋之際詩歌演變研究——以元白之「元和體」的創作影響為中心》（北京：北京師範大學出版社，2002年），頁24-26。

第三章
詩人品味的建立：鑑別

一　詩人的感受力與辨別力

　　白居易在晚年時曾說自己「光陰與時節，先感是詩人」（〈新秋喜涼〉，卷32：頁719）。此詩寫在大和八年六十四歲任太子賓客分司東都時。對於時間流逝與四季遞嬗特別敏感，形成白居易詩中特有的「季節感」的描寫。關於這點，日本漢學家平岡武夫認為白居易特別重視季節及節氣的時刻，在重要節日及節氣，都會作詩來記錄自己的心情及行事。平岡武夫將這種現象稱為「白氏歲時記」。平岡武夫敏銳細心地將白詩中經常性提到的節日、節氣及相關詩作整理出來，在《白居易——生涯と歲時記》一書中分為以下幾類加以論述：「寒食清明」、「三月三日上巳」、「三月盡」、「重陽」、「除夕」，其中還有特別將「山石榴花」作為季節性歌詠主題獨立出來討論。[1] 平岡武夫在這部分的研究最為突出的成果，倒不是櫛次排比出白居易於這些節慶／節氣的所有詩作，而是細膩地寫出這些節氣詩作中，白居易會以何種景物來呈現，這點才是平岡氏功力所在。例如在論述到白居易關於寒食清明的詩作時，平岡武夫對清明到寒食這個唐代連放七天假的節慶假期作了說明。平岡武夫提到，冬至後一百零五日是寒食，在冬至一百零三日時會將食物煮齊備，一百零四日、五日、六日這三天禁止用火煮食。一百零七日解除禁火限制，而解除禁火這天大約就是清明

1　〔日〕平岡武夫：《白居易——生涯と歲時記》（京都：朋友書店，1998年），頁423-586。

節。清明節以陽曆而言,大約是四月四日或五日,此時還是春天,有
鶯啼蝶舞、白色的梨花盛開、紫色的桐花初綻、綠柳濃密、野草青
青,在踏著青草感受春天,稱為「踏青」。文人競相以麗句謳吟互相
誇示,當然不會忘了飲酒。四處可見妓女的舞蹈、聽到管絃音樂,也
能看到少女玩鞦韆和年青人蹴鞠,有人在廣場鬥雞,這時唐政府公休
七日。[2]

此外,平岡武夫還注意到,白居易詩中敏感地不斷出現「三月
盡」或描寫三月最後一天的行事,對於春天即將逝去的不捨,形成白
居易詩中獨特三月盡的主題。[3]此外,平岡武夫也觀察到,白居易在
江州時期前後對山石榴花(也就是杜鵑花)的大量書寫,也形成其眾
多詩作的特殊主題。平岡武夫以大量的考據工夫將他所觀察的白詩中
具特色之歲時記的書寫掘發出來,讓我們理解白居易以詩書寫他對時
間流逝時周遭景物的變化,這個發現,相當有價值。不過,白居易易
受外物變遷而興情,並將其感受以文學詩歌形式呈現,蕭馳有很精確
的論述。蕭馳說:

> 白居易曾是一位對生死問題異常敏感的詩人,衰羸的體質愈加
> 深了其對時光推移中萬物雕零的感傷。[4]

蕭馳認為,白居易因衰羸的體質,因此在面對生死問題時有著異常敏
感的心靈。白居易在年少時,便感嘆自己身體不好,甚至怕自己命不
長久,如他在這首詩下自註:「年十八」,在十八歲的青春年華,竟然
就感受到死亡的威脅:

---

2 〔日〕平岡武夫:《白居易──生涯と歲時記》,頁424。

3 〔日〕平岡武夫:《白居易──生涯と歲時記》,頁485-495。

4 蕭馳:《佛法與詩境》,頁180。

久為勞生事，不學攝生道。少年已多病，此身豈堪老？（〈病中作〉，卷13：頁263。）

從這點看來，平岡武夫所整理出來的白居易對於節氣節慶特別敏感，而且特別注意春天結束的人為規定時間（三月盡），其實就是一種對於生命不確定時，對於時光將屆的「倒數計時」危懼感。[5]這種危懼感，成為白居易的畏老情節，讓他斤斤計較時光的流逝，因此產生了傷春、惜春、悲秋還有對景、物即將消逝的感傷。此外，白居易對自己身體的些微變化，也時刻關注和觀看。在時間流逝中，對萬物和自我的消長變化，以不捨及感傷的心看待這一些，成為白居易敏銳感受力的基礎。

　　如果概括地來說，造成白居易敏感易傷的感受力成型的主要原因，乃是捨不得而害怕失去。因為害怕失去，所以白居易對於自己所擁有的人事物，都特別地珍惜看待，有時甚至在還未失去前就過分地擔憂未來即將失去的難過感傷。最明顯的例子，便是自己的生命、青春、親人，還有天地間許多自己在意的美好事物。如上文所述，白居易對於周遭事物及生命能存在多久，何時為其終止時刻，異常敏感在意，因此造成其「倒數計時」的意識。最明顯的表現便顯示在平岡武夫提出的「三月盡」主題，及在詩中不斷細數自己年歲的詩文上。白居易仔細觀察自己白髮初生及滿頭變白的過程、對自己年歲離人生七十還剩多久、齒落的數量，這些詩作例子，在筆者的碩論中都有大量的詩例以資證明。[6]但對親友的眷戀不捨及天地萬物凋零變化，則在白詩中亦常描寫，成為感傷詩中重要的詩料題材來源。例如他在長女

5　關於白居易對特定時間的「倒數計時」的心態及「畏老情節」，可參見陳家煌：《白居易生命歷程對詩風影響之研究》（高雄：中山大學中文系碩論，1999年），頁65-69。

6　陳家煌：《白居易生命歷程對詩風影響之研究》（高雄：中山大學中文系碩論，1999年），頁66-72。

金鑾子周歲時寫的詩，竟然是擔憂長女會不會早夭，而這種擔憂顯然
異於常人：

> 行年欲四十，有女曰金鑾。生來始周歲，學坐未能言。慚非達
> 者懷，未免俗情憐。從此累身外，徒云慰目前。若無夭折患，
> 則有婚嫁牽。使我歸山計，應遲十五年。(〈金鑾子晬日〉，卷
> 9：頁173。)

此詩作於元和五年白居易卅九歲之時。白居易晚婚，在卅六歲元和二
年春天任盩厔尉時方娶楊虞卿、楊汝士等人的從妹為妻。元和四年，
白居易卅八歲時長女金鑾子出生，而在金鑾子周歲時寫了此詩。初為
人父的白居易，在長女周歲時寫這首詩的內容來看，實在是不合人
情。在詩中他認為有子女後，從此有了身外之累，而且長女才周歲，
卻擔心她會夭折，而且就算不夭折，也會延後他的「歸山計」，也是
某種程度的拖累自己的人生。在此詩實在看不出白居易在長女周歲時
應有的欣悅之情。

年輕時的白居易，對於時光易逝且壽命無常，感到哀傷而無助。
從校書郎開始，白居易在長安時幾乎每年秋天都會去遊曲江並留下詩
作。在這首遊曲江的詩，呈現出白居易心底最大的無奈和感傷：

> 離離暑雲散，嫋嫋涼風起。池上秋又來，荷花半成子。朱顏自
> 銷歇，白日無窮已。人壽不如山，年光急於水。青蕪與紅蓼，
> 歲歲秋相似。去歲此悲秋，今秋復來此。(〈早秋曲江感懷〉，
> 卷9：頁171。)

「人壽不如山，年光急於水」這兩句，幾乎就是白居易早期感傷詩的
基調。這首詩將每年都會再來的秋天和秋天一再重覆的曲江景色，與

「朱顏」形成強烈對比。年復一年的秋意及秋景，與白日一般「無窮已」，從某個角度看來，是永恆的象徵。而朱顏自銷歇，暑雲、涼風、秋池、蓮子、白日、青蕪與紅蓼，「歲歲秋相似」，一年來唯一有改變的，只剩人壽不如山的自我朱顏的消歇。對白居易而言，人世間最不容易掌握的，便是無可避免的衰老和死亡，所以他說「因知群動內，易死不過人！」（〈自悲〉，卷17：頁354）。

因為對未來充滿無奈且無法掌握的悲傷，白居易的詩鮮少有興味盎然的激動情調。相反地，因為對未來懷抱著悲觀的態度，因不捨而擔心會失去，白居易經常於詩中呈現人、事、物在時間流逝間的細微差異。這些細微差異，一般人所無法察覺或關注的變化（nuance），在白居易詩中隨處可見。例如當他看到自己開始生白髮時，誇大地寫出「勿言一莖少，滿頭從此始」（〈初見白髮〉，卷9：頁170）。因為對生命無常而產生的不確定性，使得白居易對未來抱有疑慮甚至悲觀，如此詩所寫的：

> 聞有澗底花，貰得村中酒。與君來校遲，已逢搖落後。臨觴有遺恨，悵望空溪口。記取花發時，期君重攜手。我生日日老，春色年年有。且作來歲期，不知身健否。（〈同友人尋澗花〉，卷10：頁188。）

此詩寫與友人尋花，花卻凋落無花可賞，失落悵望的感覺溢於紙上。但在遺憾之餘，還是不忘跟友人有來年再賞的約定。只不過最後四句，還是如同〈早秋曲江感懷〉之類的詩一樣，將己身與節候對比，一是年年有的春色，一是日日老的身軀，不變與變化相對，讓白居易甚至講出了來歲「不知身健否」的對自己健康產生疑惑的、沒自信的話。對於死亡的恐懼，類似的詩句還有：「五年炎涼凡十變，又知此身健不健。好去今年江上春，明年未死還相見」（〈送春歸〉，卷12：

頁233)、「但令此身健，不作多時別」(〈別氈帳火爐〉，卷21：頁
474)、「未死會應相見在，又知何地復何年」(〈十年三月三十日，別
微之於澧上，十四年三月十一日夜遇微之於峽中，停舟夷陵，三宿而
別。言不盡者，以詩終之，因賦七言芒韻以贈，且欲寄所遇之地與相
見之時，為他年會話張本也〉，卷17：頁377)等詩句，這都表現出白
居易對自己修短隨化，無法掌控壽命的無奈和擔憂。[7]

自小體質孱弱，白居易對節候更換時溫度的變化特別敏感，是唐
代詩人中描寫氣溫細微轉變最大量的詩人。如他寫在江州司馬時的
此詩：

> 金火不相待，炎涼雨中變。林晴有殘蟬，巢冷無留燕。沈吟卷
> 長簟，愴惻收團扇。向夕稍無泥，閒步青苔院。月出砧杵動，
> 家家擣秋練。獨對多病妻，不能理鍼線。冬衣殊未製，夏服行
> 將綻。何以迎早秋，一杯聊自勸。(〈秋霽〉，卷10：頁186。)

對於夏秋之交時，每下一次雨便有更濃的秋意，白居易以「炎涼雨中
變」準確地描寫季節變化的物理規律。接下來他寫愈入秋季的天地萬
象轉變，蟬聲漸疏、燕已南飛、收拾竹簟和團扇，而戶外有擣衣聲，
婦女正準備冬衣以應付逐漸寒冷的天氣。這種對天氣溫度敏銳的感
受，白居易詩中處處可見，而且有處如同此詩以「炎涼」來表示炎夏
轉入涼秋的季節遞嬗交替，如「炎涼遞時節，鐘鼓交昏曉」(〈西掖早
秋直夜書意〉，卷11：頁222)、「炎涼昏曉苦推遷，不覺忠州已二年」
(〈春江〉，卷18：頁390)、「榮落逐瞬遷，炎涼隨刻變」(〈早夏遊

7　關於白居易以身體為客體，並仔細注意其變化，及身體與醫病之關係，侯迺慧曾作
　　過詳細且令人信服的研究。請參見侯迺慧：〈身體意識、存在焦慮與轉為ішь用——
　　白居易詩的疾病書寫與自我治療〉，《臺北大學中文學報》第22期（2017年9月），頁
　　5-30。此外，何麒竹的研究也有值得參考處，見何騏竹：〈白居易詠病詩中呈現的自
　　我療癒〉，《成大中文學報》第57期（2017年6月），頁42-51。

宴〉，卷29：頁663）、「一夕風雨來，炎涼隨數變」（〈新秋喜涼因寄兵部楊侍郎〉，卷29：頁671）、「暮去朝來無歇期，炎涼暗向雨中移」（〈酬思黯相公晚夏雨後感秋見贈〉，卷34：頁775）、「炎涼遷次速如飛，又脫生衣著熟衣」（〈感秋詠意〉，卷35：頁801），白居易對於溫度變化有著敏銳的觸覺感受，在秋天下雨後，逐漸變涼，除了上述所舉的詩句外，下面這首詩亦是寫出了白居易對秋天雨後氣溫下降有著敏銳的感受：

> 夜來秋雨後，秋氣颯然新。團扇先辭手，生衣不著身。更添砧引思，難與簟相親。此境誰偏覺，貧閑老瘦人。（〈雨後秋涼〉，卷34：頁776。）

此詩寫雨後秋氣更濃，所以秋扇見捐，生衣無法保暖，所以也無法穿了。然後聽到洗衣砧上滌洗冬衣準備禦冬，簟席的夏季用品也要收起來。最後則寫，因為自己是老瘦人，所以對於雨後秋意漸涼的「境」況，特別容易察覺。此詩也是將白居易對氣溫變化的感受力書寫出來的證據詩作。

　　白居易雖然明白地體會到「萬化成於漸，漸衰看不覺」（〈歎老三首〉之一，卷10：頁186）、「暗老不自覺」（〈曲江感秋〉，卷9：頁174），但這並不表示白居易對萬化成於漸的周遭變化視而不見。反而白居易藉由反覆提出這樣的詩句，不斷地提醒點明自己非常在意些微的轉變，尤其是自己身上因時光流轉而產生的些微變化，如此詩所描寫的：

> 今朝復明日，不覺年齒暮。白髮逐梳落，朱顏辭鏡去。當春頗愁寂，對酒寡歡趣。遇境多愴辛，逢人益敦故。形質屬天地，推遷從不住。所怪少年心，銷磨落何處。（〈漸老〉，卷10：頁201。）

此詩完全可以看出白居易對一般人所無心察覺的變化之敏銳感受。此詩寫出白居易對於漸漸老去的感受，不止在外貌上面，開始注意到自己落髮及朱顏變蒼老，而且在春天會感傷、且無心飲酒助歡，「遇境多愴辛，逢人益敦故」更是將自己年老的心境寫出來。對周遭環境的變化更敏感易傷（可能是懷舊念故心情轉移），同樣地，而且遇見親友時特別快樂，也是因為與故舊有深厚長久的感情。最後將漸老的自己與年輕時的自己相比，感嘆少年時易樂單純的心境與現在漸老的自己差異甚大，少年心銷磨不見，更令自己感嘆不已。

這首〈漸老〉可說是白居易敏銳感受力的代表作，雖說人們會因習慣而不察覺日復一日的形骸變化，但是白居易一生中卻不斷地仔細觀察時間流淌後自己身形的變化，甚至有「但恐鏡中顏，今朝老於昨」（〈歎老三首〉之一，卷10：頁186）、「昨日老於前日，去年春似今年」（〈臨都驛答夢得六言二首〉之一，卷25：頁569），將觀察形骸變化的時間縮短至一日。關注著自己是否昨日老於前日、今朝是否老於昨日，白居易異於常人密切注視一切內外變化，不論自身或外界因時間形成的微小差異。不只是外貌的變化，連心情的變化也是白居易觀察的項目：

> 老色日上面，歡情日去心。今既不如昔，後當不如今。今猶未甚衰，每事力可任。花時仍愛出，酒後尚能吟。但恐如此興，亦隨日銷沈。東城春欲老，勉強一來尋。（〈東城尋春〉，卷11：頁212-213。）

此詩是白居易作於忠州刺史任內，脫離了江州司馬左遷的伺罪心情，成為一州的守土官。此時四十八歲的白居易在遊春時檢視自己的心情，得到了「今既不如昔，後當不如今」，日後只會漸漸地減少興緻，很難得到「歡情」。這當然也是老態之一，不過在自己的狀況沒

有老到萬事都提不起勁時，還是勉強尋花飲酒作樂，雖然他深知遊興
會隨著年老而日漸銷沈。面對年老，有形的外貌轉變，如髮落、髮
白、落齒及體力不繼，表象的老化是大家比較明確察覺的轉變。但心
境上、心情上的衰老變化，其間轉變的過程如何？在描寫面對「老
境」時的情緒，白居易的詩作功力大概無人能及，因為他無時無刻地
敏銳感受著逐漸衰老的這一件事。

　　除了時間流逝所產生的身體與外物的變化外，白居易也經常以比
較的方式，觀察自己與他人的差異。例如這首詩的前半：

> 四十未為老，憂傷早衰惡。前歲二毛生，今年一齒落。形骸日
> 損耗，心事同蕭索。夜寢與朝餐，其間味亦薄。同歲崔舍人，
> 容光方灼灼。始知年與貌，衰盛隨憂樂。畏老老轉迫，憂病病
> 彌縛。不畏復不憂，是除老病藥。（〈自覺二首〉之一，卷10：
> 頁195。）

白居易拿自己的早衰來與崔群（772-832）容光煥發作比較，因為白
居易與崔群同年出生，所以更令白居易感到沮喪，而得出「始知年與
貌，衰盛隨憂樂」的領悟。雖然四十未為老，自己卻早衰，外貌完全
比不上同年齡的崔群。不過當白居易看到別人比他境遇更不好的友人
時，又會心生慰勉之情，如此詩一開頭所寫的：「昨日哭寢門，今日
哭寢門。借問所哭誰，無非故交親。偉卿既長往，質夫亦幽淪。屈指
數年世，收涕自思身。彼皆少於我，先為泉下人」（〈哭諸故人因寄元
八〉，卷11：頁216），雖然白居易在這些詩句後寫下「我今頭半白，
焉得身久存」，但是從詩意的脈絡看來，連年紀比自己年少的友人都
逐一死去，在比較之下，白居易還是有己身尚存的慶幸意味。

　　除了有豐富敏銳的感受力，白居易的詩人品味亦建立在鑑別力
上。白居易初與元稹相識時，寫詩給元稹：「自我從宦游，七年在長

安。所得惟元君，乃知定交難」（〈贈元稹〉，卷1：頁8），寫出了自己
對於友人取捨結交的標準相當高。晚年也再次提及：「平生定交取人
窄，屈指相知唯五人」（〈感舊〉，卷36：頁826），對於交友，白居易
自有一定標準。不過與品鑑人物相比，白居易詩中有出現自詡自己或
讚美他人具有品別物事能力的例子，這些例子多以「別」作關鍵字
眼，如下面的詩例：

幽姿遠思少人別，與君相顧空長歎。（〈畫竹歌〉，卷12：頁
234。）

風動翠條腰嬝娜，露垂紅萼淚闌干。移他到此須為主，不別花
人莫使看。（〈戲題盧祕書新移薔薇〉，卷15：頁309。）

一叢暗淡將何比，淺碧籠裙襯紫巾。除卻微之見應愛，人間少
有別花人。（〈見紫薇花憶微之〉，卷16：頁330。）

不寄他人先寄我，應緣我是別茶人。（〈謝李六郎中寄新蜀
茶〉，卷16：頁346。）

幽懷靜境何人別，唯有南宮老駕兄。（〈七言十二句贈駕部吳郎
中七兄〉，卷19：頁421。）

別境客稀知不易，能詩人少詠應難。（〈池晚汎舟遇景成詠贈呂
處士〉，卷35：頁801。）

在這六例詩句中出現的「別」，均作「辨別」的意思。除了〈謝李六
郎中寄新蜀茶〉詩中自詡為「別茶人」外，其餘的例子都是白居易以
具有鑑別能力來讚美他人。由此可知，對於白居易來說，在〈畫竹
歌〉一詩中感嘆能辨別竹子畫作的幽姿遠思的人非常少，所以辨別畫
作的鑑賞者值得看重。同樣地，接下來的兩首詩，則是稱美盧拱與元
稹為「別花人」，盧拱深知薔薇之美而移花至住家，元稹則為人間少
有的別花人之一，能欣賞紫薇花之美。最後兩首，白居易則提出相當

特別的「別境」之說，〈七言十二句贈駕部吳郎中七兄〉詩中的吳郎
中為吳丹，是白居易同年進士登科的同學，年紀大白居易很多，此時
擔任尚書省駕部郎中，所以詩中稱吳丹為「南宮老駕兄」。此詩中提
到「幽懷靜境」，只有吳丹能辨別，這其實與吳丹的個性有極大的關
係。此詩詩題下白居易自註：「時早夏朝歸，閑齋獨處，偶題此什」，
公務之餘，白居易於住處輕鬆自在、悠然自得，卻想將這種心情與同
年分享，想必吳丹在白居易眼中具有高度的「別境」能力。關於白居
易與吳丹的交遊狀況，朱金城有很詳細的考證。[8]白居易在吳丹的神
道碑銘稱其「弱冠喜道書，奉真籙，每專氣入靜，不粒食者累歲，顥
氣充而丹田澤，飄然有出世心」（〈故饒州刺史吳府君神道碑銘〉，卷
69：頁1447），吳丹的道教修持能夠「專氣入靜」，想必與辨別「幽懷
靜境」的能力有很大的關係。

　　對白居易來說，能「別畫」、「別花」、「別茶」、「別境」，具有辨
別能力的人，就更能理解這些事物的價值和美好，或是不足欠缺之
處。身為詩人，先具備鑑別的能力，便有了分辨美醜優劣的品味能
力。但是最後還是要使用文字將鑑別後的事物差異描寫出來，以抽象
的文字呈現意見，才能算是詩人品味的展現。白居易經常在詩中展現
其詩人品味的辨別能力，當然與他平時便具備敏銳感受力來注意周遭
景物些微差異的變化有關。例如《白居易集》中編排在吳丹能「別
境」的〈七言十二句贈駕部吳郎中七兄〉詩作前兩首，便是具體展現
白居易別境功力的詩作：

> 三月十四夜，西垣東北廊。碧梧葉重疊，紅藥樹低昂。月砌漏
> 幽影，風簾飄闇香。禁中無宿客，誰伴紫微郎。（〈春夜宿
> 直〉，卷19：頁421。）

8　朱金城：《白居易研究》（臺北：文史哲出版社，1992年），頁84-86。

人少庭宇曠，夜涼風露清。槐花滿院氣，松子落階聲。寂默挑燈坐，沈吟蹋月行。年衰自無趣，不是厭承明。（〈夏夜宿直〉，卷19：頁421。）

這兩首詩，一在春夜作，一在夏夜作，雖然都是作於白居易任中書舍人時，需入宮夜直，但是絕不可能是同時的作品。白居易編次文集時，卻將此同地不同時所作的二首詩排次在一起，應該不是偶然隨意的做法。在這兩首主題類似且並排在一起的詩中，白居易呈現了他具「別境」能力的詩人品味。白居易在這兩首詩都寫出夜晚在中書省值夜班時，辦公處所安靜寂寥的狀況，兩首的差別在於春夜和夏夜的不同。〈春夜宿直〉詩中，一開始寫出此時已是暮春時節，且接近滿月時，首聯點出時間和地點。接下來寫暮春門下省的夜晚景物：碧梧葉、紅藥樹、月影和不知名的花香。這兩聯同時寫出了白居易視覺、聽覺（風聲）、觸覺（風動）、及嗅覺（花香），五感中只有味覺沒概括入詩，算是高明的寫法。同樣地，〈夏夜宿直〉，第二句寫出觸覺（夜涼風清），第三句嗅覺，第四句聽覺，五六句視覺，也是五感中寫出四感。而且〈夏夜宿直〉的夏夜景物與春夜不同，取而代之的是槐花、風露、松子和燈月。同一地點在不同的時間有著不同的風貌，白居易以詩作明確地分判出來，這就是「別境」。白居易以具有別境的才能來讚美吳丹，其實最能別境的人，就是白居易自己！不然，如〈夏夜宿直〉詩中的「槐花滿院氣，松子落階聲」，世上有幾個人能夠敏銳地分辨出來？槐花的香氣，和松子落地的聲音，均細微難以察知。能敏銳地寫出這種細微氣味和聲音的詩人，只能說他的別境能力真的很強。

除了別茶、別花、別畫、別境外，白居易還有最擅長最敏感的感受辨別力，就是味道上的「別味」能力。關於白居易以別味的能力進入詩歌書寫的層次，構成白居易獨特的詩人品味，將在以下的章節，有更多篇幅的討論。

二　白居易詩中的「氣味」

　　白居易對自己身軀及周遭景物，隨著時間、季節的轉變，有著敏銳的感受。白居易也充分地將五感感受，化作詩句，以文學的方式呈現對世界的觀察。在五感之中，眼、耳、鼻、舌、身五種感官相應著五種感受：視覺、聽覺、嗅覺、味覺及觸覺。如上節所述，白居易對於季節變化時的冷熱交替異常敏感，不斷地在詩中以「炎涼」一詞呈現其感覺。但是，更特別的是，白居易詩中大量出現「氣味」這種嗅覺或味覺的感受詞，讓人不得不認為白居易對於氣味與味道的感受辨別力，也異於常人。

　　但是白居易在詩中使用「氣味」，大部分不是指真的用鼻子嗅到的氣味，而是某種「氣氛」或「氛圍」。這種將具體的感官感覺轉換成用心感受的意識感受，大概是白居易獨創的表現手法。在白詩中，最早使用「氣味」一詞，是他早年任翰林學士時所作的〈寄唐生〉一詩，他將唐衢哭時政與自己的樂府詩寫作，以「藥良氣味苦，琴淡音聲稀」（〈寄唐生〉，卷1：頁15-16）中的藥和琴的特色來作比喻。詩中的「氣味」，真的就是味覺和嗅覺上的滋味。此外，還有「如餳氣味綠黏臺」（〈薔薇正開春酒初熟因招劉十九張大夫崔二十四同飲〉，卷17：頁363），用「如餳氣味」來稱美初熟的春酒；用「醍醐氣味真」（〈與沈楊二舍人閣老同食敕賜櫻桃玩物感恩因成十四韻〉，卷19：頁420）來形容櫻桃的美味像醍醐般可口；「捧出光華動，嘗看氣味殊」（〈早飲湖州酒寄崔使君〉，卷23：頁509）則以「氣味殊」來讚賞湖州酒；「醍醐慚氣味」（〈答皇甫十郎中秋深酒熟見憶〉，卷32：頁725），也是用醍醐氣味來形容酒的味道；而用「瓊漿氣味得霜成」（〈揀貢橘書情〉，卷24：頁537）來形容太湖所產的橘子滋味；「香色鮮穠氣味殊」（〈吳櫻桃〉，卷24：頁544），用來讚美蘇州產的櫻桃。在白居易詩中總共使用過廿七次「氣味」一詞，頻率次數算相當高，

也就是白居易特別鍾愛這個詞組。不過白居易也經常使用這個詞來形容任官滋味的辛酸無奈。如在〈王夫子〉一詩，詩句中的「吾觀九品至一品，其間氣味都相似。紫綬朱紱青布衫，顏色不同而已矣」（〈王夫子〉，卷12：頁227），其「氣味」的使用，則與心理上的感受、狀態、景況差不多，是一種意識的感受。這種任官的心情以氣味來形容，還有如下的詩例：

閒宵靜話喜還悲，聚散窮通不自知。已分雲泥行異路，忽驚雞鶴宿同枝。紫垣曹署榮華地，白髮郎官老醜時。莫怪不如君氣味，此中來校十年遲。（〈初除主客郎中知制誥與王十一李七元九三舍人中書同宿話舊感懷〉，卷19：頁403。）

黑花滿眼絲滿頭，早衰因病病因愁。宦途氣味已諳盡，五十不休何日休。（〈自問〉，卷19：頁414。）

偶作關東使，重陪洛下遊。病來從斷酒，老去可禁愁？歃曲偏青眼，蹉跎各白頭。蓬山閒氣味，依約似龍樓。（〈答蘇庶子〉，卷25：頁565。）

憶得五年前，晚衙時氣味。（〈府西亭納涼歸〉，卷29：頁670。）

但恐綺與里，只如吾氣味。（〈途中作〉，卷30：頁681。）

但問此身銷得否，分司氣味不論年。（〈自詠〉，卷31：頁701。）

白居易習慣性地使用氣味一詞來概括任官心境，在以上數例中，除〈王夫子〉一詩，其餘幾乎都是指自己擔任各種官職時的箇中滋味。不過值得注意的是，這些例子，也僅有〈王夫子〉一詩是在翰林學士時的作品，其餘的，都是白居易任中書舍人以後的詩作，尤其以任太子賓客分司東都時居多。〈自問〉寫於五十歲任中書舍人時，此時白居易進入人生第二次仕途高峰。但是白居易也逐漸從中年步入老年，身體開始老化，除了白髮增生（滿頭絲）外，還有飛蚊症眼疾（黑花

滿眼）。所以白居易在任官路上，備嚐窮通升沉滋味。因此他詩句說
「宦途氣味已諳盡」，將整個仕宦生涯，以宦途氣味來形容，也算準
確貼切。在任秘書監時，白居易從長安出使至洛陽，與任太子庶子分
司東都的蘇弘唱答，認為自己在秘書省（蓬山秘閣）的官職，與東宮
（龍樓）分司官的悠閑性質相近。〈府西亭納涼歸〉一詩，更是以自
己任太子賓客分司東都時經過河南府衙，回想起自己任河南尹時，地
方守土官繁忙重責的職務。在此，白居易也是用「氣味」來作任官滋
味的整體概括。

　　這種將氣味作為人生五味雜陳整體感受的總合概括性語彙，大概
從江州時期後便大量出現。如以下二詩：

> 與君何日出屯蒙？魚戀江湖鳥厭籠。分手各拋滄海畔，折腰俱
> 老綠衫中。三年隔闊音塵斷，兩地飄零氣味同。又被新年勸相
> 憶，柳條黃軟欲春風。（〈憶微之〉，卷16：頁339。）
> 草香沙暖水雲晴，風景令人憶帝京。還似往年春氣味，不宜今
> 日病心情。聞鶯樹下沈吟立，信馬江頭取次行。忽見紫桐花悵
> 望，下邽明日是清明。（〈寒食江畔〉，卷16：頁340。）

這兩首詩寫於同一年，白居易任江州司馬時期，〈憶微之〉寫在新春
期間，而〈寒食江畔〉寫於寒食清明暮春時節。在〈憶微之〉一詩
中，因元稹此時亦於巴蜀中任通州司馬，白居易為江州司馬，所以在
憶念元稹時，將兩人相同的處境和遭遇寫入詩中，因此有「兩地飄零
氣味同」的詩句，很貼切的實寫。〈寒食江畔〉則是在暮春時節，騎
馬於江州長江江畔踏青。在憶帝京之後，白居易寫下了「還似往年春
氣味」，意指此時江州的春景與帝京長安和故鄉下邽相似。春氣味是
當時暮春時的總體印象，所以感官總合，並不限於嗅覺和味覺。在這
兩首詩中，白居易以「氣味」一詞，概括了元白兩人相同的身世感、

漂零感、落寞感，和家鄉、異鄉的對比感，以偏概全，兩詩中「氣味」一詞的使用新鮮貼切。

值得注意的是，白居易在「氣味」一詞的使用上，在仕宦晚期洛陽分司後，大量與「閑」字結合，成為「閑氣味」這個特別的詞組，用來形容其洛陽分司的仕宦生活。在白詩中，閑和氣味結合成「閑氣味」的次數，共有四次，還有一例是「閑味」，一例「幽閑氣味」、一例「偷閑氣味」，所以大概是七例如下：

> 久養病形骸，深諳閑氣味。(〈郡中即事〉，卷8：頁156。)
> 不爭榮耀任沈淪，日與時疏共道親。北省朋僚音信斷，東林長老往還頻。病停夜食閑如社，慵擁朝裘暖似春。漸老漸諳閑氣味，終身不擬作忙人。(〈閑意〉，卷17：頁360。)
> 蓬山閑氣味，依約似龍樓。(〈答蘇庶子〉，卷25：頁565。)
> 或嘯或謳吟，誰知此閑味。(〈張常侍池涼夜閑讌贈諸公〉，卷29：頁668。)
> 軟褥短屏風，昏昏醉臥翁。鼻香茶熟後，腰暖日陽中。伴老琴長在，迎春酒不空。可憐閑氣味，唯欠與君同。(〈閑臥寄劉同州〉，卷33：頁737-738。)
> 老來生計君看取，白日閑行夜醉吟。陶令有田唯種黍，鄧家無子不留金。人間榮耀因緣淺，林下幽閑氣味深。煩慮漸消虛白長，一年心勝一年心。(〈老來生計〉，卷33：頁739-740。)
> 行尋春水坐看山，早出中書晚未還。為報野僧巖客道，偷閑氣味勝長閑。(〈和裴相公傍水閑行絕句〉，外集卷上：頁1521。)

以上七例閑味或閑氣味，最早的是〈閑意〉，作於江州司馬任內。此詩有很濃烈的白居易學佛信仰自述。詩中一開始寫自己不再在世俗中追逐名利，而逐漸與時流疏遠，並共「道」親，在此語境中的

「道」，應該是指佛教思想。所以北省（中書、門下兩省合稱北省）的朋僚這些時流之輩音信斷絕不再往來，白居易卻頻繁地與廬山東林寺的長老往來。頷聯兩句，其實是「日與時疏共道親」的加強描寫及敘述。「病停夜食閑如社」，此句中的「社」，應該是指慧遠於東林寺結社念佛的白蓮社，而因病停食，正好與結社修持佛法而過午不食相同。「閑如社」，可見此詩閑的重點在於削除對名利的追求之心。因此詩末深諳之「閑氣味」，也是「不爭榮耀」去除爭名逐利之心。從這點看來，或者可以將「閑氣味」視為「不爭榮耀」之心相似：不為名利所忙，則為「閑氣味」。

若依上述所言，則白居易詩中的「閑氣味」的品諳，當與其詩中「無事」類似，都是指擺脫公務職務束縛而言。所以在任秘書監時所寫的〈答蘇庶子〉，在蓬萊仙山美稱的秘書省工作，便如同在太子龍樓任官一樣悠閑；〈閑臥寄劉同州〉中，則以劉禹錫任同州刺史，繁劇責重而無法與白居易同享悠閑生活，來開劉禹錫玩笑；〈老來生計〉更是因為不再追逐人間榮耀，而能享受林下幽閑氣味，因此煩慮漸消，胸中虛白空闊增生而有餘裕。同樣地，〈和裴相公傍水閑行絕句〉中「偷閒氣味勝長閒」，也是在裴度（765-839）於中書省辦完公事後偷閑尋水看山，白居易認為這種偷得的悠閑比自己分司東都的長閑更令人珍惜。在此，白居易依然用「氣味」一詞來概述任官心情。

除了「氣味」、「閑氣味」這類將味覺嗅覺轉化為特定心情的呈現辭彙之外，白居易也常用「味」來指涉特定的心境。例如「少年味」：

> 朝餐多不飽，夜臥常少睡。自覺寢食間，多無少年味。平生好
> 詩酒，今亦將捨棄。酒唯下藥飲，無復曾歡醉。詩多聽人吟，
> 自不題一字。病姿引衰相，日夜相繼至。況當尚少朝，彌慚居
> 近侍。終當求一郡，聚少漁樵費。合口便歸山，不問人間事。
> （〈衰病無趣因吟所懷〉，卷11：頁225。）

此詩作於白居易五十歲任中書舍人時。此詩如同題目，乃是因為逐漸衰老而對以前喜歡的事變得興趣缺缺：「無趣」。詩一開始寫他因年老而無法多食，無法熟睡，以人生最重要的生理活動「寢食」二事而言，多無「少年味」。白居易此時以少年味來代稱青春美好健全的肉體所能享受的感官經驗，到此刻已逐漸消失。因此活著的趣味也因基本的生理需求不順利，很多事做起來都無趣、無勁。詩酒難引歡，而肉體的衰病，也讓自己生趣缺缺。最後則寫要退隱的心志，大約都是因為衰病無趣的緣故。

這種將以往美好肉體感官感受的回憶，白居易會以「味」來形容，其詩中尚有許多例子。例如：

> 緬思少健日，甘寢常自恣。一從衰疾來，枕上無此味。（〈春寢〉，卷7：頁132。）
>
> 厚薄被適性，高低枕得宜。神安體穩暖，此味何人知。（〈晏起〉，卷8：頁164。）
>
> 形骸日損耗，心事同蕭索。夜寢與朝餐，其間味亦薄。（〈自覺二首〉之一，卷10：頁195。）
>
> 日長晝加餐，夜短朝餘睡。春來寢食間，雖老猶有味。（〈日長〉，卷22：頁494。）
>
> 宴遊寢食漸無味，杯酒管弦徒繞身。賓客歡娛僮僕飽，始知官職為他人。（〈自感〉，卷23：頁508。）
>
> 散秩留司殊有味，最宜病拙不才身。（〈分司〉，卷23：頁521。）
>
> 靜中得味何須道，穩處安身更莫疑。（〈對鏡〉，卷27：頁615。）
>
> 悠悠君不知，此味深且幽。但恐君知後，亦來從我遊。（〈老熱〉，卷29：頁670。）
>
> 可憐飽暖味，誰肯來同嘗。（〈飽食閒坐〉，卷30：頁675。）
>
> 此中殊有味，試說向君看。（〈初夏閒詠兼呈韋賓客〉，卷32：頁720。）

一覺曉眠殊有味，無因寄與早朝人。(〈曉眠後寄楊戶部〉，卷33：頁748。)

軒鶴留何用，泉魚放不還。誰人知此味，臨老十年閑。(〈幽居早秋閑詠〉，卷33：頁761。)

眾皆賞春色，君獨憐春意。春意竟如何，老夫知此味。(〈和夢得洛中早春見贈七韻〉，卷36：頁816。)

枕低被暖身安穩，日照房門帳未開。還有少年春氣味，時時暫到夢中來。(〈春眠〉，卷37：頁854。)

在這些例子中，「味」的使用在白詩中大多數的情況都會拿來指享用食物時能感受到良好的味覺，以及睡眠時能夠熟睡，而寢食在年輕時最能得到美好的滋味。所以當白居易食不知味或是無法熟睡時，就會懷念能安然入眠及品嚐食物味道的「少年味」，以及若是自己能在味覺及睡眠得到滿足時，也會欣然地宣稱自己食寢「有味」。例如〈春眠〉一詩中所寫的，在春天能熟眠，似乎回到了少年時，有很好的睡眠品質，讓自己愉快。〈日長〉一詩亦是如此，暫時寢食的滿足，讓自己感覺到「雖老猶有味」，因而心情愉悅。

白居易在詩中出現「少年味」、「春氣味」、「有味」等，多指睡眠狀態而言，偶有飲食饒有滋味的兼述情況。在白居易之前，幾乎沒有詩人像白居易這麼注重肉體的感官感受。大量記錄描寫自己睡眠、吃食這種基本的生理需求，與詩歌作為言志的載體，有著強烈的違和感。當然，如同孫昌武、賈晉華及蕭馳的研究中都指出，白居易這種注重日常生活描寫的詩歌主題，應該是受到洪州禪「平常心是道」的影響。[9] 不過就跟前章論述「無事」一詞一樣，因為洪州禪注重日常性

---

9 孫昌武：〈白居易與洪州禪〉，《詩與禪》(臺北：三民書局，1994年)，頁213-220；賈晉華：《唐代集會總集與詩人群研究》(北京：北京大學出版社，2015年)，頁112-120；蕭馳：《佛法與詩境》，頁175-180。

的宗教思想，而白居易雖然曾修習過南宗禪，那麼白詩中注重日常性主題描寫，是否一定與宗教上的修持有絕對關係，真的值得好好思考。

白居易詩中以日常生活作為詩歌描寫的主題，尤其不避雅俗，如實地呈現自己形骸衰老變化的過程，以及在這過程中自己的不適感。光就這類主題的開創性這點，就足以在中國詩歌史上大書特書，此乃繼杜甫後開拓了更大片詩歌主題的天地。詩歌日常化、生活化、個人化，都是宋詩的特色，而這種特色肇始於杜甫，大量實作於白居易，到了宋代才開花結果。只是，像上述的寢食這種基本生理描寫要納入詩裡，很容易流於庸俗的人生感嘆。白居易在詩中卻將寢食感受與衰老過程結合在一起，用「味」、「氣味」等特別的味、嗅覺來概括，使得本來很難入詩成為高雅題材的基本生理欲求，入詩後形成個人面對年老及肉體衰敗的共同無奈，進而引發讀者的共鳴。如此不避通俗的詩料題材，以自己的敏銳感受力將寢食等日常生活入詩，最後得以成功，白居易在此對於拓展詩歌題材，有著極大的貢獻。而且，從另一個層面看來，詩這種被文人重視的高雅文學形式，有著言志及抒情的高尚傳統，可否將這種文學載體作為書寫日常生活的媒介，如何書寫？白居易都做了相當好的示範。

白詩中的「味」大部分都作「滋味」或是心理整體感受的名詞來使用。不過，僅有一例例外，「味」作動詞使用，用來作「品味」或「體會」，其詩詩題就叫〈味道〉：

> 叩齒晨興秋院靜，焚香冥坐晚窗深。七篇真誥論仙事，一卷壇
> 經說佛心。此日盡知前境妄，多生曾被外塵侵。自嫌習性猶殘
> 處，愛詠閑詩好聽琴。（〈味道〉，卷23：頁517。）

此詩詩題的「味」字，作品味、品會解釋，應無疑義。此詩題中的「道」，雖在詩中頷聯是道教的「真誥」與佛教的「壇經」並列，不

過腹聯的「前境」、「妄」、「多生」、「外塵」、「習性」等，均為佛教術語，因此可以判定此詩詩題的「道」乃偏重於佛教教義之道。此詩題為〈味道〉，詩中多描述白居易修持佛法的心得。如腹聯中白居易自稱知「前境妄」，「前境」一詞出自《楞嚴經》：「見與見緣，似現前境。」意指能見到的東西，其實都是無明妄動的因緣起滅所造成的業識，見到的前境非實見之境，乃是意妄而生，這大概是要修持佛教止觀或四念住後才能有的認識與體會。而「多生」乃是佛教認為眾生造善惡之業，受輪迴之苦，生死相續謂之多生。所以多生乃是輪迴的另一種說法吧。所謂的「外塵」，塵者六塵，也就是六根所對之事物，凡夫以為此六塵在於心外，故曰「外塵」。而「習性」就是習氣，眾生在輪迴中由自己前世累積的善與惡業力、行為、喜好、習慣等殘留到今世，導致生來具有一些精神和行為方面的特徵，常用來指不好的、與煩惱有關的習性。[10]

〈味道〉一詩大量使用佛教術語，表現他修學佛法的體悟，只是詩末依然幽默地道出自己詠詩、聽琴的習性未滅，有礙佛法修持。因此，詩題的味道即是品味或體會佛法的滋味。白居易此詩展現了他對於世間萬物的品味能力，甚至擴及佛法，不限於具體的物事。白居易也以〈味道〉一詩，表達其修持佛法的法喜滋味。直接品味佛法，亦可見白居易將敏銳的感官感受運用到「意識」的層面上。不過，在白詩中，白居易還是經常以他敏銳的感官感受，將周遭常見的事物作為詩料寫入詩中，如這首詩：

> 闇淡緋衫稱老身，半披半曳出朱門。袖中吳郡新詩本，襟上杭州舊酒痕。殘色過梅看向盡，故香因洗嗅猶存。曾經爛熳三年著，欲棄空箱似少恩。（〈故衫〉，卷24：頁534。）

---

10 任繼愈：《佛教大辭典》，頁185。

以舊衣服成為抒情的主體，藉由平日易見的故衫來興發感情，白居易此詩的寫作相當成功。首先第一句寫「故衫」的緋紅色暗淡，我們都知道，唐代文散官階五品以上著緋，所以這件故衫是白居易任官的官服。第二句的朱門，也是唐代規制，五品官居家門戶方能塗成紅色的朱門。此詩寫於蘇州刺史任內，因此有第三句，袖中有在蘇州新寫的詩本，而襟上彷彿有任杭州刺史時的「舊酒痕」。第五句的「過梅」難以解釋，可能是指經梅雨過後，故衫本為緋紅色，而梅雨時衣著多發「霉」，因此，過梅／過霉，似乎取其諧音。在洗淨霉污後，緋紅已成「殘色」，而緋紅衣衫已成闇淡緋衫了，直接與首句呼應。第六句則顯示白居易敏銳嗅覺的特色：衣衫雖然故舊，卻因常洗而透出特有的洗滌潔淨後的澣衣香味。「故香因洗嗅猶存」，可以說是一句成功的詩句，因為大部分的人寫詩不會注意和描寫嗅覺感受。

　　同樣地，白居易也在別處依照所需要而寫出氣味或味覺的詩句，例如這兩首詩所寫食物的美味：

　　　　閑出乘輕屐，徐行蹋軟沙。觀魚傍溢浦，看竹入楊家。（溢浦多魚，浦西有楊侍郎宅，多好竹。）林迸穿籬筍，藤飄落水花。雨埋釣舟小，風颭酒旗斜。嫩剝青菱角，濃煎白茗芽。淹留不知夕，城樹欲棲鴉。

　　　　柳影繁初合，鶯聲澀漸稀。早梅迎夏結，殘絮送春飛。西日韶光盡，南風暑氣微。展張新小簟，熨帖舊生衣。綠蟻杯香嫩，紅絲膾縷肥。故園無此味，何必苦思歸。（〈春末夏初閒遊江郭二首〉，卷16：頁332。）

這兩首同題組詩是寫於白居易任江州司馬時期。從穿著輕屐出遊江郭開始，觀魚看竹、賞筍及觀紫藤花飄落水面，接下來白居易就寫他在雨天時於飄颭著酒旗的酒家開始飲食的景況。吃著菱角、喝著新茶，

而第二首也是從視覺、聽覺寫到觸覺，最後歸結於食物的嗅覺及味覺上，也就是「綠蟻杯香嫩，紅絲膾縷肥」，最後總結「故鄉無此味」而不用思念家鄉。對於白居易而言，能忘卻鄉愁在江州安居下來，竟然是江郭風景中的美好食物！

本節從白居易詩中大量出現的「氣味」入手，探討白居易如何將這個嗅覺、味覺的組合詞，變成詩中重要常見的語彙。再藉由「閑氣味」來看白居易如何用這種感官感受的生理感覺，概括成心理感覺的總體印象。這種詞彙轉化的使用方式，很接近比喻，這也是白居易詩作中的獨特文學技法。之後再討論白居易敏感的味覺、嗅覺能力，如何在詩中呈現，相信能讓我們對白居易獨特敏銳的生理感受能力有更深一層的認識。

三　白居易詩中對身體的鑑賞書寫

雖然「嘆老嗟卑」是中國傳統詩歌書寫的部分主題，許多人對自身肉體的老化及青春不再，有著無比的哀傷及愁緒。但是像白居易將自己肉體不斷變老的過程，注重細節且不厭其煩加以記錄的詩人，在唐代之前，白居易幾乎是絕無僅有的詩人。白居易非常態地將自己的肉體變化，近乎執著地描寫其變化，甚至到了後來視自己的身體為書寫的客體。白居易寫詩時的這種對肉體的刻畫描寫，與宮體詩視人體為客體對象加以細寫，有過之而無不及。對白居易而言，仔細觀察自己的身體，並將觀察的記錄成為詩料寫入詩中，成了白居易異於常人的人生樂趣之一。還有，不斷地將自己的身體與別人的身體作比較，這種寫作方式，也值得我們推敲認識。

一般人開始意識到自己衰老，最明顯的外貌變化，便是驚見白髮。白居易自然也不例外。當他初見白髮時立刻寫詩記錄當下的心情：

> 白髮生一莖，朝來明鏡裏。勿言一莖少，滿頭從此始。青山方遠別，黃綬初從仕。未料容鬢間，蹉跎忽如此。（〈初見白髮〉，卷9：頁170。）

此詩作於白居易剛通過制舉「才識兼茂明於體用科」，卅五歲初任盩厔縣縣尉，所以詩中有縣尉的裝扮「黃綬」字眼。卅五歲初見白髮可能比較早一點，但對古人而言也不算早。因為潘岳〈秋興賦〉的序一開頭便寫：「余春秋三十有二，始見二毛」，庾信〈哀江南賦〉的序也提到：「信年始二毛，即逢喪亂」（子山逢喪亂時年約卅六歲）。因此古人也會將自己初見白髮的年歲和潘岳及庾信作比較。白居易寫作初見白髮的詩興發感慨，並不是特別的創作舉動，畢竟柳宗元也寫過〈始見白髮題所植海石榴〉、鮑溶有〈始見二毛〉、張祜曾作〈酬武蘊之乙丑之歲始見華髮余自悲遂成繼和〉，這幾首詩都是詩人初見白髮後題詩詠懷的作品。不過，白居易與一般初見白髮而感嘆年老的這類詩作不同，他此詩一開始寫在鏡子中看到了「一莖」，才發現一根白髮，便讓白居易心生感慨。那表示在這之前，他應該常對著鏡子端詳自己的容貌，將自己的容顏當成審視的客體。在此詩的第二聯，明確地寫出白居易認為初見白髮來感嘆年老是一時的心理狀態，而是接下來自己會不斷地審視頭髮變化的過程，完整地察看自身不斷變化邁向老年的現象。

白居易在頭髮的觀察中，除了「二毛」髮色的變化，他還特別注重「髮量」的減少。詩中寫到髮白衰老心生悲傷，這是大部分詩人面對白髮時會直接聯想到年老將至的感觸，並不特別。不過白居易注意髮量日漸稀少，並且將此現象寫入詩中，這就變成白居易描寫白髮的個人特色了，如以下兩詩所陳述的：

> 白髮知時節，闇與我有期。今朝日陽裏，梳落數莖絲。家人不

慣見，憫默為我悲。我云何足怪，此意爾不知。凡人年三十，
外壯中已衰。但思寢食味，已減二十時。況我今四十，本來形
貌羸。書魔昏兩眼，酒病沉四肢。親愛日零落，在者仍別離。
身心久如此，白髮生已遲。由來生老死，三病長相隨。除卻念
無生，人間無藥治。（〈白髮〉，卷9：頁177。）
夜沐早梳頭，窗明秋鏡曉。颯然握中髮，一沐知一少。年事漸
蹉跎，世緣方繳繞。不學空門法，老病何由了。未得無生心，
白頭亦為夭。（〈早梳頭〉，卷9：頁172。）

在此二詩中，〈白髮〉是早上梳頭時梳落數莖絲，引發白居易一連串
對自身逐漸老化的議論。這一大段對於自己走向衰老的感受，也是白
居易自年輕以來不斷地對自我審視的總體描述。對於白居易而言，他
在寫此詩時為四十歲，對自己的廿歲及卅歲各時段肉體變化作了比
較。到了卅歲時，肉體外表看似強壯，但其實已逐漸衰弱，不如廿歲
年輕時的身體狀況，這點，可以從白居易最注意的「寢食味」上得
知。白居易檢討了自己早衰髮落的原因，首先是過於認真讀書、飲酒
及必須時常忍受生離死別之苦，身心煎熬而生白髮。而且他認為在這
種處境下，自己白髮「生已遲」，還有點佔便宜的小欣喜。在〈早梳
頭〉詩中，白居易也是對於在早上梳頭掉髮心生感嘆，詩的寫法也與
〈白髮〉詩大同小異，只是較為簡短。兩詩都以必須修持佛法來解決
人生的煩惱作結。

　　白居易有意識積極地對自身外貌形骸的關注及觀察，每隔一段時
間，他就會寫作寫真詩，將自己的形貌變化記錄下來。自翰林學士時
期開始，到晚年為止，白居易集子中共保留了五首寫真有關的詩。這
些詩分別是〈自題寫真〉（詩題自註：「時為翰林學士」，當是作於元
和五年卸左拾遺遷京兆府戶曹參軍時，卅九歲）、〈題舊寫真圖〉（作
於元和十二年四十六歲任江州司馬時）、〈感舊寫真〉（作於大和三年

五十八歲病免刑部侍郎時)、〈香山居士寫真詩〉(作於會昌二年七十一歲罷太子少傅,以刑部尚書致仕時),此外還有一首〈贈寫真者〉(作於元和十三年四十七歲由江州司馬升忠州刺史時),這是寫給寫真繪師的詩。這五首詩,除了〈題舊寫真圖〉及〈感舊寫真〉二詩外,有三首是作於卸任舊官職而履新職務寫真時的詩,這可能是白居易的習慣或是國家的規定,卸任重要官職時可能要留下當時的寫真圖。白居易在〈香山居士寫真詩〉詩前有序,其序與詩作如下:

> 元和五年,予為左拾遺、翰林學士。奉詔寫真於集賢殿御書院。時年三十七。會昌二年,罷太子少傅,為白衣居士,又寫真於香山寺藏經堂,時年七十一。前後相望,殆將三紀,觀今照昔,慨然自歎者久之。形容非一,世事幾變,因題六十字以寫所懷。
>
> 昔作少學士,圖形入集賢。今為老居士,寫貌寄香山。鶴毳變玄髮,雞膚換朱顏。前形與後貌,相去三十年。勿歎韶華子,俄成婆叟仙。請看東海水,亦變作桑田。(〈香山居士寫真詩〉,卷36:頁824。)

在此詩的序,只記錄第一次寫真與七十一歲最後一次寫真原委,但這中間還有元和十三年和大和三年的兩次寫真沒提到。在此詩與序中,白居易元和五年時是卅九歲,而非卅七歲,謝思煒已有考據成果。[11]在此詩中,白居易寫出自己卅年的形貌變化,用「鶴毳變玄髮,雞膚換朱顏」一聯詩句加以概括。由少到老,白居易最重視一眼就能察覺的變化是髮色改變,還有肌膚從充滿健康活力細緻的朱顏,變成脫毛後

---

11 可參見謝思煒整理的考證文字。〔唐〕白居易著、謝思煒注:《白居易詩集校注》
   (北京:中華書局,2006年),卷6,頁520、卷36,2739。

的「雞膚」。老人的皮膚真的鬆弛皺窊，不過，在唐代時，僅有白居易以「雞膚」來比喻老人的皮膚，除了此詩之外，還有「蟲臂鼠肝猶不怪，雞膚鶴髮復何傷」（〈老病相仍以詩自解〉，卷35：頁796），可見白居易喜用「雞膚」一詞，反而自庾信〈竹杖賦〉以來文人常用的「鶴髮雞皮」的「雞皮」，在白詩中一次都沒出現。

白居易中年以後的寫真相關詩，大多是在感嘆年老及功業未成。不過在翰林學士時期第一次寫的寫真詩，白居易便對自己的形貌作了一番評論：

> 我貌不自識，李放寫我真。靜觀神與骨，合是山中人。蒲柳質易朽，麋鹿心難馴。何事赤墀上，五年為侍臣。況多剛狷性，難與世同塵。不惟非貴相，但恐生禍因。宜當早罷去，收取雲泉身。（〈自題寫真〉，卷6：頁109。）

在這首詩中，白居易說我貌不自識，是有點誇大其辭了，因為他常照鏡子。但這也說出白居易觀看從他人眼中所描繪出來的寫真圖，畫作中白居易的神與骨，白居易認為他應該具有隱逸世外的內在特質，不過卻對自己的外貌形容很少著墨。在江州時期時，白居易拿舊寫真圖與當時自己容貌相比，寫出了年華老去的感慨：

> 我昔三十六，寫貌在丹青。我今四十六，衰頹臥江城。豈止十年老，曾與眾苦并。一照舊圖畫，無復昔儀形。形影默相顧，如弟對老兄。況使他人見，能不昧平生。羲和鞭日走，不為我少停。形骸屬日月，老去何足驚。所恨凌煙閣，不得畫功名。（〈題舊寫真圖〉，卷7：頁144。）

在此詩中，白居易寫出了自己在卅六到四十六歲十年間的形貌變化，

他是拿著寫真舊圖與自己當下容貌對照,「形影默相顧,如弟對老兄」,這聯詩句,比喻地相當貼切。十年時光流逝,容貌變化差異,就像兄弟的容貌差異一般。

在閱讀這些寫真相關詩作時,我們發現一個特別的事,就是自從在元和五年任翰林學士第一次寫真後,每隔十年,白居易都會拿起初次寫真的畫,來與自己當時的形貌相比,並作詩感嘆。例如〈自題寫真〉(時為翰林學士)十年後,〈題舊寫真圖〉寫下「豈止十年老,曾與眾苦并。一照舊圖畫,無復昔儀形」,然後再十年後,〈感舊寫真〉寫下「李放寫我真,寫來二十載。莫問真何如,畫亦銷光彩」,〈香山居士寫真詩〉中有「前形與後貌,相去三十年」。這也就是說,白居易自從初次寫真後,會不斷地將留下自己卅多歲時容顏的畫作,仔細端詳,然後再跟自己逐漸變老的外貌作比較。這種仔細觀察變老過程的舉止,成了白居易嘆老主題詩作的基調。

在仔細觀察自身軀體衰老的過程,白居易本來是惶恐憂懼的心情,不過到了晚年,他卻能夠接受並且欣賞自己衰老的肉體。例如他在六十二歲寫的這首詩,便不再悲嘆衰老:

> 幸免非常病,甘當本分衰。眼昏燈最覺,腰瘦帶先知。樹葉霜紅日,髭鬚雪白時。悲愁緣欲老,老過卻無悲。(〈答夢得秋日書懷見寄〉,卷31:頁704。)

六十二歲對唐人來說算是相當年老的年歲了。白居易寫此詩給跟他同年齡的劉禹錫,詩中並沒有嘆老的意味,反而在詩末寫出了「老過卻無悲」類示宣言的詩句。詩中充滿了知足歡喜,首聯寫無大病纏身,而衰弱本來就是這個年齡應有的身體狀況。接下來寫肉體衰老的現象,視力愈來愈差,尤甚是夜間視力更是加劇衰弱,還有身體愈來愈瘦,都是衰老的表徵。不過,此詩腹聯,白居易卻欣賞甚至歌誦起年

老。他用秋霜染紅樹葉讓山景更加美麗來作比喻，認為髭鬚雪白的年老樣貌，也憑添了人生中的美麗，像霜葉讓天地更美一樣。從這句看來，白居易竟能欣賞自身肉體的老態，難怪他說「悲愁緣欲老，老過卻無悲」。甚至，他還會拿白髮開玩笑，例如「諛愛胸前雪，其如頭上霜」（〈代謝好妓答崔員外〉，卷19：頁426），將如霜白髮與妓女雪白的胸脯類比來相提並論。此外，連年老髮禿時，他也不在意地寫出「頭上漸無髮，耳間新有毫」（〈自賓客遷太子少傅分司〉，卷30：頁685），能察覺並寫出耳間長出「長生毛」來這種寫詩功力，只能說白居易體物細微了。此外，又以自己白髮自豪的詩句：「有石白磷磷，有水清潺潺。有叟頭似雪，婆娑乎其間」（〈閑題家池寄王屋張道士〉，卷36：頁821），將似雪白頭，當成自己美麗外形的特色，可以「婆娑」於世間。

　　白居易真正擺脫形骸衰老的哀傷，就算面對老態也豪無愧色地坦然接受，甚至欣賞贊同，是六十八歲中風後才出現明顯明確地轉變。在唐文宗開成四年十月，白居易得風痹之症，造成半身不遂，左足不良於行，在病況稍稍穩定後，他作了〈病中詩十五首〉組詩，而詩前有序：

> 開成己未歲，余蒲柳之年，六十有八。冬十月甲寅旦，始得風痹之疾。體癢目眩，左足不支，蓋老病相乘時而至耳。余早棲心釋梵，浪跡老莊。因疾觀身，果有所得。何則，外形骸而內忘憂恚。先禪觀而後順醫治。旬月以還，厥疾少間。杜門高枕，澹然安閑，吟諷興來，亦不能遏。因成十五首，題為病中詩，且貽所知，兼用自廣。昔劉公幹病漳浦，謝康樂臥臨川，咸有篇章，抒詠其志。今引而序之者，慮不知我者，或加誚焉。（〈病中詩十五首·序〉，卷35：頁787。）

此序中最重要的關鍵句，就是「因疾觀身，果有所得」，白居易將觀身自得的想法，幾乎全都形諸吟詠，組成初病後觀察自身鑑別病軀後的想法形成十五首詩作。自己的病身，在詩人白居易的眼中，變成了詩料，成為書寫的對象。雖然白居易說他寫這些詩的目的是「且貽所知，兼用自廣」，但是，若我們觀其詩作，白居易將肉體視為客體，將病中衰疾過程加以記錄，而且帶有某種創作的熱情：「吟諷興來，亦不能遏」，因此在討論白居易對身體的鑑賞詩作，絕不能輕忽這組十五首詩作。

依照一般人情事理，剛遭遇風疾麻痹之症的病患，通常會沮喪難過，對於自身不良於行感到悲傷痛苦。不過白居易初遇風疾時，卻沒有這種情緒：

> 六十八衰翁，乘衰百疾攻。朽株難免蠹，空穴易來風。肘痹宜生柳，頭旋劇轉蓬。恬然不動處，虛白在胸中。（〈初病風〉，卷35：頁787。）

此詩一開始寫六十八歲的自己已是衰翁，而衰弱的肉體，本來就會被疾病入侵生病。他把衰老的肉體比喻為朽木生蠹，將習用的空穴來風成語跟「中風」疾病作巧妙的連結，故將老身比喻為空穴，亦見機智。接下來他寫風痹之後，肘後應該會生柳（瘤的叶音），而中風後頭暈，雖靜居但暈眩的感覺卻像飛轉的蓬草一樣，也是形容其中風後的病況。在此詩中，白居易將自己衰老且中風的身體，由「朽株」、「空穴」、「肘柳」、「轉蓬」來比喻，最後寫出自己不為病況所動原因，是因為自己胸中有「虛白」餘裕，來面對自己身體的變化。同樣在〈病中詩十五首〉，〈枕上作〉詩中提到「若問樂天憂病否，樂天知命了無憂」、〈病中五絕〉也寫到「方寸成灰鬢作絲，假如強健亦何為。家無憂累身無事，正是安閒好病時」、「世間生老病相隨，此事心

中久自知。今日行年將七十，猶須慚愧病來遲」、「交親不要苦相憂，亦擬時時強出遊。但有心情何用腳，陸乘肩輿水乘舟」，這些詩句看起來都像是白居易勘破生死，隨遇而安的態度來面對自身病況。

　　不過白居易在未中風之前，於退居洛下司分司之後，雖然年齒日增，身漸衰老，但是他還是積極地享受著肉體的愉悅，並將這些愉悅寫進詩中。例如這首詩所寫的：

> 細故隨緣盡，衰形具體微。鬪閑僧尚鬧，較瘦鶴猶肥。老遣寬裁襪，寒教厚絮衣。馬從銜草驟，雞任啄籠飛。只要天和在，無令物性違。自餘君莫問，何是復何非。（〈自詠〉，卷33：頁737。）

白居易寫此詩時，大概是六十五歲任太子少傅分司東都。在這首詩中白居易自述老況新鮮有趣。首先是寫經時間的消逝，人間已無「細故」之緣由了，也就是人間少了值得憎恨之微小的令人厭惡之事。然後，肉體衰微是逐次且全面地「具體衰微」。這兩句造語雖看似平易，但用字精準、寓意深遠，令人佩服。接下來他寫他雖愛閑靜，日子過得卻比僧侶活躍；身形雖瘦小，卻比自己養的鶴還肥腴，這也是很幽默的寫法。接著，他說因年老持續變瘦，所以襪子好像變寬了，而年老怕冷，所以他因寒而讓別人加厚絮衣。這一聯兩句也是實寫，寫衰老變瘦和畏寒的年老特色。接著，他用馬和雞作比喻，說自己像馬一樣銜著於泥土中打滾，像雞一樣啄籠飛出，得到自由。最後順勢寫出接下來兩聯，展現自己不違物性且順天和泯除是非的老年生活。此詩多描寫身體老態變化後，白居易如何適應運用衰微身軀而得到快樂的心得，是一首以詩句描寫身體的佳作。

　　同樣地描寫身體的愉悅姿態，也是少傅分司時寫的這首詩，亦令我們感到忻羨：

> 涼冷三秋夜，安閑一老翁。臥遲燈滅後，睡美雨聲中。灰宿溫
> 瓶火，香添暖被籠。曉晴寒未起，霜葉滿階紅。（〈秋雨夜
> 眠〉，卷33：頁748。）

此詩雖然未寫到身體的姿態，卻寫出了秋夜好眠的身健感受。其中，
身體肌膚對天氣變化溫度的感受，跟前一節所描述的敏銳感官感受力
呼應。屋外秋冷，但屋內有瓶火及溫暖的香被籠，伴隨著秋雨聲，雖
臥遲但熟睡，最後睡晚遲起後，看到滿階紅葉，在夜雨過後的秋晨，
饒有品味。

　　在年輕時只關注變老的形貌轉化過程，注重白髮及身軀衰弱因而
感傷，到了年老後，白居易似乎反而回過頭來欣賞自身的衰老形骸，
甚至「聞客病時慚體健」（〈偶作〉，卷33：頁760）。因為聽到別人生
病，但自己身健而感到竊喜。所以，在任少傅後的白居易，年過六十
五，對於病事已不多談，而盡量在詩中寫身健之事。這當然不是他的
身體返老回春，而是他刻意地在詩中盡量呈現生之愉悅，如這首詩
寫的：

> 閑泊池舟靜掩扉，老身慵出客來稀。愁應暮雨留教住，春被殘
> 鶯喚遣歸。揭甕偷嘗新熟酒，開箱試著舊生衣。冬裘夏葛相催
> 促，垂老光陰速似飛。（〈閑居春盡〉，卷33：頁743。）

此詩寫春夏季節交換時的日常生活情景，自然有味。在春盡時，白居
易跳脫主體，以一個客觀的視角來記錄自己當時的行為，而且是一個
孤單老人在家無人來訪的春盡日常。門掩客稀，暮雨留愁，鶯春俱
歸，是一個寂靜的送春時刻。如同本章第一節中提到的平岡武夫注意
白居易詩中有「三月盡」的吟詠主題，大致在白居易人生各階段三月
盡時，白居易均有詩送春，而基調較為感傷落寞。但是此詩卻因年老

的關係，反而有一種靜謐平和與悠然閑適的氣氛，不哀傷，反而有一種生之愉悅的感覺。在春盡日，白居易寫出自己揭開酒甕偷嘗新熟酒，淘氣活潑，接著開箱試穿舊的夏日生衣，用此量測自己肉體有無變瘦，也頗具風味。最後寫出冬天穿到春末的裘毛服裝將要換成夏天的輕薄的葛衣，季節流逝飛快。雖然意識到垂老光陰速似飛，卻也沒有太大的感傷，只是淡然地接受罷了。從這首詩中，我們可以發現白居易從鑑別肉體的衰老到能鑑賞老年人的身體及生命，從年輕時充滿對年老的畏懼感傷，到從容欣賞自己的老化衰弱，並珍惜把握可資享樂的有限肉體能力。關於白居易對自我年老的欣賞及淡然面對衰老這個態度，很值得我們逐漸邁入老年社會的現代人學習。

　　白居易在七十五歲時往生，在往生的那一年，他依然熱愛自己衰老的軀體，並仔細欣賞及繼續他所喜愛的事，過著享受生命的生活，如他死前不久所寫的這首詩：

> 壽及七十五，俸霑五十千。夫妻偕老日，甥姪聚居年。粥美嘗新米，袍溫換故綿。家居雖濩落，眷屬幸團圓。置榻素屏下，移爐青帳前。書聽孫子讀，湯看侍兒煎。走筆還詩債，抽衣當藥錢。支分閑事了，把背向陽眠。（〈自詠老身示諸家屬〉，卷37：頁855。）

此詩寫於春天時，而白居易於此年的秋天八月往生，所以此詩作於白居易往生半年前左右。此詩透顯出一派的安定與滿足，福、祿、壽三者俱全。首聯寫的是高壽及致仕後尚月領五萬的半俸，是壽與祿完滿。接下來，寫夫婦俱老、甥姪聚居、眷屬團圓，則是充分享受著人生的福分。除此之外，雖然中風，但還是可以做著自己喜歡的事，如寫詩，吃著喜歡的食物，衣著及屋內溫暖無寒，最後還能出門在戶外享受陽光曬著後背而日眠。

大概與〈自詠老身示諸家屬〉一詩差不多時間寫的這首詩，明確地寫出白居易晚年，將「自身」作為最重要的關注中心：

> 玄元皇帝著遺文，烏角先生仰後塵。金玉滿堂非己物，子孫委
> 蛻是他人。世間盡不關吾事，天下無親於我身。只有一身宜愛
> 護，少教冰炭逼心神。（〈讀道德經〉，卷37：頁857。）

此詩明確地寫出，金玉等財富固然是身外之物，不值得重視，連有血脈相連的子孫也是委蛻而生的他人而已。所以世間事與己無關，而天下最值得親近的是「我身」。詩末寫出結論，「只有一身宜愛護」，因此，白居易在愛護己身時，也仔細地觀察且鑑賞自己的身軀變化過程，並寫成詩歌吟詠記錄。

四　白居易詩中對他人品格的鑑賞書寫

白居易一生中交遊廣闊，詩文尤多與友人酬答唱和作品。朱金城在《白居易研究》一書中，〈白居易交遊考〉、〈白居易交遊續考〉與〈白居易交遊三考〉三篇考證文章，資料精確，考證工夫綿密，也將白居易詩文中出現的重要人物與白居易往來過程，作了詳盡的考索，值得參考。

不過，在這些交遊中，白居易對於友人的交情大概也有遠近親疏的差別。白居易在晚年時，曾在詩中自述：「平生定交取人窄，屈指相知唯五人」（〈感舊〉，卷36：頁826），依其詩序可知，此四人為李建、元稹、崔群及劉禹錫。前三人為白居易初入長安政壇之後的年少之交，而劉禹錫則與白居易相識於卸任蘇州刺史之後的晚年，此詩的詩序如下：

故李侍郎杓直，長慶元年春薨。元相公微之，太和六年秋薨。
崔侍郎晦叔，太和七年夏薨。劉尚書夢得，會昌二年秋薨。四
君子，予之摯友也。二十年間，凋零共盡。唯予衰病，至今獨
存。因詠悲懷，題為感舊。（〈感舊・序〉，卷36：頁826）

此詩大概寫於白居易七十一歲，劉禹錫往生不久後的會昌二年秋冬。
白居易七十五年的人生中，到晚年，自我認定的相知摯友僅有四人，
可見他說自己定交取人窄，大概是真實的自我認知。白居易年輕時，
對於自己因個性無法與人深交早有自知之明，大概在取友的標準上過
於嚴苛，交心不易，這種情形，在贈元稹的這首詩中可見端倪：

自我從宦游，七年在長安。所得惟元君，乃知定交難。豈無山
上苗，徑寸無歲寒。豈無要津水，咫尺有波瀾。之子異於是，
久要誓不諼。無波古井水，有節秋竹竿。一為同心友，三及芳
歲闌。花下鞍馬遊，雪中杯酒歡。衡門相逢迎，不具帶與冠。
春風日高睡，秋月夜深看。不為同登科，不為同署官。所合在
方寸，心源無異端。（〈贈元稹〉，卷1：頁8。）

此詩作於白居易制舉登科前後的元和元年間。從進士登科開始，到元
和元年的這七年間，白居易竟然只認定「惟元君」才稱得上知心好
友，因此他感嘆定交之難。這種詩歌寫法當然過於誇張，白居易自進
士登科後，自認為好友的何其多，其中同年登科的人，如吳丹、崔玄
亮等人，後來都成為一生摯友；之後吏部試登科及任校書郎期間，同
學、同僚多為青年才俊，這些人也都成為白居易一生最重要的人脈資
本。不過從這首詩可以看出，白居易對於擇友及品評他人之間的標
準，乃在於對於交誼堅定不移，也就是他稱讚元稹的「久要誓不
諼」。久要為舊有約定，而諼乃是改變的意思，此句指若有舊約定舊

交誼，則起誓絕不改變！然後，白居易將位高權重卻對友誼不夠忠貞
的人，比喻為「山上苗」和「要津水」，雖然位居高處和要地，卻
「無歲寒」及「有波瀾」，不值得信賴深交。接下來就描寫兩人結交
後一同遊玩、工作、學習的美好交往過程。還有，詩末的「不為同登
科，不為同署官」是反語，其實白居易與元稹得以結識並深交，就是
因為他們是同年吏部試及格的同學，還有一同任校書郎的同僚關係。
連續三年共處生活工作的情誼，年少交情，最後能持續一生。

　　白居易年輕時，寫過很多討論友情的詩，強調不因勢利而改變的
情誼，才是忠貞可貴的友情。同時，在歌頌堅定友誼的同時，也感嘆
朋友間結交到最後，可能因為雲泥分路，而使情誼生變。朋友間的情
誼無法「久要誓不諼」，讓白居易感到無比感傷。這類的詩大量出現
在他被貶江州司馬前，多數被收入並歸類到「諷諭詩」之中。從這些
詩中可以看出，重視感情的白居易，對於友情因勢利或政治見解而生
變，常令他感到悲傷。例如〈秦中吟〉十首中的〈傷友〉，便是白居
易年少時對友情可能會變質的最大感嘆：

> 陋巷孤寒士，出門苦恓恓。雖云志氣高，豈免顏色低。平生同
> 門友，通籍在金閨。曩者膠漆契，邇來雲雨睽。正逢下朝歸，
> 軒騎五門西。是時天久陰，三日雨淒淒。寒驢避路立，肥馬當
> 風嘶。迴頭忘相識，占道上沙堤。昔年洛陽社，貧賤相提攜。
> 今日長安道，對面隔雲泥。近日多如此，非君獨慘悽。死生不
> 變者，唯聞任與黎。（〈傷友〉，卷2：頁32。）

詩末最後一句白居易自註：「任公叔、黎逢」。此詩應是如同白居易在
〈秦中吟〉組詩的序中所寫的：「貞元、元和之際，予在長安，聞見
之間，有足悲者」，這應該是他當時親身的聞見。此詩明顯地感嘆年
少貧賤之交，後來一方顯貴了，卻將昔年膠漆契合的友人棄之不顧，

「昔年洛陽社，貧賤相提攜。今日長安道，對面隔雲泥」，寫出了當時普遍的世態炎涼與人情冷暖。白居易對於這種忘棄舊情，因貴賤差距而擇友的行為，以此詩來作為批判。這裡寫兩人相交，落魄的一方相當傳神，在陰雨的長安道上，自己騎乘的是蹇驢，與對方富貴而騎肥馬相比，與兩人貴賤的地位形勢相似。地位卑微的友人，在高官友人家門口等待，但是對方卻「迴頭忘相識」而裝作不認識，令人感到心寒。「今日長安道，對面隔雲泥」更是實寫，除了以雲泥比喻兩人貴賤尊卑的社會地位差距外，也呈現出兩人交情間的心理距離。最後白居易稱許的任公叔、黎逢兩人至死不渝的交情，更是凸顯白居易對於朋友相交的價值判斷在於堅定忠貞。

　　同樣在諷諭類詩中的〈寓意詩五首〉中的第三首，亦是對人與人之間的交遊無法善終而充滿感傷：

> 促織不成章，提壺但聞聲。嗟哉蟲與鳥，無實有虛名。與君定
> 交日，久要如弟兄。何以示誠信，白水指為盟。雲雨一為別，
> 飛沉兩難并。君為得風鵬，我為失水鯨。音信日已疏，恩分日
> 已輕。窮通尚如此，何況死與生。乃知擇交難，須有知人明。
> 莫將山上松，結託水上萍。（〈寓意詩五首〉之三，卷2：頁
> 37。）

這組寓意詩五首，多用動植物特性作為文學聯想的意象，來抒發白居易設定的特定寓意，此詩亦是如此。此詩以促織為蟲不織、提壺為鳥非壺起意，闡述「無實有虛名」等名實不符之事，用來比喻朋友定交，最後卻因貴賤相隔而無法維持情誼到最後。此詩與〈傷友〉一詩的寓意幾乎相同，不過，白居易在這首詩卻進一步地提出避免的方法，就是須有「知人明」，也就是在結交前，先品評對方的人格再決定要不要與之結交，詩末亦是以「山上松」喻堅定不移的品格，以「水上萍」喻舉止不定的人。

　　因為強調友情必需具備「久要誓不諼」的忠貞不二，年輕時的白居易亦重視剛毅而蔑視輕柔，而他常以寓意於物性的方法寫成詩來傳達他的看法，例如此詩：

> 拾得折劍頭，不知折之由。一握青蛇尾，數寸碧峰頭。疑是斬鯨鯢，不然刺蛟虯。缺落泥土中，委棄無人收。我有鄙介性，好剛不好柔。勿輕直折劍，猶勝曲全鉤。（〈折劍頭〉，卷1：頁12。）

白居易究竟有沒有真的拾得一個折劍頭，應該不是此詩的重點。他僅是以殘缺的折劍頭來表示，此劍毀敗折劍的原因可能是因為與巨大的鯨鯢或蛟虯為敵，不管最後成功與否，此劍終究有所殘缺，而被棄遺廢置於泥土之中。白居易以此委棄無人收的折劍頭起興，來強調自己「好剛不好柔」的他自認為的「鄙介性」，雖說自己個性鄙介，但實則自誇，而且認為因剛直最後斬怪而斷劍的直折劍，比起彎曲的曲鉤兵器更加令他敬重。

　　白居易〈折劍頭〉就是一首不以成敗論物之價值的詩。這種意見，在白居易前期收在諷諭類詩作中經常出現，例如〈李都尉古劍〉的寫法及詩旨大約也是如此：

> 古劍寒黯黯，鑄來幾千秋。白光納日月，紫氣排斗牛。有客借一觀，愛之不敢求。湛然玉匣中，秋水澄不流。至寶有本性，精剛無與儔。可使寸寸折，不能繞指柔。願快直士心，將斷佞臣頭。不願報小怨，夜半刺私讎。勸君慎所用，無作神兵羞。（〈李都尉古劍〉，卷1：頁6。）

這兩首詩都以劍來喻人或自喻，充滿了年輕白居易為實現理想而不惜

犧牲的剛毅性格。「可使寸寸折，不能繞指柔」這種為求政治上的正義而不屈服妥協的意念，其實貫穿白居易年輕時任翰林學士的仕宦生涯。為了政治上的堅持，白居易當時不惜頂撞皇帝唐憲宗，例如在《資治通鑑》中有一段記載：

> 白居易嘗因論事，言「陛下錯」。上色莊而罷，密召承旨李絳，謂：「白居易小臣不遜，須令出院」，絳曰：「陛下容納直言，故群臣敢竭誠無隱。居易雖少思，志在納忠，陛下今日罪之，臣恐天下各思箝口，非所以廣聰明，昭聖德也。」上悅，待居易如初。[12]

白居易因當時是左拾遺兼翰林學士，拾遺為供奉官，本有勸諫皇帝職責。但是像白居易這樣願意論事觸怒龍鱗者，亦不多見。白居易的這種勇於言事規諫的行為當然與他推崇剛毅不撓的堅決品行有關。

相較於對剛毅品格的推崇，白居易對於柔弱不堅定的特質便相當反感。與用劍來喻剛毅品格一樣，白居易也常用植物來批評柔弱的性格，如這首描寫凌霄木的詩：

> 有木名凌霄，擢秀非孤標。偶依一株樹，遂抽百尺條。託根附樹身，開花寄樹梢。自謂得其勢，無因有動搖。一旦樹摧倒，獨立暫飄颻。疾風從東起，吹折不終朝。朝為拂雲花，暮為委地樵。寄言立身者，勿學柔弱苗。（〈有木詩八首〉之七，卷2：頁48。）

此詩表面上以凌霄木為喻，其實在批評依附權勢毫無剛骨的人之作

---

12 〔宋〕司馬光：《資治通鑑》（北京：中華書局，1956年），卷238，頁7676-7677。

為。託物起興，藉凌霄軟弱依附他樹茁壯，來比喻那些立身不牢的軟弱者，所以此詩最末兩句，也寫出此詩的主要宗旨。白居易不僅以凌霄喻柔弱依附他木者，亦以紫藤的特色書寫，比喻那些纏繞他樹的柔弱物性的危害之處。例如此詩表面上寫紫藤，實際上在闡述柔弱不定性者的缺失：

> 藤花紫蒙茸，藤葉青扶疏。誰謂好顏色，而為害有餘。下如蛇屈盤，上若繩縈紆。可憐中間樹，束縛成枯株。柔蔓不自勝，嫋嫋挂空虛。豈知纏樹木，千夫力不如。先柔後為害，有似諛佞徒。附著君權勢，君迷不肯誅。又如妖婦人，綢繆蠱其夫。奇邪壞人室，夫惑不能除。寄言邦與家，所慎在其初。毫末不早辨，滋蔓信難圖。願以藤為戒，銘之于座隅。（〈紫藤〉，卷1：頁18。）

以紫藤纏樹為喻，投射在人世間，便成了「先柔後為害，有似諛佞徒」，具體危害的例子，像是佞臣及嬖妾，其身雖柔弱，但是依附在有權勢的君王和丈夫，纏樹之力，千夫力不如，而纏人之功，則「奇邪壞人室」，或使國與家崩毀。所以白居易還是一樣，要先知、辨這類柔弱之人物，防患於未然，不然「毫末不早辨，滋蔓信難圖」，沒有鑑別識察在先，則有可能受到危害。

白居易大概也知道自己早年的個性乃「況余方且介，舉動多忤累」（〈適意二首〉之二，卷6：頁112），經常得罪他人。不過若是經過他品鑑後覺得可以交往的友人，那麼他就全意付出，沒有懷疑。如他寫給張籍的詩自述：「我受狷介性，立為頑拙身。平生雖寡合，合即無緇磷」（〈酬張十八訪宿見贈〉，卷6：頁123），因此，白居易取友雖嚴，一旦被他認可為朋友，則依前述，必以忠貞之情回報。而且這群被認定的友人，不斷地在白居易吟詠的詩中出現，成為詩作中重要

的懷友主題書寫。例如他於下邽守喪時，類同隱居，無事之際，則於中秋明月夜懷友：

> 中秋三五夜，明月在前軒。臨觴忽不飲，憶我平生歡。我有同心人，邈邈崔與錢。我有忘形友，迢迢李與元。或飛青雲上，或落江湖間。與我不相見，於今四五年。我無縮地術，君非馭風仙。安得明月下，四人來晤言。良夜信難得，佳期杳無緣。明月又不駐，漸下西南天。豈無他時會，惜此清景前。（〈效陶潛體詩十六首〉之七，卷5：頁105）

詩中所提到的李、元、崔、錢，分別是李紳（772-806）、元稹、崔群、錢徽（755-829）。這四位都是年少之交，白居易與李紳、崔群同年歲，與元稹是同年吏部登科，與崔群與錢徽是翰林院同僚，此外李紳則在進士科登第前便已結識。白居易在詩中，將這四人稱為「同心人」及「忘形友」，可見交誼之深厚，他與此四人也真的維持了一輩子的情誼，至死不渝。

　　白居易跟元稹一生交情，除了早年元稹在監察御史任內所作所為完全符合他認為的耿直品格外，有件事大概是白居易一生感念的。當白居易在下邽守喪時，因為守喪時間過久，讓白居易處於守選狀態而沒有當官的收入，可能經濟生活出問題。此時元稹竟然雪中送炭，直接金援白居易，所以白居易寫此詩感謝元稹：

> 一病經四年，親朋書信斷。窮通合易交，自笑知何晚。元君在荊楚，去日唯云遠。彼獨是何人，心如石不轉。憂我貧病身，書來唯勸勉。上言少愁苦，下道加餐飯。憐君為謫吏，窮薄家貧褊。三寄衣食資，數盈二十萬。豈是貪衣食，感君心繾綣。念我口中食，分君身上暖。不因身病久，不因命多蹇。平生親友心，豈得知深淺。（〈寄元九〉，卷10：頁190。）

白居易喜歡在詩中寫年歲、俸祿，這曾被朱文公取笑俗氣，不過這也為唐代當時官員收入作了翔實的記錄。元稹在白居易守喪期間，雖然被貶在遠方任江陵府士曹參軍，但在白居易守喪期間，還是「三寄衣食資，數盈二十萬」，平均一次六七萬。廿萬錢在當時是什麼概念呢？白居易初任校書郎時，是「俸錢萬六千，月給亦有餘」（〈常樂里閑居偶題十六韻〉，卷5：頁91），一個月一萬六千錢；任左拾遺時，是「月慚諫紙二百張，歲愧俸錢三十萬」（〈醉後走筆酬劉五主薄長句之贈兼簡張大賈二十四先輩昆季〉，卷12：頁230），一個月二萬五千錢；任京兆府戶曹參軍時，是「俸錢四五萬，月可奉晨昏」（〈初除戶曹喜而言志〉，卷5：頁98），一個月大約四萬五千，跟元稹任江陵府士曹參軍時一樣。也就是說，元稹寄了當時將近四個半月的全月俸給在下邽守喪的白居易。在白居易「親朋書信斷」的艱難時期，元稹給了白居易極大的金錢資助，這也讓白居易感念在心，也符合他對友人結交時忠貞不二的品格要求。

　　白居易因歸屬於主和派，而被以細故緣由貶江州後，對仕宦之志心灰意懶。本來積極向上想在政壇上有一番抱負的志氣，幾乎完全消除。在貶謫江州前期，他還寫過這類的喪氣詩作：

> 賈生俟罪心相似，張翰思歸事不如。斜日早知驚鵩鳥，秋風悔不憶鱸魚。胸襟曾貯匡時策，懷袖猶殘諫獵書。從此萬緣都擺落，欲攜妻子買山居。（〈端居詠懷〉，卷16：頁334-335。）

貶江州司馬時白居易自比為賈誼待罪長沙，而無法如同張翰因秋風起而思念家鄉菜餚味便歸鄉。這使得白居易對早年任翰林學士時抱有匡時濟民及勸諫皇帝的遠大理想志向，因左遷江州而消失殆盡。當然，此刻如同前文所說的，白居易開始興起委順及吏隱的想法，而且也在此刻，他對他人的品格評價標準，也從著重剛毅、鄙視柔弱，扭轉成

以柔順為主的價值。甚至年少所重視的仕宦成就，在江州時期也蕩然無存：

> 宦途自此心長別，世事從今口不言。豈止形骸同土木，兼將壽夭任乾坤。胸中壯氣猶須遣，身外浮榮何足論。還有一條遺恨事，高家門館未酬恩。（〈重題〉，卷16：頁343。）

從這首詩可以看出白居易在仕途上的消極與沮喪。這也是受到極大打擊後之人灰心的狀態。當然，年輕時高舉著寧可劍折也要斷卻佞人頭為國除害，就算犧牲也在所不惜的白居易，此刻反而刻意地要求自己「胸中壯氣」必須消除。消極處世，連形骸壽命都不在意，遑論宦途與世事？因此，白居易反而在中年後，由剛強轉為柔順的處世態度，這也影響對他人評判觀感的標準。

在離開江州遷忠州刺史後，再回到朝中先任職郎官，再以知制誥任職中書省，最後再真除中書舍人的白居易，於五十歲穆宗長慶元年時到達人生第二次仕宦高峰。此時憲宗初薨，穆宗重用元白及其周遭友人，白居易此刻於長安任中書舍人算是人生中最快樂的時期。他在五十歲時著緋，也就是文散官至五品朝散大夫，官可蔭一子，正式進入唐王朝中高階官員的行列，不用再「守選」。當他著緋最得意時，寫了詩向兩位好友誇耀其掩藏不住的興奮：

> 命服雖同黃紙上，官班不共紫垣前。青衫脫早差三日，白髮生遲校九年。曩者定交非勢利，老來同病是詩篇。終身擬作臥雲伴，逐日須收燒藥錢。五品足為婚嫁主，緋袍著了好歸田。（〈酬元郎中同制加朝散大夫書懷見贈〉，卷19：頁409。）

此詩是寫給元宗簡的詩。由詩題中可知，兩人升五品朝散大夫文散階

是同制發出告身，但白居易時任中書舍人，為北省中書省官員，而元宗簡任郎中，為南省尚書省官員，因此不同「官班」。次聯則是開元宗簡的玩笑，因為白居易為北省官員（北官位於皇宮中），因此比元宗簡早三日得到告身，得以早脫青衫換著緋衫，而相形之下，白居易還比元宗簡年輕九歲。也就是白居易以較年輕之歲數更早三日得到升階告身的意思。此詩對於同時升五品文散階的元宗簡，在詩作的後半竟然是相約日後歸隱，全無在仕宦上做出功績的彼此期許。從此亦可知白居易中年以後真的已將胸中浩然壯氣消除排遣了。同樣地，在同時寫給元稹的詩亦有相似的消極感覺：

> 晚遇緣才拙，先衰被病牽。那知垂白日，始是著緋年！身外名徒爾，人間事偶然。我朱君紫綬，猶未得差肩。（〈初著緋戲贈元九〉，卷19：頁409。）

面對年少有正直聲名的摯友元稹，此時兩人一任中書舍人，一任翰林學士，均深受皇帝唐穆宗的賞識，元稹亦於不久後拜相，達到仕途的頂點。但是白居易在此詩中，卻不再推崇元稹在政治上的功績和志氣，反而消極地寫出「身外名徒爾，人間事偶然」這種接近命定論的句子，年少「好剛不好柔」的志氣也已消逝。最後兩句更是俗氣地比較自己的緋衫和元稹的紫綬，認為自己當官升遷的速度不及友人。白居易當然非常清楚自己這種想法趨於頹唐消沈，這在他在同時寫給自己妻子的詩中可以看出：

> 弘農舊縣授新封，鈿軸金泥誥一通。我轉官階常自愧，君加邑號有何功。花箋印了排窠溼，錦褾裝來耀手紅。倚得身名便慵墮，日高猶睡綠窗中。（〈妻初授邑號告身〉，卷19：頁411。）

此詩是白居易妻子被授弘農縣君（因為她姓楊）時所寫的詩。白居易因為妻被敕誥封君而得到告身（證書），他幽默地感嘆「我轉官階常自愧，君加邑號有何功」，對於自己加階五品文散官可以著緋，白居易有著「自愧」之心，為何？乃是他此時已於仕宦一事不積極的緣故。不熱衷任官卻升了官，沒有任何功勞在國家生民，只是嫁了白居易便得到弘農縣君的邑號，這對白居易來說，兩人「倚得身名」，妻倚靠白居易之身，而白居易倚靠自己的「身外名」，因此兩人可「慵墮」。只是「慵墮」後，接下來的人生價值不建立在世人認可的世俗標準，那麼接下來要過著怎麼樣的生活？是白居易在五十歲時思考的人生課題。

對於白居易而言，左遷江州時期，當然造成他在仕途上的一大打擊，但在長慶年間受穆宗重用，卻使他再度燃起了想在政壇奮發的衝勁。但是在長慶年間，元稹愈趨熱衷爭名奪權，甚至無所不用其極。雖然位極人臣，元稹登上了相位，卻也讓朝野因其依附宦官和許多不磊落的政治手段，讓「朝野輕笑之」。在五十歲出頭擔任中書舍人的白居易，面對昔日剛直的好友漸漸變調，口中不言，但大概也對元稹有所不滿。在元稹與裴度兩人發生強大政爭雙雙罷相後，白居易也被穆宗依政治連帶責任，外放到杭州任刺史了。自此，白居易幾乎完全心灰意懶，無心於政途。接下來，杭州刺史後，白居易漸漸想遠離長安政壇，往其心中的「無事」閑適的人生生活方式前進。等到他最後依其累積的豐厚政治資本求得分司官後，白居易便拋下早年對他人嚴格品鑑的標準，「眼前隨事覓交親」，在洛陽履道坊求得酒友、琴友、石友、茶伴，取友標準漸寬，這也讓他的晚年生活，呈現熱鬧而富趣味的狀況。

第四章
詩人品味的追求：吃穿用度

一　詩人的食物品味

　　本章的寫作，大致在探討白居易生活品味如何落實在食衣住所上。關於這方面的研究，日本漢學家下定雅弘已於《白楽天の愉悅——生きる叡智の輝き》下編中的第三章〈衣食住〉中有頗為詳細的整理，而埋田重夫的《白居易研究——閑適の詩想》一書中，特闢一章專論白居易各時期的居所。此二書均有中國大陸的漢譯本，閱讀起來相當方便。本章便在兩位日本漢學家的研究基礎上，另以品味的角度作為切入點，再度思索及補充兩位前輩相關的研究。[1]

　　據下定雅弘研究，白居易喜歡魚勝於肉，而且喜歡許多蔬菜，其中尤愛竹筍。在白詩中有多首講到竹筍的烹調方法，主食以紅稻米飯為主，五十以後也喜歡吃粥，而且會在粥中加入雲母及胡麻、黃耆、地黃等藥用植物，而晚年前是一日二食，到了晚年則一日一食為主。[2]關於這些資料，下定雅弘僅是把這些詩作當成論述的資料加以佐證，除了竹筍烹調料理的部分解釋地較為詳細，其他大部分的食物都是扼要地例舉，少見闡述分析白居易對這些食物較為細微的看法，相當可惜。不過下定雅弘所舉的這些食物，其獨到的眼光，已足以讓我們信服，而且還可以深入探討。

1　此外，楊宗瑩也曾對白居易的飲食作過開創性的整理研究，請參見楊宗瑩：〈白居易的飲食習慣〉，《中國學術年刊》第8期（1986年6月），頁233-241。尤其論及紅稻、筍及魚的部分，更是讓本文助益頗多。

2　〔日〕下定雅弘著、李寅生譯：《白樂天的世界》（南京：鳳凰出版社，2017年），頁115-120。

　　飲食男女，是人類的基本欲求。但是古代傳統詩人比較少將食欲及性欲作為書寫的主題，因為「食、色」跟「言志」及「抒情」傳統大相逕庭。同樣地，白居易在年輕時的詩作，也較少描寫到飲食之事。不過，白居易較早期時對於奢華的想像，在很多場合都以食物的食材來表現。例如此詩所描寫的：

　　東道常為主，南亭別待賓。規模何日創？景致一時新。廣砌羅紅藥，疏窗蔭綠筠。鎖開賓閣曉，梯上妓樓春。置醴寧三爵，加籩過八珍。茶香飄紫筍，膾縷落紅鱗。輝赫車輿鬧，珍奇鳥獸馴。獼猴看櫪馬，鸚鵡喚家人。錦額簾高卷，銀花盞慢巡。勸嘗光祿酒，許看洛川神。（周兼光祿卿，有家妓數十人。）斂翠凝歌黛，流香動舞巾。裙翻繡鸂鶒，梳陷鈿麒麟。笛怨音含楚，箏嬌語帶秦。侍兒催畫燭，醉客吐文茵。投轄多連夜，鳴珂便達晨。入朝紆紫綬，待漏擁朱輪。貴介交三事，光榮照四鄰。甘濃將奉客，穩暖不緣身。十載歌鐘地，三朝節鉞臣。愛才心倜儻，敦舊禮殷勤。門以招賢盛，家因好事貧。始知豪傑意，富貴為交親。（〈題周皓大夫新亭子二十二韻〉，卷15：頁303-304。）

　　此詩寫於白居易四十四歲任太子左贊善大夫時。這首廿二韻的詩，完全藉周皓家中的吃穿用度細節，來展現白居易對於富貴的想像。此詩雖是歌功頌德的作品，不過對於唐人功成名就後展現在物質上的享受，其實描寫地相當精準。富貴後展現的外在形象所必須具備之物質生活，首先是要有獨立於主建物之外的「南亭」（獨立有屋頂的小房間）以接待賓客親友，[3] 周邊要種紅藥及綠竹（長安竹篁相當稀少，

3　關於唐代的「亭」建制功用等相關論述，可參見曹淑娟：〈唐代官亭的建制及其書寫〉，《臺大中文學報》第67期（2019年12月），頁52-65。

所以珍貴），而且要有能讓賓客過夜的房間，還有主建物必須是二樓以上的建築，二樓上可供納妓歌舞宴遊。這是富貴人士必備炫耀式的居住條件。接下來是富貴的飲食：須有醇厚的醴酒，而且要準備得夠多，才能夠酒過三巡，而且能以八珍等獸肉佳餚來展現不同於尋常的食物。此外，還要有生魚料理（膾）、茶飲及紫筍。家中要飼養珍奇的鳥獸，如獼猴、鸚鵡，當然還要有肥馬。門簾要用「絲錦」編成，酒杯要用「銀花盞」。接著，富貴人家中要有專屬的「家妓」，以便提供歌舞聲色之娛。接下來白居易開始寫家妓衣著、裝飾及歌舞表演的美伎。最後寫周皓宴遊終夜後，清晨直接騎著鳴珂的櫪馬早朝，身著金章紫綬顯然是高官顯宦，而且能和三公（三事）論交，表示其官運亨通，而三朝均兼節度使（節鉞），也展現受君王重用，才能維持其「十載歌鐘」的富貴生活。最後四句，寫出了白居易對周皓富貴的佩服及羨慕，也就是招賢宴遊待客，雖然耗費不貲，但卻能讓家門興盛，而富與貴，能像交親般靠近周皓，乃因周皓具備豪傑的氣質及性格。

　　從此詩來看，白居易心中想像的富貴後吃穿用度生活樣貌大概就是跟周皓家的一樣。對於飲食，在〈輕肥〉一詩中，白居易想像中豪奢的軍中宴也是「罇罍溢九醞，水陸羅八珍。果擘洞庭橘，膾切天池鱗。」（〈輕肥〉，卷2：頁33），對於富貴人家的食物，白居易還是僅舉得出「八珍」，此外多出橘子和生魚片（膾）。對白居易而言，在他詩中鮮少出現珍貴食材的食物種類，這也可能跟他不是出身富貴人家，對於他年輕時於詩中自稱「苦乏衣食資，遠為江海游」（〈將之饒州江浦夜泊〉，卷9：頁177），應該比較難接觸到名貴的食材。所以白居易年輕時詩中出現的珍貴食材料理，就都只用「八珍」來籠統概括，不然就再多出一些如茶、膾、筍、橘等這些眾所皆知的珍貴食材來湊數。因為富貴家筵席上的料理，白居易大致要任官之後才能以賓客的身分接受招待時才能吃到。

　　因此，白居易詩中大量出現蔬食，江州後出現筍子，其實都是他

年少貧乏、經濟不富裕的寫照，或是他用蔬食來當成自己甘於貧窮生活的說詞。「蔬食」一詞的頻繁出現，可能僅是指物質生活條件的貧乏，而不是白居易真的特別喜歡吃菜蔬，例如以下的詩例：

> 日高人吏去，閑坐在茅茨。葛衣禦時暑，蔬飯療朝飢。持此聊自足，心力少營為。(〈官舍小亭閑望〉，卷5：頁95。)
>
> 人生未死間，不能忘其身。所須者衣食，不過飽與溫。蔬食足充飢，何必膏粱珍？繒絮足禦寒，何必錦繡文？(〈贈內〉，卷1：頁15。)
>
> 朝飢有蔬食，夜寒有布裘。幸免凍與餒，此外復何求？寡欲雖少病，樂天心不憂。何以明吾志？周易在床頭。(〈永崇里觀居〉，卷5：頁93。)
>
> 置心世事外，無喜亦無憂。終日一蔬食，終年一布裘。寒來彌懶放，數日一梳頭。朝睡足始起，夜酌醉即休。人心不過適，適外復何求。(〈適意二首〉之一，卷6：頁111。)
>
> 旦暮兩蔬食，日中一閑眠。便是了一日，如此已三年。心不擇時適，足不揀地安。窮通與遠近，一貫無兩端。(〈答崔侍郎錢舍人書問因繼以詩〉，卷7：頁138。)

以上這些詩作，〈官舍小亭閑望〉作於盩厔尉時；〈贈內〉、〈永崇里觀居〉作於左拾遺兼翰林學士時；〈適意二首〉作於下邽守喪時；〈答崔侍郎錢舍人書問因繼以詩〉則作於江州司馬時。在這些詩作中，白居易通常將「蔬食」及「布裘」、「葛衣」、「繒絮」等並列，與「膏粱」及「絲帛」相對，製造出物質不富裕的安貧生活。所以在早期白詩中出現的蔬食，可能不能認為白居易喜歡蔬食，而是要理解白居易不斷強調安於平淡，他只要能滿足溫飽的基本生理需求，則無多餘的物欲。

　　不過，白居易中年被貶江州，在江州待了四年後，或許真心地喜歡上了蔬食，尤其是竹筍。從上文可知，北方出身的白居易，本來就不容易在家鄉及任官的長安吃到竹筍。中國華中、華北的竹筍是珍貴食材，所以白居易會在書寫富貴人家的宴筵中，數次視竹筍為珍貴的食材。這是因為北方竹子稀少，竹筍得來不易，物以稀為貴。何況，竹筍注重鮮度，有賞味期限的時效性，不似橘子可以久放，經長途運送也不減其風味。因此，李商隱的〈初食筍呈座中〉詩中一開始便寫出：「嫩籜香苞初出林，於陵論價重如金」，可見竹筍在華中以北地區的珍貴性。不過白居易被貶江州後，除了可以親近他非常喜歡的杜鵑花外，能在餐食中吃到竹筍，也讓他感到非常愉快，如他寫的這首詩：

　　　　此州乃竹鄉，春筍滿山谷。山夫折盈抱，抱來早市鬻。物以多
　　　　為賤，雙錢易一束。置之炊甑中，與飯同時熟。紫籜坼故錦，
　　　　素肌擘新玉。每日遂加餐，經時不思肉。久為京洛客，此味
　　　　常不足。且食勿踟躕，南風吹作竹。（〈食筍〉，卷7：頁135-
　　　　136。）

關於這首詩，筆者認為關鍵句子是「物以多為賤，雙錢易一束」，除了感嘆在中國北方乃珍貴食材的竹筍，卻因為南方物候適合種植，而變成價格低賤的食材。白居易以食筍一事，來安慰自己遠貶南方的無奈，若不是身處春筍滿山谷的江州，便無法以極低的價格每餐都吃竹筍。此詩有寫到料理竹筍的方法：「置之炊甑中，與飯同時熟」，卻沒有描寫這道佳餚的滋味，反而書寫其漂亮的煮熟後之外觀：「紫籜坼故錦，素肌擘新玉」，描寫得相當華麗。關於此詩，下定雅弘有一段有趣的見解，值得我們參考：

與我們做的竹筍飯稍有不同的是，白居易使用的是相當標準的
調理方法。他剝去筍皮和米一起煮熟，於是飯中帶竹筍的香
味，可能像茱萸的味道一樣了。一口氣把竹筍吃完，就是對白
居易吃飯姿態的想像。[4]

除了一口氣將竹筍吃完不太合理外，其餘對白居易烹飪竹筍的描寫，
都相當準確。不過不論如何，至江州後的白居易，開始在詩中描寫
如何烹煮食材，這在早期僅將食材品名列出，或直接用八珍來概括有
著極大的不同。除了料理竹筍，在江州時白居易也寫過一首料理蔬菜
的詩：

> 昨臥不夕食，今起乃朝飢。貧廚何所有，炊稻烹秋葵。紅粒香
> 復軟，綠英滑且肥。飢來止於飽，飽後復何思。憶昔榮遇日，
> 迫今窮退時。今亦不凍餒，昔亦無餘資。口既不減食，身又不
> 減衣。撫心私自問，何者是榮衰。勿學常人意，其間分是非。
> （〈烹葵〉，卷7：頁139。）

葵菜，又稱滑菜、冬莧菜、秋葵、冬葵，在明代之前是五菜之主，乃
民間經常食用的菜蔬。此詩以烹葵為題，雖然隱寓古今榮辱齊一，不
用太過回憶往日榮華而悲嘆時下的左遷，不過此詩一開始也寫出了白
居易如何烹煮葵菜。和煮竹筍不一樣，煮筍子的做法是「置之炊甑
中，與飯同時熟」，用水同時將炊甑中的筍子和米飯一起煮熟。但秋
葵則是用「烹」的料理方法，也就是用油炒，而稻則是用水炊煮，兩
者分別料理。此詩重要的是，白居易寫出了食物的「滋味」。在他前
期的詩作中，若出現食物，白居易不太描寫其滋味。雖然只有短短兩

4　〔日〕下定雅弘著、李寅生譯：《白樂天的世界》，頁116。

句，「紅粒香復軟，綠英滑且肥」，也精確地將稻米和秋葵的形貌滋味呈現出來。關於此詩所展現出來的白居易食物品味，在引述此詩後，日人興膳宏接著也有不錯的詮釋：

> 任江州司馬一職，可以說是白居易一生中最不得志的一段經歷，但關於飲食生活的研究，一直到晚年他幾乎都沒有怎麼改變過。即使看到粗糙的食物，他也能品到其中的香味，這確實十分難得。[5]

仔細地品味食物的滋味，並寫入詩中，成為自己對所吃食的食物的喜愛和尊重，寫成詩後，將吃食的經驗轉化為文學美感，也讓讀者感動，我想，這就是白居易這位詩人的食物品味吧。

在白詩中，就算詩題是〈烹葵〉，內容雖然會提及食材料理及菜餚滋味，不過食物本身都不是詩作的核心題材。食物的出現，都僅是襯托白居易所要強調的知足閑適的生活。如他在江州時拜訪當地友人，便以對方所招待的菜蔬食物來展現友人淡泊寡欲的高潔生活：

> 蘋小蒲葉短，南湖春水生。子近湖邊住，靜境稱高情。我為郡司馬，散拙無所營。使君知性野，衙退任閑行。行攜小榼出，逢花輒獨傾。半酣到子舍，下馬扣柴荊。何以引我步？繞籬竹萬莖。何以醒我酒？吳音吟一聲。須臾進野飯，飯稻茹芹英。白甌青竹箸，儉潔無羶腥。欲去復徘徊，夕鴉已飛鳴。何當重遊此，待君湖水平。（〈過李生〉，卷7：頁135。）

此詩閑淡有味，當然從江州司馬悠閑無職責在身，於春天漫遊江州南

5　〔日〕興膳宏著、李寅生譯：《中國古典文化景致》（北京：中華書局，2005年），頁90。

邊湖畔後拜訪當地友人的自在情境，到一路飲酒微醺賞花抵達友人住處。詩的前半段書寫自己輕鬆愉快的散步旅程，令人讀後心曠神怡。接著寫友人住處多竹、友人擅吳音吟詩，也呈現友人風雅的一面。最後寫友人招待的「野食」，有稻飯和芹英，簡單的食材，卻置放於乾淨食器「白甌青竹箸」，因此顯得儉潔而無羶腥之味。在此處，蔬食已不是物質貧乏的象徵，而是潔淨無羶腥肉味餘嗅的食物，成為高潔隱士的表徵。

　　白居易到了江州之後，因為在江州盛產竹筍，物以多為賤，讓久為京洛客的白居易每日都能以筍加餐。若是在京洛，竹筍的物稀珍貴，想必不能讓白居易大快朵頤。同樣地，魚類等水產鮮味亦是如此。白居易早期詩中鮮少出現吃魚的詩作，開始出現魚料理，是他貶江州時在長江的船上「秋水漸紅粒，朝煙烹白鱗」（〈初下漢江舟中作寄兩省給舍〉，卷8：頁154）、「船頭有行灶，炊稻烹紅鯉」（〈舟行〉，卷6：頁127）。對於左遷長江江畔的江州，白居易可以經常吃到魚，而且常常是在船上直接捕捉烹煮而食。除了前兩首詩例外，連去李建的船上也能「小榼酤清醑，行廚煮白鱗」（〈風雨中尋李十一因題船上〉，卷16：頁333），而且白居易還竊喜「溢魚賤如泥，烹炙無昏早」（〈首夏〉，卷10：頁202），對於在江州隨時可以吃到魚，白居易感到無比的歡喜。

　　白居易能在江州大啖竹筍及河魚，乃因為江州盛產竹筍，而且緊臨長江及溢水和其他九江。還有，江州亦是魚米之鄉，物產豐饒，因此在江州吃魚、啖筍，甚至能吃到盧橘，乃因地處江南，這些食材易得且便宜。若是白居易歸京洛，詩中再出現這些食材，則必須思考白居易詩中出現這些食材必須負擔的經濟代價。如同白居易自己在江州時說的：「綠蟻杯香嫩，紅絲膾縷肥。故園無此味，何必苦思歸」（〈春末夏初閒遊江郭二首〉之二，卷16：頁332），當白居易離開左遷的江州回到京洛故鄉後，他在江南喜好的食材，在洛陽都將所費不貲。

在離開待了四年的江州赴任忠州刺史的路上，白居易寫了一首長詩向胞弟白行簡抒情述志，其中有一段竟然在書寫一路於長江乘船時旅程中的飲食：

> 壺漿椒葉氣，歌曲竹枝聲。繫纜憐沙靜，垂綸愛岸平。水餐紅粒稻，野茹紫花菁。甌汎茶如乳，臺黏酒似餳。膾長抽錦縷，藕脆削瓊英。容易來千里，斯須進一程。未曾勞氣力，漸覺有心情。臥穩添春睡，行遲帶酒醒。忽愁牽世網，便欲濯塵纓。
> （〈江州赴忠州至江陵已來舟中示舍弟五十韻〉，卷17：頁374-375。）

首先是在船上的日常飲用水有摻雜椒葉，是一種養生飲品，大概是長江沿岸特別的飲料。謝思煒注此處時，引《太平御覽》的記載，蜀、吳一帶人有煮其葉為茶茗。接著寫船上景緻及飲食，主食為紅稻米，但是「紫花菁」卻不知是何物，筆者猜想可能是紫藤花。在中國華中、華北地區常摘紫藤花煮食，而且白居易由江州赴忠州時間乃三月，正是長江沿岸紫藤花盛開時期。「甌汎茶如乳，臺黏酒似餳」則寫用瓷器飲用煮好的抹茶，而茶沫似白乳，酒因為過甜似餳，而使得酒杯杯底感覺黏黏的。最後寫生魚肉切成條狀，像錦帛細長的潔白絲縷，而生蓮藕削片，看起來像瓊玉一般美麗。值得注意的是，白居易此詩中所列舉的食物飲品，都是南方特有，因此白居易才會有「容易來千里，斯須進一程」，對於離故鄉千里之遙來任官，白居易以能吃到南方特有食物來安慰回不了故鄉的悵惘。

當然，白居易遠離家鄉時，偶爾也會懷念家鄉北方的食物，那就是「餅」。例如他任忠州刺史時，曾經親自做炸餅，完成後得意地寄給鄰州的萬州太守楊歸厚（776-831），請對方品評是否具有長安的家鄉味：

　　胡麻餅樣學京都，麵脆油香新出爐。寄與飢饞楊大使，嘗看得
　　似輔興無？（〈寄胡餅與楊萬州〉，卷18：頁382。）

在四川的忠州，回憶起家鄉味時，吃著京都盛行的胡麻餅，[6]與長安
人楊歸厚一起於三峽中的巴地懷念北方故鄉京洛。

　　不過白居易晚年退居洛下分司東都後，卻依然維持其江南喜好的
食物品味，例如喜歡竹筍、好食稻飯，還有愛魚更勝於肉。只是在洛
陽附近，這三樣都是難得價高的食材。值得注意的是，白居易自五十
歲任中書舍人後，對佛教信仰更加虔誠，而且與後來任宰相的韋處厚
（773-828）在此時同受八戒與十齋：

　　長慶初，俱為中書舍人日，尋詣普濟寺宗律師所，同受八戒，
　　各持十齋。（〈祭中書韋相公文〉，卷69：頁1453。）

所謂的「八戒」，即「八關齋戒」，乃佛教在家眾精進修持所必須遵守
的戒律，為五戒的進階，內容為：「不殺生，不偷盜，不淫逸，不妄
語，不飲酒，不著華鬘香油塗身，不歌舞觀聽，不坐臥高大廣床，不
非時食。」其中最後一戒便是過午不食，那當然也是要茹素。而「十
齋」則是「在農曆每個月的初一、初八、十四、十五、十八、廿三、
廿四、廿八、廿九、三十這十天齋戒」，換言之，每個月有三分之
一，十天的時間必須守八戒。此外，白居易五十以後，亦守「三長齋
月」，也就是指正月、五月、九月等三個月長期間持齋。[7]如他寫給皇
甫曙的詩：「正月晴和風景新，紛紛已有醉遊人。帝城花笑長齋客，

6　日本漢學家青木正兒，引用東漢劉熙的《釋名》、《初學記》、《齊名要術》等許多文
　　獻，對「胡餅」、「麻餅」作了一番有趣的考據，見〔日〕青木正兒著、范建明譯：
　　〈愛餅說〉，《中華名物考（外一種）》（北京：中華書局，2005年），頁235-237。
7　關於白居易晚年持齋，下定雅弘有相當詳細的論述，見〔日〕下定雅弘、李寅生
　　譯：《白樂天的世界》，頁131-136。

二十年來負早春」（〈早春持齋答皇甫十見贈〉，卷34：頁769），此詩作於開成三年（838），往回推廿年，則是元和十五年（820），白居易任主客郎中知制誥時期，符合與韋處厚俱為中書舍人受戒時間。那麼十齋與三長齋月必須茹素及過午不食的白居易，時間算起來，大約一年只有一半的時間可以不用茹素，但正常一日兩食及葷食。白居易持齋的一日一食之餐食，還是以簡單的菜餅為主，如他詩中所寫的：「午齋何儉潔，餅與蔬而已」（〈晚起閑行〉，卷36：頁824），只食餅蔬，對白居易而言不是寒愴，而「儉潔」。因為持十齋及三長齋月，就算正月時，白居易家中的食物也是「二日立春人七日，盤蔬餅餌逐時新」（〈六年立春日人日作〉，卷37：頁856），新正期間的新春，還是蔬餅二樣「儉潔」。

　　雖然齋居時必須茹素，但是白居易的食物也不隨便，最少要是「甘鮮新餅果」（〈齋居偶作〉，卷37：頁856），要不然就要有「黃耆數匙粥，赤箭一甌湯」（〈齋居〉，卷8：頁646）。不過白居易有趣之處在於，他常在持齋後開葷時，很高興地在詩中寫出他可以吃到「加籩」，也就是加味的食物，尤其以能吃到魚肉，讓他感覺到特別快樂：

> 睡足肢體暢，晨起開中堂。初旭泛簾幕，微風拂衣裳。二婢扶
> 盥櫛，雙童舁簟床。庭東有茂樹，其下多陰涼。前月事齋戒，
> 昨日散道場。以我久蔬素，加籩仍異糧。魴鱗白如雪，蒸炙加
> 桂薑。稻飯紅似花，調沃新酪漿。佐以脯醢味，間之椒薤芳。
> 老憐口尚美，病喜鼻聞香。嬌騃三四孫，索哺遶我傍。山妻未
> 舉案，饞叟已先嘗。憶同牢巹初，家貧共糟糠。今食且如此，
> 何必烹豬羊。況觀姻族間，夫妻半存亡。偕老不易得，白頭何
> 足傷。食罷酒一杯，醉飽吟又狂。緬想梁高士，樂道喜文章。
> 徒誇五噫作，不解贈孟光。（〈二年三月五日齋畢開素當食偶吟
> 贈妻弘農郡君〉，卷36：頁825。）

這首詩大概是白居易詩中描寫食物最為詳細的一首詩。此詩詩題是「三月五日」，而詩中又寫「前月事齋戒」，那麼這就表示，白居易在會昌二年這一年的正月（三長齋月其中一個月）、二月都持齋茹素，已經二個月沒有葷食了。因此家人特別為七十一歲的白居易準備加籩宴席。首先白居易介紹開齋後的第一道菜餚便是魚料理，而且此魚料理不是「鱠」的生魚料理，而是加月桂葉和薑片後進行蒸炙的蒸魚，這樣可以除去河魚的腥味及增加滋味。接下來寫紅稻煮成並以牛奶酪漿調味的米飯，第三樣菜餚便是脯醢，也就是乾肉肉醬的醃肉料理。值得注意的是脯醢本來就珍貴，但是魴魚及紅稻米飯，在當時洛陽也是難得的食材。白居易曾在詩中歌詠他常吃的魚飯，分別來自洛陽附近的陸渾和伊水：「紅粒陸渾稻，白鱗伊水魴。庖童呼我食，飯熱魚鮮香」（〈飽食閑坐〉，卷30：頁675），洛陽附近的州縣如昌谷、伊闕，陸渾雖然有水田產稻，[8]不過洛陽附近畢竟緯度較高，糧食生產還是以麥、高粱等耐旱穀糧為主。此外，洛陽南邊的伊水所撈捕的魚，運送到白居易洛陽履道宅也需要一段路程。要在洛陽吃到伊水魴，也不是常人經濟能負擔得起的食物。喜食米稻、河魚，應該都是白居易對江南時光的回憶。此外，就算是肉類的料理，白居易也翔實地寫出家人使用「椒薤」等佐料來烹煮，薤為佛教所列的五辛葷菜之一，而椒具味覺刺激性，用以調理肉類，可讓肉類料理更具滋味。但「佐以脯醢味，間之椒薤芳」，便是白居易詩中經常出現的「葷腥」或「葷羶」，是葷菜和肉類的合稱，乃齋戒期不得食用的主要食物。[9]

白居易晚年所吃的竹筍，料理方式乃是用「炮」，在詩中有「烹葵炮嫩筍，可以備朝餐」（〈夏日作〉，卷30：頁688）、「炮筍烹魚飽餐

8　相關考證可參閱簡錦松：《山川為證：東亞古典文學現地研究舉隅》（臺北：國立臺灣大學出版中心，2018年），頁322。

9　關於白居易的齋戒較為詳細的研究，可以參看〔日〕下定雅弘著、蔣寅譯：〈白居易的齋戒〉，收於《中唐文學研究論集》（北京：中華書局，2014年），頁63-70。

後」（〈初致仕後戲酬留守牛相公并呈分司諸寮友〉，卷37：頁844），「炮」大概是燉煮的料理方式，這兩例都是白居易六、七十歲時的作品，大概晚年齒落後，必須久煮悶軟竹筍才容易入食，早年的詩作並沒有「炮筍」的例子。不過從這裡也可以看出，白居易到了晚年，就算齒落無法嚼食硬的筍子，因為對於竹筍的喜愛，還是用悶燉方式將竹筍煮軟食用。喜歡竹筍是自江州以來的嗜好，就算回到京洛，依然保有食筍的習慣。

白居易因為信仰佛教，晚年長期守齋，但是從早年開始，對於食材便相當講究，口味偏向清淡但注重新鮮。中年從江州到忠州和接下來杭州、蘇州，江南的食物如竹筍、米飯及河魚，成了白居易退居洛下後最常出現在詩中的食材。但是這三樣食材在北方洛陽都屬珍貴的東西，白居易喜好這些食物而不太偏好北方的餅餌及肉食，從另方面也可見其品味。在吃著這些食物時，白居易應該也一方面緬懷當時在江南生活的點滴回憶。最後，興膳宏甚至將白居易與杜甫相比較，並且認為白居易是「美食家」（gourmet），我們就引用興膳宏的說法來結束本節：

> 以整體而言，白居易的詩歌對飲、食生活的描寫，與杜甫完全不同。他是以一個美食家的眼光來看待這類問題的。[10]

對日本漢學家興膳宏這個異國讀者而言，白居易不僅是優秀的詩人，也是個有飲食品味的美食家！

二　對服裝的重視

由於唐代還是中古封建時期的士族社會，庇蔭制依然是主要入仕

10　〔日〕興膳宏著、李寅生譯：《中國古典文化景致》，頁80。

途徑，因此與身分、官品相關的禮法規定嚴格，並具體展現在士人外在的輿服上，讓人一見便可知此人的社會地位。因為輿服是唐代士人最重要的身分官位表徵，所以《舊唐書》中有〈輿服志〉，而《新唐書》中有〈車服志〉，在在都彰顯輿服在唐代社會中的重要性。

唐代官員依場合所穿著的衣服種類，如李怡所分，大致上可分以下幾類：

> 祭服，助祭及祭祀之服飾；朝服，朝饗、拜表等大事之服飾；公服，公事及朔望朝謁等場合之服飾；常服，日常之服飾；賜服，皇帝賞賜文官之章服等。[11]

不同場合衣飾穿著均有規定，依照品階有所差別，而且規定極嚴。唐代詩人寫詩，雖有提及衣飾輿馬，但大多偶一為之，不過白居易卻是經常性地將自己及他人的服飾及輿馬寫進詩中，可見他對於官階品位的重視及在乎。

朝服、公服、常服及賜服四類，在白居易詩中最常出現的是常服。因為朝服穿著的場合最少，所以朝衣在白居易詩中，經常作為典當的擔保品，以換取現金來應急，支付生活開銷或酒錢，尤其在下邽守喪時，因為沒收入，所以就出現了典當朝衣的詩句：

> 賣我所乘馬，典我舊朝衣。盡將酤酒飲，酩酊步行歸。（〈晚春酤酒〉，卷6：頁112。）
> 朝衣典杯酒，佩劍博牛羊。（〈渭村退居寄禮部崔侍郎翰林錢舍人詩一百韻〉，卷15：頁296。）

---

11 李怡：《唐代文官服飾文化研究》（北京：知識產權出版社，2008年），頁4-5。此外，關於冕服、朝服、公服、常服等更為精確的定義及圖樣解說，可參考孫機：〈兩唐書輿（車）服志校釋稿〉，收於《中國古輿服論叢（增訂本）》（上海：上海古籍出版社，2013年），頁329-478。

這兩首詩中出現的朝衣，都是白居易用來展現自己守喪服除後，遲遲無法補官的溫和抱怨。白居易自元和八年夏服除後，直到元和九年冬天才選任太子左贊善大夫。在守選等候補官的這一年多時間，白居易無法任官沒收入，經濟頓時出現問題，所以必須賣馬典衣，才能維持家族的花費。此時，典當朝衣，就成了白居易無法任官朝參的無奈。所以白居易在〈晚春酤酒〉詩後繼續寫「名姓日隱晦，形骸日變衰。醉臥黃公肆，人知我是誰」，不能補官的自己，朝衣無所用，而自己就跟一般的無名小卒一樣，無人認識。不過朝衣乃正式的官服，所以白居易也常以朝衣來彰顯其官員尊貴地位及身分：

> 元和運啟千年聖，同遇明時余最幸。始辭祕閣吏王畿，遽列諫垣升禁闥。蹇步何堪鳴佩玉，衰容不稱著朝衣。閶闔晨開朝百辟，冕旒不動香煙碧。步登龍尾上虛空，立去天顏無咫尺。宮花似雪從乘輿，禁月如霜坐直廬。身賤每驚隨內宴，才微常愧草天書。(〈醉後走筆酬劉五主薄長句之贈兼簡張大賈二十四先輩昆季〉，卷12：頁229。)
>
> 獨來獨去何人識，廄馬朝衣野客心。(〈曲江獨行〉，卷14：頁271。)
>
> 猶厭勞形辭郡印，那將趁伴著朝衣？(〈留別微之〉，卷24：頁551。)
>
> 初登高第後，乍作好官人。省壁明張牓，朝衣穩稱身。(〈勸酒十四首〉之一，卷27：頁616。)

上例四首，前二首作於翰林學士時期，〈留別微之〉作於蘇州刺史時，〈勸酒十四首〉則作於太子賓客分司東都時。在〈醉後走筆酬劉五主薄長句之贈兼簡張大賈二十四先輩昆季〉一詩中，白居易細述其左拾遺兼翰林學士的職務，「蹇步何堪鳴佩玉，衰容不稱著朝衣」，即

以其朝服及佩飾，標明自己內侍禁居，能伴隨皇帝早朝，身任「朝參官」所享有的尊榮。〈曲江獨行〉更是以自己能以翰林學士身分騎乘內宛皇家的廄馬而得意不已，雖然他詩中寫「何人識」，其實他的朝衣和廄馬，在曲江一帶必然惹人注目，白居易僅是說反話罷了。〈留別微之〉則是表明自己不願再入朝為官，因為朝參時必須著正式的朝衣，而最後一詩，則是描寫初登科第任官之人，其朝衣乃外在形貌尊榮的彰顯。

同樣地，當白居易打算隱退時，也會以捨棄朝衣作為一種表達的方法，如：

> 祿食分供鶴，朝衣減施僧。（〈衰病〉，卷20：頁436。）
> 行掇木芽供野食，坐牽蘿蔓掛朝衣。（〈酬李二十侍郎〉，卷31：頁697。）
> 占花租野寺，定酒典朝衣。（〈問諸親友〉，卷37：頁844。）

〈衰病〉作於蘇州刺史倦勤任內，再不久白居易就以百日假辭蘇守；〈酬李二十侍郎〉作於賓客分司東都時，也是寫出其分司自在不用拘束穿著朝衣，隨時可以將朝衣掛起不用；而〈問諸親友〉寫於七十三歲致仕後，直述可以將朝衣典當，因為致仕後根本沒有再穿朝衣參與國家朝會的機會。

朝衣被視為任官的外在表徵，而且唐代官員服色，乃是依其品階而定。如《唐會要》記載其規定：

> （唐高宗）上元元年八月二十一日勅：……文武三品已上服紫，金玉帶十三銙；四品服深緋，金帶十一銙；五品服淺緋，金帶十銙；六品服深綠、七品服淺綠，並銀帶九銙；八品服深青、九品服淺青，並鍮石帶九銙；庶人服黃，銅鐵帶七銙。前

令九品以上，朝參及視事，聽服黃。[12]

唐官員依品階在服色及腰帶上的裝飾品材質數量，均有嚴格規定。陳寅恪在《元白詩箋證稿》談到白居易〈琵琶行〉最後一句「江州司馬青衫溼」時，提出疑惑：江州司馬為五品官，按理該當著淺緋常服，而白居易自稱著青衫，令人不解。後來他引錢大昕《十駕齋養新錄》卷十中「唐人服色視散官條」：「唐制服色不視職事官，而視階官之品，至朝散大夫方換五品服色，衣銀緋。」白居易任江州司馬時，雖然職事官階為五品，但其散官階為九品下的將仕郎，故僅能著青衫。[13]

如前所述，白居易一直要到長慶元年五十歲任中書舍人時，文散階才由將仕郎升至朝散大夫而著緋。白居易對於著緋一事異常敏感，在江州司馬時，他就曾經寫過對友人李景儉著緋的羨慕：

> 誰能淮上靜風波，聞道河東應此科。不獨文詞供奏記，定將談笑解兵戈。泥埋劍戟終難久，水借蛟龍可在多。四十著緋軍司馬，男兒官職未蹉跎。（〈聞李六景儉自河東令授唐鄧行軍司馬以詩賀之〉，卷16：頁340。）

當時唐憲宗用兵淮西，李景儉任唐鄧節度使之行軍司馬，而唐鄧節度使便是圍堵淮西西邊的軍事重鎮。自開元九年後，節度使下有副使一人、行軍司馬一人、判官二年、掌書記一人。[14]由此可知，行軍司馬位階僅次於節度使、副使，且為幕僚之首，與一般的各州司馬無權責的職位完全不同。此詩完全呈現白居易對於李景儉仕途大有進展的羨

---

12 〔宋〕王溥：《唐會要》（臺北：世界書局，1989年），卷31，頁569。

13 陳寅恪：《元白詩箋證稿》，收入《陳寅恪先生文集・三》（臺北：里仁書局，1982年），頁59-60。

14 見〔唐〕杜佑：《通典》（北京：中華書局，1988年），卷32，頁895。

慕之情，尤其是最後一聯，對當時還是著青衫的江州司馬白居易而言，在詩句中完全不掩飾地對李景儉四十著緋表達佩服之意。

　　在白居易正式著緋前，由江州司馬陞任忠州刺史時，依規定職事官若是刺史的話要「假著緋」，如《唐會要》記載：

　　　　（開元）八年二月二十日勅：都督、刺史品卑者，借緋及魚
　　　　袋，永為常式。[15]

白居易任忠州刺史時，文散階還是九品的將仕郎，依規定必須借緋及魚袋，而當時借緋袍給白居易的，便是當時江西觀察使裴堪：

　　　　新授銅符未著緋，因君裝束始光輝。惠深范叔綈袍贈，榮過蘇
　　　　秦佩印歸。魚綴白金隨步躍，鶻銜紅綬遶身飛[16]。明朝戀別朱
　　　　門淚，不感多垂恐汙衣。（〈初除官蒙裴常侍贈鶻銜瑞草緋袍魚
　　　　袋因謝惠貺兼抒離情〉，卷17：頁371-372。）

從此詩詩題看來，便知道當時裴堪借袍給白居易緋袍及魚袋，頷聯使用須賈憐范叔貧寒而贈綈袍，及蘇秦身佩六國相印光榮歸鄉的典故，

15　〔宋〕王溥：《唐會要》，卷31，頁571。

16　白居易以此句明確地寫出此緋袍是節度使袍，如《唐會要》卷32頁582記載：「貞元三年三月，初賜節度觀察使等新制時服，上曰：頃來賜服，衣綵不常，非制也。朕今思之，節度使文，以鶻銜綬帶，取其武毅，以靖封內；觀察使以雁銜儀委，取其行列有序，冀人人有威儀也。」由此可知，裴堪借予白居易之袍繡有「鶻銜紅綬」，乃節度使之袍，但江西觀察使之袍應繡「雁銜儀委」，也就是雁唧瑞草。這可能是元和後，服繡有改變，因為白居易在其弟白行簡著緋作詩〈聞行簡恩賜章服喜成長句寄之〉，在「彩動綾袍雁趁行」詩句下自註：「緋多以雁銜瑞莎為之也」，可知當時不論是否為觀察使，一般緋袍上已都繡有雁銜瑞莎的紋樣了。那麼，江西觀察使裴堪借給白居易的緋袍，繡有鶻銜綬帶，當是在彼時觀察使緋袍等同於節度使袍。不過不論如何，此句白居易明確地寫出借來的緋袍，乃使臣之袍而非一般緋袍。

表達對裴堪的感恩及假著緋袍的光榮。腹聯則寫金魚袋及緋袍的圖繪樣貌，最後一聯再申謝惠貺。從詩題及內容白居易細述緋袍服飾便可知他如何注重身著緋袍一事，他為了借緋袍，還從江州跑了一趟當時江西觀察使駐在地洪州，可見他如何重視此事。因此，他寫了這首詩感謝裴堪後，立刻再次明確地寫〈初著刺史緋答友人見贈〉一詩表達自己內心的喜悅：

> 故人安慰善為辭，五十專城道未遲。徒使花袍紅似火，其如蓬鬢白成絲。且貪薄俸君應惜，不稱衰容我自知。銀印可憐將底用，只堪歸舍嚇妻兒。（〈初著刺史緋答友人見贈〉，卷17：頁372。）

對於友人安慰即將赴任忠州刺史的白居易，他以此詩回應。當然此詩還是帶有白居易一貫謙抑的幽默感，以自己將近五十鬢白成絲的衰容來與火紅的緋袍相對比，還笑稱刺史的官印無用，只能嚇妻兒，都讓人覺得新鮮有趣，不過他也對自己品卑而假著「刺史緋」有著許多感慨，對著昔日翰林同僚李程（766-842）寫下：「假著緋袍君莫笑，恩深始得向忠州」（〈行次夏口先寄李大夫〉，卷17：頁373），雖然友人安慰他「五十專城道未遲」，但對白居易而言，年近五十才任刺史，而且是僻遠的忠州刺史，也讓他心生無奈。所以再接下來的〈重贈李大夫〉一詩中，也溫和地抱怨「流落多年應是命，量移遠郡未成官」。雖然能假著刺史緋袍，但是要赴任三峽內的忠州，讓他升官的快樂也沒麼飽足。

　　在任忠州刺史第二年後，白居易自忠州召還長安，拜尚書省司門員外郎。回任朝官，必須脫下假著的刺史緋，重新穿回青衫以符合服色規定，白居易此時又寫了一首詩記錄其心情：

親賓相賀問何如？服色恩光盡反初。頭白喜拋黃草峽，眼明驚
拆紫泥書。便留朱紱還鈴閣，卻著青袍侍玉除。無奈嬌癡三歲
女，繞腰啼哭覓銀魚。（〈初除尚書郎脫刺史緋〉，卷18：頁
394。）

對於卸任刺史後必須換上青袍服色，白居易打趣地說「服色恩光盡反
初」，也就是服色回歸到將仕郎的九品青衫。但君王召命回京的恩
光，也回到以前一樣，白居易自認為他可能將重新被憲宗恩寵重用。
這句其實隱含著對憲宗的怨懟，因主和的立場無端被貶謫江州，雖然
「一旦失恩先左降」，是憲宗的意思，現在重新召回京城，白居易認
為君恩反初，值得慶幸。「便留朱紱還鈴閣，卻著青袍侍玉除」，也是
將遠州刺史及皇帝近侍作比較，雖然朱紱尊榮，不過陪侍玉除的郎官
更是白居易所嚮往的。鈴閣本指將帥辦事的處所，所以此處指裴堪，
白居易須將緋袍還給江西觀察使裴堪。最後，以嬌痴三歲女的無知作
結，對女兒而言，類似玩具的銀印魚袋在卸任刺史後必須繳回，讓女
兒繞腰啼哭撒嬌地不斷尋找。

　　在上一章的最後，已不斷地論及白居易在中書舍人期間等待著緋
日的焦急心情，和著緋後得意的神色，白居易均無避諱地寫在詩中。
白居易五品散官階的起請，是和元宗簡同一批作業，當時白居易任中
書舍人，而元宗簡任京兆府少尹，白居易於詩中毫不掩飾寫出他熱切
想得到五品朝散大夫散官階的著急心情：

鳳閣舍人京亞尹，白頭俱未著緋衫。南宮起請無消息，朝散何
時得入銜。（〈重和元少尹〉，卷19：頁405。）

鳳閣舍人即中書舍人，乃白居易自稱，而京亞尹則是任京兆府少尹的
元宗簡。白居易寫詩給元宗簡，展現出迫切且無耐性的口吻。其實在

此詩前，白居易也在詩中寫出自己遲遲無法著緋的感慨，這感慨白居易也是對著比自己大九歲的元宗簡吐露，因為兩人年老俱未著緋：

> 朝客朝回回望好，盡紆朱紫佩金銀。此時獨與君為伴，馬上青袍唯兩人。（〈朝回和元少尹絕句〉）

白居易無法著緋的不甘願心態，在此詩表露無疑，而且與元宗簡同病相憐。所謂的「朝客」，乃指有資格上早朝的「常參官」[17]。在那麼多的朝參官中，年紀大卻著青袍的，只有元宗簡和白居易兩人，這就讓白居易覺得有點丟人了。

文散階五品當然立刻在服色上與六品以下的綠袍、青袍有所區別。不過五品文散階著緋的最重要意義在於，唐王朝承認此員成為政權統治圈內的一員，著緋意味著在文官集團中晉升上層官員，最大的差別在於五品文散階可以享有庇蔭一子任官的權利。在《唐六典》在論敘階出身時，在「有以資蔭」下註：

> 謂一品子，正七品上敘，至從三品子，遞降一等。四品、五品有正從之差，亦遞降一等。從五品子，從八品下敘。[18]

文散階除王公、國戚或駙馬外，一般的文官很少會到三品服紫以上，而大部分都到五品下的朝散大夫就一直到致仕。因此，五品散官階著淺緋服色，對唐人仕宦而言，五品著緋後享有庇蔭一子的權利，才是他們急於著緋的主要意義。白居易六十多歲後好不容易生下一子，不過最後還是夭折，白居易便感傷：「文章十帙官三品，身後傳誰庇廕

---

17 京官中的五品以上職事官、八品以上供奉官、員外郎、監察御使、太常博士。見〔唐〕李林甫撰、陳仲夫點校：《唐六典》（北京：中華書局，1992年），卷2，頁33。
18 〔唐〕李林甫撰、陳仲夫點校：《唐六典》，卷2，頁32。

誰」（〈初喪崔兒報微之晦叔〉，卷28：頁646），還是著眼官位卻無子可承接庇蔭餘澤的遺憾。

對於服色本身的重視，也直接表明了白居易對自己仕宦升遷的在意。外在的服色直接表達出士人在封建社會上的身分與地位，而這一切都建立在官位品階之上。若撇去服色所代表的世俗價值，白居易在詩中展露出他對於衣服質料異常廣博的知識。例如他在〈秦中吟〉中的〈重賦〉及〈新樂府〉五十首的〈繚綾〉及〈紅線毯〉這三首詩中，表現出對衣料的熟稔。

> 繚綾繚綾何所似，不似羅綃與紈綺。應似天台山上月明前，四十五尺瀑布泉。中有文章又奇絕，地鋪白煙花簇雪。織者何人衣者誰，越溪寒女漢宮姬。去年中使宣口敕，天上取樣人間織。織為雲外秋雁行，染作江南春水色。廣裁衫袖長製裙，金斗熨波刀翦紋。異彩奇文相隱映，轉側看花花不定。昭陽舞人恩正深，春衣一對直千金。汗霑粉汙不再著，曳土蹋泥無惜心。繚綾織成費功績，莫比尋常繒與帛。絲細繰多女手疼，扎扎千聲不盈尺。昭陽殿裏歌舞人，若見織時應也惜。（〈繚綾〉，卷4：頁79。）

〈繚綾〉此詩完全展現了白居易對衣料中各類絲織品廣博知識。在詩中共出現了「繚綾」、「羅綃」、「紈綺」、「繒」、「帛」，當然對於織成這些織物的「絲」也有出現。此詩極盡能力地描寫比喻繚綾這種絲織衣料，在視覺上主要以瀑布泉、白煙及雪花來形容其潔白。接下來寫織法，如「雲外秋雁行」，再寫染色成「江南春水色」，大概是淺綠色。繚綾在唐代極為珍貴，而且是浙江會稽的特產，所以詩中用浙江天台山的瀑布作喻。[19]白居易此詩提出繚綾繁複費工的織法，還說

---

19 相關考證可見陳寅恪：《元白詩箋證稿》，頁244-247。

明此衣料可剪裁作舞裙，可見他對衣料的嫻熟。除了繚綾，白居易甚
至對於毯子的絲質布料也瞭解：

> 紅線毯，擇繭繰絲清水煮。揀絲練線紅藍染，染為紅線紅於
> 藍。織作披香殿上毯，披香殿廣十丈餘。紅線織成可殿鋪，綵
> 絲茸茸香拂拂。線軟花虛不勝物，美人蹋上歌舞來。羅襪繡鞋
> 隨步沒，太原毯澀氍毹硬。蜀都褥薄錦花冷，不如此毯溫且
> 柔。年年十月來宣州，宣城太守加樣織。自謂為臣能竭力，百
> 夫同擔進宮中。線厚絲多卷不得，宣城太守知不知。一丈毯，
> 千兩絲。地不知寒人要暖，少奪人衣作地衣。貞元中，宣州進開
> 樣加絲毯。（〈紅線毯〉，卷4：頁78。）

此詩一開頭細寫紅線毯的製作方式，先煮蠶繭後抽絲練線，再染成紅
藍色。為什麼「紅藍染」後，可以「染為紅線紅於藍」？這太專業
了，白居易寫出來可是卻與讀者的常識不吻合。不過此詩寫出當時宮
中紅毯捨太原的毛毯（太原氍）及四川棉布毯（蜀都褥）不用，乃今
之所謂的「絲絨」。[20]

　　白居易在這兩首詩中展現了對衣料的強大知識性的認識，或許可
以說他是為了寫詩而蒐集許多材料，但是白居易喜歡衣服質料，常在
詩中可以發現。例如友人元稹及庾敬休曾寄衣料給白居易，白居易製
成衣被後回詩給友人如下：

> 綠絲文布素輕裕，珍重京華手自封。貧友遠勞君寄附，病妻親
> 為我裁縫。袴花白似秋雲薄，衫色青於春草濃。欲著卻休知不
> 稱，折腰無復舊形容。（〈元九以綠絲布白輕裕見寄製成衣服以
> 詩報知〉，卷17：頁352。）

---

20 陳寅恪：《元白詩箋證稿》，頁242。

千里故人心鄭重，一端香綺紫氛氳。開緘日映晚霞色，滿幅風
生秋水紋。為褥欲裁憐葉破，製裘將翦惜花分。不如縫作合歡
被，寤寐相思如對君。（〈庾順之以紫霞綺遠贈以詩答之〉，卷
14：頁275。）

白居易寫給元稹此詩作於江州司馬時。元稹寄給白居易二款布料，一
是綠絲布，一是白輕裕。謝思煒注此詩的輕裕時，引周密《齊東野
語》解釋輕裕，現檢查原典〈輕容方空〉條如下：

紗之至輕者，有所謂輕容，出唐《類宛》云：「輕容，無花薄
紗也。」王建〈宮詞〉云：「嫌羅不著愛輕容。」元微之有寄
白樂天白輕容，樂天製而為衣。而詩中容字乃為流俗妄改為
庸，又作裕，蓋不知其所出。《元豐九域志》：「越州歲貢輕容
紗五疋」，是也。[21]

由此可見，輕裕乃是產於浙江越州的輕紗，而且是被規定作為越州土
貢的珍貴薄紗。此詩作於清明前後，當時元稹寄輕裕、綠絲文布給白
居易製作夏服用。而輕裕可作內襯衣料，所以詩中稱其為「袴花」。
　　白居易寫給庾敬休此詩作於翰林學士時。「紫霞綺」大概是比較
厚的絲織品，所以此衣料適合作為裘衣及荐褥墊被，但是白居易直接
將此綺製成合歡被，其密織能保暖大概沒問題。當然白居易也曾寄衣
料給元稹：

淺色縠衫輕似霧，紡花紗袴薄於雲。莫嫌輕薄但知著，猶恐通
州熱殺君。（〈寄生衣與微之因題封上〉，卷15：頁309。）

---

21 〔宋〕周密撰、張茂鵬點校：《齊東野語》（北京：中華書局，1983年），卷10，頁
　　177。

所謂輕似霧的縠衫生衣，也是適合作於內襯袴裝的夏季薄衣。此詩寫在白居易任太子左贊善大夫時，元稹此時任通州司馬。

從以上三詩中可以看出，白居易亦熟悉衣著的衣料材質，在遠僻的忠州任刺史時，他也曾向元稹抱怨過「衣縫紕纇黃絲絹」（〈即事寄微之〉，卷18：頁384），用黃絲絹縫補紕纇的稀疏織得不好的衣服。對於白居易而言，衣服穿得舒不舒服，跟衣料有極大的關係。元稹被貶通州時，白居易料想其苦楚，也以「衣斑梅雨長須熨」（〈得微之到官後書備知通州之事悵然有感因成四章〉之二，卷15：頁310-311），來表達元稹在通州不舒服的生活。

在夏日時的白詩中經常出現「葛衣」，大部分用穿著葛衣來傳達炎夏消暑的愜意心情，雖然他在詩中自稱：「葛衣疏且單，紗帽輕復寬。一衣與一帽，可以過炎天。止於便吾體，何必被羅紈」（〈夏日作〉，卷30：頁688），不過如果經濟能力許可的話，白居易還是以絲織品來裁剪衣服，如此詩所寫的：

> 水波文襖造新成，綾軟綿勻溫復輕。晨興好擁向陽坐，晚出宜披踏雪行。鶴氅毳疏無實事，木棉花冷得虛名。宴安往往歡侵夜，臥穩昏昏睡到明。百姓多寒無可救，一身獨煖亦何情！心中為念農桑苦，耳裏如聞飢凍聲。爭得大裘長萬丈？與君都蓋洛陽城。（〈新制綾襖成感而有詠〉，卷28：頁649。）

此詩為白居易六十任河南尹時所作。白居易在自己裁製得到輕暖的綾襖時，以高級絲帛裁剪有水波紋路的襖袍，保暖且觸感良好，跟毛料質感相比，穿起來更舒服，而且絲織品比木棉花更為保暖。不過白居易此時身為守土父母官，詩半轉到憐憫百姓而心生愧疚，且希望自己能有德政，澤及百姓。

這首詩畢竟是白居易任高官後，經濟有餘裕，才選擇以高級的

「綾」來製成綾襖。不過從衣服布料起興，抒發其政治上能達到生民安定的宏願，在他杭州刺史任內也有一詩：

> 餘杭邑客多羇貧，其間甚者蕭與殷。天寒身上猶衣葛，日高甑中未拂塵。江城山寺十一月，北風吹沙雪紛紛。賓客不見綈袍惠，黎庶未霑襦袴恩。此時太守自慚愧，重衣複衾有餘溫。因命染人與針女，先製兩裘贈二君。吳綿細軟桂布密，柔如狐腋白似雲。勞將詩書投贈我，如此小惠何足論？我有大裘君未見，寬廣和煖如陽春。此裘非繒亦非纊，裁以法度絮以仁。刀尺鈍拙製未畢，出亦不獨裹一身。若令在郡得五考，與君展覆杭州人。（〈醉後狂言酬贈蕭殷二協律〉，卷12：頁244。）

藉送冬袍給兩位僚屬，向兩位部下「狂言」自己的政治宏願。此詩真的頗具狂氣，將具體的布裘抽象化成能庇護百姓的德政象徵。不過此詩白居易命針女製袍贈人的衣料，是吳綿桂布，而且是白色的，可能是因為蕭殷二協律任官尚未入流，僅能著白袍吧。這種欲以衣裘覆蓋天下蒼生的政治願望，其實從白居易更早之前便已萌生，以下此詩大約作於翰林學士至下邽守喪之間：

> 桂布白似雲，吳綿軟於雲。布重綿且厚，為裘有餘溫。朝擁坐至暮，夜覆眠達晨。誰知嚴冬月，支體暖如春。中夕忽有念，撫裘起逡巡。丈夫貴兼濟，豈獨善一身。安得萬里裘，蓋裹周四垠。穩暖皆如我，天下無寒人。（〈新製布裘〉，卷1：頁24。）

這件裘也是桂布吳綿作為衣料裁製而成。這種想製裘覆蓋天下百姓的想法，從白居易三、四十歲到六十歲一直存在心中。大概他每次新製衣服時，都會再度想起自己這個沒有中斷過的政治宏願。

三　費心安置的居所（一）：從賃居到廬山草堂

　　白居易生命中各階段的住宅，自戰後便是學界討論白居易時的學術熱點。不論是初任官的新昌里租處、江州的廬山草堂、任擔任忠州、杭州、蘇州刺史的官舍，到最後選擇終老的洛陽履道宅，都有著各時期鮮明的白居易特色，而這些特色也呈現著白居易的詩人品味，因此深受學者重視及討論。白居易在各時期住處居所的費心安排及經營，可以看出他很喜歡購置房地產，到了晚年退休後甚至細數他的房地產的「價格」：

> 達哉達哉白樂天，分司東都十三年。七旬纔滿冠已掛，半祿半及車先懸。或伴遊客春行樂，或隨山僧夜坐禪。二年忘卻問家事，門庭多草廚少烟。庖童朝告鹽米盡，侍婢暮訴衣裳穿。妻孥不悅甥姪悶，而我醉臥方陶然。起來與爾畫生計，薄產處置有後先。先賣南坊十畝園，次賣東都五頃田。然後兼賣所居宅，髣髴獲緡二三千。半與爾充衣食費，半與吾供酒肉錢。吾今已年七十一，眼昏鬚白頭風眩。但恐此錢用不盡，即先朝露歸夜泉。未歸且住亦不惡，飢餐樂飲安穩眠。死生無可無不可，達哉達哉白樂天！（〈達哉樂天行〉，卷36：頁827。）

　　此詩寫得有點誇張，白居易收入再怎麼樣少，任賓客分司東都時，月俸十萬，在當時算高收入的富人。況且他從仕以來，除了在下邽守喪四年沒收入外，退休致仕前，就算被貶江州，也都有固定高額的收入。何況唐代官員退休還可以領半俸，白居易是刑部尚書致仕，一個月半俸收入超過五萬，絕不可能發生庖童、侍婢、妻孥、甥姪因無錢而怨懟情事。不過，這些都是白居易晚年在東都洛陽的房產，他其實在長安和渭南下邽也都有田產。

　　晚年擁有大量田產、房產的白居易，是靠四十年的仕宦工作累積而來的大量財富所購置。不過初到長安的白居易，一開始擔任校書郎時，居住的地方都是賃租之地。對於白居易一生住所的變遷及研究，日本漢學家的研究成果相當豐碩。據埋田重夫研究及整理，白居易從任校書郎到左遷江州的長安仕宦生涯，住所都是租賃的房子。經埋田先生統計，任校書郎時，白居易賃居在常樂里，辭去校書郎準備制舉科考試時，和元積一起在永崇里的華陽觀租賃居住；任翰林學士時新婚居住在新昌里，而貶官江州時的出發地昭國里。白居易開始有能力在長安置產，是在五十歲左右從忠州刺史重回長安政壇任郎中及中書舍人左右，才首度擁有自己的住宅。[22]本節在書寫上，將大量以埋田重夫的研究為基礎進行更深入的論述。

　　不過就算僅是租賃的居所，白居易在每個時期的住處，大都留有詩作，這也可以看出他對自家住所的喜愛。而且這些早年記述住處的詩，幾乎都收入「閑適」類的詩中，也可見他大部分在居家都懷有悠閑安適的心情。白居易詩集中，閑適類第一首便是〈常樂里閑居偶題十六韻兼寄劉十五公輿王十一起呂二炅呂四潁崔十八玄亮元九積劉三十二敦質張十五仲方時為校書郎〉，這首詩題裡面的人名，都是與白居易同時任校書郎的同僚。此詩的最後，是白居易邀請同在秘書省任校書郎的大家，旬沐休假時能到他的住處遊玩：「勿言無知己，躁靜各有徒。蘭臺七八人，出處與之俱。旬時阻談笑，旦夕望軒車。誰能雠校閒，解帶臥吾廬。窗前有竹玩，門外有酒酤。何以待君子，數竿對一壺。」（卷1：頁91）在向友人誇耀的住處特色，便是他在常樂里的賃居屋外種有長安少有的竹子。

　　接下來卸任校書郎後與元積搬到永崇里華陽觀賃居準備元和元年的制舉科考試時，也有一首〈永崇里觀居〉來描寫當時的住所：

---

22 〔日〕埋田重夫著、王旭東譯：《白居易研究：閑適的詩想》（西安：西北大學出版社，2019年），頁158。

> 季夏中氣候，煩暑自此收。蕭颯風雨天，蟬聲暮啾啾。永崇里
> 巷靜，華陽觀院幽。軒車不到處，滿地槐花秋。年光忽冉冉，
> 世事本悠悠。何必待衰老，然後悟浮休。真隱豈長遠，至道在
> 冥搜。身雖世界住，心與虛無遊。朝飢有蔬食，夜寒有布裘。
> 幸免凍與餒，此外復何求。寡欲雖少病，樂天心不憂。何以明
> 吾志，周易在床頭。（〈永崇里觀居〉，卷5：頁93。）

制舉科的考試在當年的四月，而此詩一開始寫「季夏」，也就是六
月。因此此詩乃元白制舉科中登第後繼續住在華陽觀等候選官時所
作。制舉剛考完，所以詩中呈現悠閑愉快的心情。考試通過後，制舉
登第者通常會被授與美官。所以白居易此時的心情平靜無憂，因為仕
途有光明的未來，前程可期，對於自己和元稹一起揣摩當時制舉考題
的華陽觀，白居易充滿著感情。在〈策林序〉中，白居易提到當時與
元稹一起賃居華陽觀準備考試時的事：

> 元和初，予罷校書郎，與元微之將應制舉，退居於上都華陽
> 觀，閉戶累月，揣摩當代之事，構成策目七十五門。及微之首
> 登科，予次焉。凡所應對者，百不用其一二。其餘自以精力所
> 致，不能棄捐，次而集之，分為四卷，命曰《策林》云耳。
> （〈策林序〉，卷62：頁1287。）

元白兩人應制舉的科名為「才識兼茂明於體用科」，考試結果，元稹
榜首，授左拾遺，白居易次之，授畿縣盩厔縣尉。〈永崇里觀居〉一
詩即是在等待派官出身下來時所寫的。考試通過，獲得了好成績，難
怪白居易會從容地寫出「寡欲雖少病，樂天心不憂」，而且欣賞著住
所「軒車不到處，滿地槐花秋」的美好景緻。因為與元稹一同在華陽
觀奮戰過，白居易日後想起華陽觀，便成了年少青春的美好回憶，如

「背燭共憐深夜月，蹋花同惜少年春。杏壇住僻雖宜病，芸閣官微不救貧」（〈春中與盧四周諒華陽觀同居〉卷13：頁254）、「曾同曲水花亭醉，亦共華陽竹院居」（〈贈韋八〉，卷17：頁369）、「形容意緒遙看取，不似華陽觀裏時」（〈渭村酬李二十見寄〉，卷15：頁300），從以上詩句看來，華陽觀似乎是白居易年輕時與許多人一起共同在此處類似公寓宿舍的賃居處，〈贈韋八〉中將華陽觀的住所稱為「竹院」，亦可知華陽觀種有竹子。甚至到了白居易年老時，還與曾當過宰相的牛僧孺（780-849）回憶一同賃居在華陽觀時的生活點滴：

> 每來政事堂中宿，共憶華陽觀裏時。日暮獨歸愁米盡，泥深同出借驢騎。交遊今日唯殘我，富貴當年更有誰。彼此相看頭雪白，一杯可合重推辭。（〈酬寄牛相公同宿話舊勸酒見贈〉，卷37：頁846。）

此詩作於會昌二年（842）白居易七十一歲致仕後。年老的白居易與自己的宰相門生同宿，想起了年輕時尚未顯達時物質經濟條件缺乏的華陽觀同居生活，無限感慨。「日暮獨歸愁米盡，泥深同出借驢騎」，乃是年輕時實際發生過的事，大家手頭不寬裕，卻有遠大的抱負而賃居華陽觀中，共同有著青春耀眼的光亮，讓白居易老來富貴後，念念不已。從這首詩也可以推測，當時的華陽觀應該備有許多屋宇廉價出租給年輕士子或官員，而成為當時不富裕的年輕官員或準備科考的考生暫時居住的處所。

　　白居易任校書郎到考上制舉考試等候分發的這段期間，相當喜歡華陽觀這個賃居處所，幾首詩題直接標明華陽觀這個地點，並且都是邀友同樂的內容：

> 華陽觀里仙桃發，把酒看花心自知。爭忍開時不同醉？明朝後

日即空枝。(〈華陽觀桃花時招李六拾遺飲〉，卷13：頁252。)

人道秋中明月好，欲邀同賞意如何。華陽洞裏秋壇上，今夜清光此處多。(〈華陽觀中八月十五日夜招友玩月〉，卷13：頁253。)

以上二詩，分別寫於仲春及中秋，也都是邀友人賞玩的詩作。華陽觀中有美麗的桃花，而白居易邀李景儉前來飲酒賞花。從這些詩看來，白居易雖然和元稹同居華陽觀是為了準備制舉科考試，但是在這段準備考試的期間，也跟這些同住在這裡的年輕友伴建立了良好的情誼，而且，這些年少好友最後在政壇上都有相當的政治成就。

對於喜歡的住所，白居易都會注意其周遭的美景，甚至還會用一己之力，增添居所的美感。如上述的常樂里賃所的竹子、永崇里華陽觀的槐花及桃花，左遷江州後，白居易也會動手整治其貶所官舍，例如，他就在他的官舍前挖掘了一個小池，以及將杜鵑花、山櫻桃等江南特有但北方少見的花樹移植到官舍小庭：

簾下開小池，盈盈水方積。中底鋪白沙，四隅甃青石。勿言不深廣，但取幽人適。泛灩微雨朝，泓澄明月夕。豈無大江水，波浪連天白。未如床席間，方丈深盈尺。清淺可狎弄，昏煩聊漱滌。最愛曉暝時，一片秋天碧。(〈官舍內新鑿小池〉，卷7：頁130。)

亦知官舍非吾宅，且斸山櫻滿院栽。上佐近來多五考，少應四度見花開。(〈移山櫻桃〉，卷16：頁328。)

小樹山榴近砌栽，半含紅萼帶花來。爭知司馬夫人妒，移到庭前便不開。(〈戲問山石榴〉，卷16：頁349。)

大概左遷江州任「員與俸俱在」的司馬，無官職纏身，所以白居易多

出很多悠閑的時間來整頓官舍住所。〈官舍內新鑿小池〉寫得親切可愛，白居易得意地將自己新鑿的小池池水與江州旁的長江相提並論，並且誇口自己擁有的小池完全不遜廣闊的長江江水，其自信完全呈現出對自家小池的喜愛，也展現了他布置住所的品味。移植山石榴，而且是帶花半開紅萼的山石榴至官舍，花不開，白居易便「戲問」擬人後的山石榴，是否因為顧慮到妻子楊氏而不敢綻放開花。此詩也寫得幽默有趣，而且將白居易移花美化環境的動作明確地傳達給讀者。

除了移種山石榴（杜鵑花），大約同時詩集中還有〈栽杉〉一詩，甚至移植的樹長得太茂密，遮蔽了遠眺的視野，白居易還親手剪樹並寫成詩：

> 種樹當前軒，樹高柯葉繁。惜哉遠山色，隱此蒙籠間。一朝持斧斤，手自截其端。萬葉落頭上，千峰來面前。忽似決雲霧，豁達覩青天。又如所念人，久別一款顏。始有清風至，稍見飛鳥遠。開懷東南望，目遠心遼然。人各有偏好，物莫能兩全。豈不愛柔條，不如見青山。（〈截樹〉，卷7：頁140。）

對白居易而言，自己對於住所環境該當呈現出何種樣貌，有著絕對的主宰權。此樹也是白居易親植，但是長得太高大茂密，擋住了前軒的視線，看不到遠山山色。因此白居易親自手持斧稍加修剪，最後終於能再度看到千峰及青天。從白居易親手栽種及修剪花樹，可知江州後，他更主動地營構住所的環境，就算他住的只是暫時棲身的官舍。

首次完全依白居易心意擇點營建的住所，便是江州廬山草堂。從規劃到設計到建造完成，其過程及心境，白居易都將之書寫於詩中。左遷江州第二年，白居易稍稍生活安定後，開始於江州附近遊玩，而且打算在江州南邊的廬山搭建草堂別墅：

行年四十五，兩鬢半蒼蒼。清瘦詩成癖，粗豪酒放狂。老來尤委命，安處即為鄉。或擬廬山下，來春結草堂。（〈四十五〉，卷16：頁337。）

在寫此詩之前，白居易已屢次至廬山遊玩，尤其頻繁地拜訪淨土宗發源的廬山寺廟西林寺及東林寺，甚至抵達更深山的大林寺。在營建廬山草堂之前，白居易遊玩地點於詩題明確可見的有：〈訪陶公舊宅並序〉、〈泛湓水〉、〈春遊二林寺〉、〈遊石門澗〉、〈題元十八溪亭亭在廬山東南五老峯下〉、〈宿東林寺〉、〈庾樓曉望〉、〈宿西林寺〉、〈晚春登大雲寺南樓贈常禪師〉、〈宿西林寺早赴東林滿上人之會因寄崔二十二員外〉、〈遊寶稱寺〉、〈春末夏初閑遊江郭二首〉、〈題廬山山下湯泉〉、〈題元十八谿居〉、〈百花亭〉、〈百花亭晚望夜歸〉、〈上香爐峰〉、〈大林寺桃花〉，幾乎遊遍了江州到廬山附近的景點，甚至遠達深入到廬山內部的五老峯、香爐峰、大林寺等。最後他在〈四十五〉此詩中透露，打算選擇在廬山下建造草堂，最後真的也將草堂建成，完成了願望。建完後立刻寫了六首詩來記錄新建的草堂，分別是〈香鑪峯下新置草堂即事詠懷題於石上〉的一首五古、〈香爐峯下新卜山居草堂初成偶題東壁〉及〈重題〉四首，這五首詩是七律。在這一首五古及連續五首七律組詩的詩中，白居易用不同的詩歌形式來表現對新置廬山草堂的喜愛。以五古的方式敘說選擇在此建屋的原因及經過，而用五首七律組詩來藉草堂言志，各承載著不同的詩歌功能：

香鑪峯北面，遺愛寺西偏。白石何鑿鑿，清流亦潺潺。有松數十株，有竹千餘竿。松張翠傘蓋，竹倚青琅玕。其下無人居，惜哉多歲年。有時聚獼鳥，終日空風烟。時有沈冥子，姓白字樂天。平生無所好，見此心依然。如獲終老地，忽乎不知還。架巖結茅宇，斸壑開茶園。何以洗我耳，屋頭飛落泉。何以淨

我眼，砌下生白蓮。左手攜一壺，右手挈五弦。傲然意自足，
箕踞於其間。興酣仰天歌，歌中聊寄言。言我本野夫，誤為世
網牽。時來昔捧日，老去今歸山。倦鳥得茂樹，涸魚返清源。
舍此欲焉往？人間多險艱。（〈香鑪峰下新置草堂即事詠懷題於
石上〉卷7：頁137。）

在這首中篇幅的五古中，白居易一開始便將草堂的位置明確定位，草
堂是在香爐峰之北、遺愛寺附近。其實，江州城在廬山北邊，而香爐
峰又在廬山的北邊，所以白居易可以從香爐峰看到江州城、長江及湓
水，「江水細如繩，湓城小於掌」（〈登香爐峯頂〉，卷7：頁138），便
是峰頂所見。但是廬山北面山勢較高聳及陡峭，人們不可能從九江南
側登崖而上北廬山，必須從廬山西側繞到廬山南邊入山，所以廬山北
面較高聳，因要繞山而入，離江州城的行走距離也較遠。白居易此詩
點出了草堂地點，便是要強調其僻遠且深入山中，一般人較不容易來
此處，所以雖然有松、竹、白石及泉水，但是卻無人居住，只有野生
猿鳥聚集於此，可見其地僻靜。接下來白居易寫如何整治其草堂，除
了沿著山巖建屋宇外，還在山谷開闢茶園、還鑿池種蓮。因為房子沿
著山建，所以「屋頭落飛泉」，飲用水也不虞匱乏。最後白居易向世
人訴說此地可以成為他終老之地。

　　除了這首五古及五首七律組詩外，白居易還特地為新建的廬山草
堂寫作了長文〈草堂記〉。在這篇文章中，白居易更清楚地寫出他如
何創築及經營廬山草堂：

匡廬奇秀，甲天下山，山北峯曰香爐，峯北寺曰遺愛寺，介峯
寺間，其境勝絕，又甲廬山。元和十一年秋，太原人白樂天見
而愛之，若遠行客過故鄉，戀戀不能去，因面峯腋寺，作為草
堂。明年春，草堂成。三間兩柱，二室四牖，廣袤豐殺，一稱

心力。洞北戶，來陰風，防徂暑也；敞南甍，納陽日，虞祁寒
也。木斬而已，不加丹，墻圬而已，不加白，磩階用石，羃窗
用紙，竹簾、紵幃，率稱是焉。堂中設木榻四，素屏二，漆琴
一張，儒、道、佛書各三兩卷。（〈草堂記〉卷43：頁933-
934。）

左遷江州，對白居易生命歷程而言當然是重大的挫折，事實上，他人
生二次貶謫，也只有貶江州司馬較為嚴重，但也不是重貶，[23]另一次
則是長慶年間由中書舍人左遷杭州刺史，所以白居易在江州時反而能
利用無職事權責的司馬官性質，從事自己所喜好的事。

　　在〈草堂記〉中，白居易一開始也是介紹草堂的相對位置，在香
爐峰與遺愛寺間，並且指出此境勝絕，甲於廬山，當他經過此地，好
像有宿緣而喜愛，遂在此築草堂。接下來記錄草堂的結構，大概是分
成三個空間（三間），中間是生活起居的廳堂，然後左右個一間寢房
（二室），這兩個房間大概各有兩個窗戶，而且是坐南朝北的格局，
不過南邊的屋脊較寬廣，主要是夏天能讓涼風吹進屋內，而冬日能照
到更多的太陽，以達到避免徂暑及祁寒的效果。最後寫屋中的裝飾、
布置，以簡潔為主，這樣在花費上也能「一稱心力」，讓自己負擔得
起。中間的客廳置有木榻、屏風、琴及書。

　　從〈草堂記〉的描寫中看起來，這間廬山草堂小巧精緻，有一間
堂、兩間房，合起來三個空間，算是小屋，而且白居易要從江州官舍
來廬山草堂，因地處僻遠，也要耗費體力時間。不過，在白居易筆
下，此處位於香爐峰及遺愛寺之間的草堂所在，有山、石、泉、松、
杉、池、茶園、瀑布等勝景，「其四傍耳目杖屨可及者，春有錦繡谷

---

23 白居易左遷江州非重貶，而是唐憲宗將朝中主和派大臣外放，使之遠離長安政壇罷
　了。相關考證可見陳家煌：〈由白居易貶江州之史實考察論其詩人意識之形成〉，
　《中山人文學報》34期（2013年1月），頁197-206。

花，夏有石門澗雲，秋有虎溪月，冬有爐峰雪，陰晴顯晦，昏旦含吐，千變萬狀，不可殫紀」，具有自然優勢。況且白居易於〈草堂記〉自稱：「矧予自思從幼迨老，若白屋，若朱門，凡所止雖一日二日，輒覆簣土為臺，聚拳石為山，環斗水為池，其喜山水病癖如此」，可見，白居易於居室住所有經營之癖，每到一處，便依己意喜好，增添及開創當地景緻。例如，在建築廬山草堂時，白居易就鑿水池及開闢茶圃，另外在出入的道路些許路段舖上白石，且疊石為山，覆土為臺，雖在深山中，亦營造自我專屬的幽境。廬山草堂興建的意義，便是此草堂乃白居易預住的住所，經營後，則入廬山來的目的不是來遊玩，最多暫住幾晚（白居易未建草堂前來廬山過夜，大多借住佛寺，尤其是二林寺）；入廬山乃是來過生活，所以草堂四時所出現的勝景，將變成日常生活經驗的一部分。而能入廬山居住與否的先決條件，便是「一旦蹇剝，來佐江郡，郡守以優容撫我，廬山以靈勝待我，是天與我時，地與我所，卒獲所好，又何以求焉？」先是有蹇剝的左遷命運，繼之以郡守優容對待，才能使白居易「眷昒情無恨，優容禮有餘。三年為郡吏，一半許山居」（〈山中酬江州崔使君見寄〉，卷17：頁362），白居易對於時任江州刺史的崔能充滿感激之情。

有著足夠的時間及經濟餘裕，在四季都有美景的香爐峰下、遺愛寺旁，白居易建完了小巧精緻的草堂後，又在旁開挖了小池：

> 淙淙三峽水，浩浩萬頃陂。未如新塘上，微風動漣漪。小萍加泛泛，初蒲正離離。紅鯉二三寸，白蓮八九枝。繞水欲成徑，護堤方插籬。已被山中客，呼作白家池。（〈草堂前新開一池養魚種荷日有幽趣〉，卷7：頁137。）

在上文提到，白居易也曾在司馬官舍新鑿小池，而作〈官舍內新鑿小池〉一詩。在草堂前，白居易依喜好也新鑿一池，而且養魚種荷。與

〈官舍內新鑿小池〉一樣，白居易也將草堂前的小池與長江水作比較，廣闊的長江水不如自己所擁有的小池可愛，從這兩首詩中也可以看出，白居易對私人所擁有的物景，有著自私性的情感偏好，他的許多居家品味，也是以此為基礎來建立。自己的屋宇住所，居住的環境，自己親自種植花樹、開鑿小池，而且整治周遭的一切環境，因為是自我主宰景觀樣貌的成型，因此對於自己生活擁有的私密空間，白居易有著無比的偏愛。

　　埋田重夫認為白居易之所以在江州司馬官舍外再於廬山建築草堂，有一個重要的原因是其兄白幼文從宿州帶著一家人全部投靠在江州的白居易，加上六七個叔伯弟妹也來江州投靠，使得司馬官舍熱鬧但吵雜。為了追求安靜及擁有屬於自己的空間，於是白居易於廬山深山新造了這個草堂。[24]這個說法相當合理。在草堂中，也可以靜心從事文章撰作及詩歌吟詠，如他寫給元積信的末段，便提及他在草堂中完成書信的情景：

> 微之，微之，作此書夜，正在草堂中山窗下，信手把筆，隨意亂書，封題之時，不覺欲曙。舉頭但見山僧一、兩人，或坐或睡；又聞山猿谷鳥，哀鳴啾啾。平生故人，去我萬里。瞥然塵念，此際暫生。（〈與元微之書〉，卷45：頁973。）

大概只有在廬山草堂才能專心提筆寫信給友人寫到天亮而不受打擾。擁有自己的空間，而且在美好的廬山香爐峰下的場域中，一切的建物及環境的經營全部都順應己意，自己是這個空間的完全主宰者，或許，蕭馳提出的「能轉物」而營造專屬自己的山水意見，雖然落實在履道宅的經營上，[25]但其原初的實踐，便是在廬山草堂的營建上。

24　〔日〕埋田重夫著、王旭東譯：《白居易研究：閒適的詩想》，頁171-172。

25　蕭馳：《佛法與詩境》，頁189-191。

埋田重夫仔細閱讀〈草堂記〉後，觀察到白居易在記述草堂時有
幾個特色，一是他對水邊風景不同尋常的關注，二是與「清」及
「白」的特別描寫，而且對多餘文飾的排除和對質樸境界及景物的喜
愛。他舉草堂的布置「素屏」、「白石」、「白蓮」、「白魚」為例，認為
這些東西有著白居易處身之道及理想的精神狀態的意義，他在引用白
居易〈素屏謠〉一文後接著闡述如下的意見：

> 白居易偏愛「素屏」所具有的「保真而全白」的姿態，直接化
> 為了自己面對世界的精神姿態，這一點值得注意。在「全白」
> 一語中，深刻地鑴入了對保「全」「白」氏人生，即與白姓者
> 相應的清廉潔白的人生的特別心願。我們再度理解了，兼含情
> 念與理念的白居易完整的人格，被無所不至地反映到已被「人
> 性化」「情緒化」的草堂細節之中。我們必須要說，詩人纖細
> 而柔軟的神經，已極深地滲透到其所擁有的一物一品、一草一
> 木當中，房屋和庭園就更不用說了。[26]

能將白居易的「白」姓作如此聯想，埋田重夫真的聯想能力驚人。不
過白居易喜好清廉潔白的物事倒是不爭的事實。

　　白居易從早年的賃居到廬山草堂，從仕宦初始任校書郎到左遷江
州，這十餘年的時間，白居易在長安度過了他輝煌順遂的仕宦初期，
其中常樂里、華陽觀更是承載年少美好回憶的空間，尤其是華陽觀，
在日後白居易不斷的吟詠中，成了青年回憶的重要場所象徵。這些長
安賃居地，在成為詩料加以書寫的過程中，我們可以發現，白居易總
是盡量地將當地最具特色的美景寫出來，而且，時常伴隨著邀友或是
與友朋相聚的訊息，經常是將熱鬧的氣氛渲染在這些賃居詩中。不過

26　〔日〕埋田重夫著、王旭東譯：《白居易研究：閒適的詩想》，頁176-177。

左遷江州後，不論是官舍或是草堂的描寫，白居易詩中都透露出一股蕭索的氣味。沒變的，是白居易對於居家周遭環境主動進行主宰式的改造，植花樹、鑿池塘，在在都顯示白居易想掌握環境的企圖心，而住所環境也依白居易喜好的品味有所改變。但是，白居易在住所上品味的展現，自其富貴後便有所不同。白居易開始在經濟上獲得財富足夠的累積，大概是自中書舍人著緋後才開始，也從這時期，白居易才開始於長安購置屋宇。不過住沒兩年，便被外放到杭州擔任刺史。下節將繼續討論白居易的居住品味。

四　費心安置的居所（二）：新昌宅、郡齋與履道宅

　　白居易於元和十五年由忠州刺史被召回長安任司門員外郎，終於結束了前後六年流轉江南的外放生涯，回到了長安政壇。長安政局因憲宗於此年元月崩殂，唐穆宗即位，政治氣象一新，許多在憲宗朝遭流貶的官員均紛紛遇赦返回長安政壇中心。除了白居易外，白居易的好友們如元稹、李景儉、韓愈、李紳等均受穆宗重用。白居易也在穆宗主政下，開創政治新局，挾藉著元和朝的政治聲望及政治資本，以及諸多好友在當時的勢力增長，白居易於五十歲左右再度進入政壇的核心中。在外放江州、忠州的六年間，白居易大概也積存了一些資財，所以便在長安的新昌里購入第一間於長安的住宅。當時購屋的心情都呈現在此詩中：

> 遊宦京都二十春，貧中無處可安貧。長羨蝸牛猶有舍，不如碩鼠解藏身。且求容立錐頭地，免似漂流木偶人。但道吾廬心便足，敢辭湫隘與囂塵。（〈卜居〉，卷19：頁407。）

首聯寫得相當感傷，對赤手空拳沒有家族奧援而來京城打拚的白居易

而言，任官廿年後才能在長安購屋。以蝸牛有舍及碩鼠藏身、有立足之地及免於租賃一再搬家。從以上的描述看起來，白居易在長安首購的房子特色就是「小」，因為不夠寬廣，所以白居易才以中間兩聯的描寫來自嘲及自我安慰。最後，白居易又點出了此屋「湫隘」與「囂塵」的兩個缺點，即低溼狹小及人來人往熱鬧喧囂。在寫作此詩之後，他又立刻寫了一首詩給元宗簡，表達自己購入新屋的心情：

> 青龍岡北近西邊，移入新居便泰然。冷巷閉門無客到，暖簷移榻向陽眠。階庭寬窄纔容足，牆壁高低粗及肩。莫羨昇平元八宅，自思買用幾多錢。（〈題新居寄元八〉，卷19：頁407。）

此詩寫出了新昌新居的地理位置，在青龍岡的北邊靠西之處。接著提到了「冷巷閉門無客到」，顯然與〈卜居〉最後「囂塵」新居特色有所悖離！不過，腹聯描寫的屋宇狹小及矮牆的特色，倒是與〈卜居〉一詩描寫的相同，但此詩看不出是否「湫隘」。青龍岡上建有青龍寺，白居易因此岡上建有青龍寺，所以將這片與昇平坊高原似連而斷的高地稱為青龍岡。[27] 青龍寺是白居易年輕時到長安仕宦後便經常造訪的地方，婚後也有段時間賃居在新昌坊青龍寺附近，可見白居易對新昌坊青龍寺有很好的印象。因此首購屋選在新昌坊，雖然因財力條件只能選購到較為狹小的屋宇，但這是白居易堅持住在新昌坊所下的決定。

其實那是與元宗簡比較才顯出自己的新昌宅不如對方，在另一首詩中，白居易顯現了對新昌宅的喜愛：

> 冒寵已三遷，歸期始二年。囊中貯餘俸，園外買閑田。狐兔同

---

27 相關細膩的考證，可見簡錦松：〈長安唐詩與樂遊原現地研究〉，《臺大文史哲學報》60期（2004年5月），頁90-94。

三逕，蒿萊共一塵。新園聊劃穢，舊屋且扶顛。簷漏移傾瓦，梁攲換蠹椽。平治繞臺路，整頓近階甎。巷狹開容駕，牆低壘過肩。門閌堪駐蓋，堂室可鋪筵。丹鳳樓當後，青龍寺在前。市街塵不到，宮樹影相連。省吏嫌坊遠，豪家笑地偏。敢勞賓客訪？或望子孫傳。不覓他人愛，唯將自性便。等閒栽樹木，隨分占風煙。逸致因心得，幽期遇境牽。松聲疑澗底，草色勝河邊。虛潤冰銷地，晴和日出天。苔行滑如簟，莎坐軟如綿。簾每當山卷，帷多帶月褰。籬東花掩映，窗北竹嬋娟。跡慕青門隱，名慚紫禁仙。假歸思晚沐，朝去戀春眠。拙薄才無取，疏慵職不專。題牆書命筆，沽酒率分錢。柏杵舂靈藥，銅瓶漱暖泉。爐香穿蓋散，籠燭隔紗然。陳室何曾掃，陶琴不要弦。屏除俗事盡，養活道情全。（〈新昌新居書事四十韻因寄元郎中張博士〉，卷19：頁415-416。）

這麼長的詩中，而且是排律，白居易將新昌新居的喜好表露無遺。此詩後半沒引到的部分，乃白居易自述其人生觀及邀約元宗簡與張籍一訪。此詩一開始寫白居易如何在回長安二年後，將囊中所貯存的餘俸，量力而為地買下這個新園舊屋。詩中細述他如何修整這個簷漏梁攲的舊房子，在屋瓦移位、將蠹椽更換，將附近舊屋出入的道路重整，將階梯的磚甎更換。整治後的結果是巷子雖窄，但能讓自家車子進出了，牆雖低，但也高過肩，能稍稍屏隔內外。所以白居易很得意地向元、張兩人宣稱，屋經整治後，「門閌堪駐蓋，堂室可鋪筵」，可以用來接待賓客。從白居易整治新昌宅，便可看出他購屋時並不考慮屋況，而是選擇他喜好的地點。這也是詩中所寫的「不覓他人愛，唯將自性便」，一切以自己的喜好抉擇為主。但是，他選擇的標準，又不是一般人的標準，因為「省吏嫌坊遠，豪家笑地偏」。省吏，即中央官員，他們置產不會選在新昌坊，因為此地距離必須早朝的大明宮

遙遠，而有錢的豪家也不會選這麼偏僻的地點。白居易選此地作為他在長安自購預計長久住所的主要原因，在於他可以任意地改造住所環境的景觀。所以他到處「等閑栽樹木」，種松、植竹、栽花、樹籬、培草、養莎，讓家中住所，有「逸致因心得，幽期遇境率」的氛圍。接下來寫屋中擺飾，也是一副高人逸士的品味，家常使用器具也文雅，牆上以筆題字、以柏杵舂藥、銅瓶裝熱水、爐香穿過爐蓋升起、以紗籠燭（燭較燈高級許多）、室內乾淨無需常清掃，還置有和陶淵明一樣的無弦琴以及屋內有屏風，以隔出內外空間，新昌宅屋內的種種擺設高雅潔緻。

白居易在購入新昌宅不久後，便外放為杭州刺史了。因此他的新昌宅在修整完畢後，其實居住不滿一年，這大概是白居易始料未及之事。如同埋田重夫所歸納整理的研究結果：新昌宅購入後，從白居易外放杭州開始，都是以無人居住的空屋形象出現在詩中。此外，在購入洛陽履道宅後，此宅便成了白居易打算終老的居所，因此長安新昌宅的重要性就逐漸降低；最後，在五十八歲時兒子崔兒夭折後，還有女兒阿羅出嫁後，本來打算「或望子孫傳，不覓他人愛」的長安新昌宅，完全沒有留著的必要，因為白居易打算不再回長安了。因此，白居易在六十四歲時，毫不猶豫地賣掉了他在長安首購的新昌宅。[28]

白居易雖然沒有長住在新昌宅，但對此居處念念不忘之處，便是自己親手種植的七棵松樹。他想念七松的心情常寫在詩句中，如：「新昌七株松」（〈聞崔十八宿予新昌弊宅時予亦宿崔家依仁新亭一宵偶同兩興暗合因而成詠聊以寫懷〉，卷22：頁494）、「新昌小院松當戶」（〈吾廬〉，卷23：頁158）、「唯憶夜深新雪後，新昌臺上七株松」（〈新雪二首〉之二，卷28：頁639），白居易喜愛松與竹，詩集中屢屢出現。[29]但是年輕時任翰林學士的白居易和新婚的妻子楊氏也賃居

---

28 〔日〕埋田重夫著、王旭東譯：《白居易研究：閒適的詩想》，頁188-189。

29 關於白居易對松與竹的鍾愛及描寫，埋田重夫在《白居易研究：閒適的詩想》一

在新昌里，在新昌里的住所，白居易將之命名為「松齋」，曾有過一詩〈松齋自題〉（卷5：頁96），不過白居易在長慶元年購入的新昌宅，白居易努力植松，甚至也將此居所再度命名為「松齋」，並作有〈松齋偶興〉一詩：

> 置心思慮外，滅跡是非間。約俸為生計，隨官換往還。耳煩聞曉角，眼醒見秋山。賴此松簷下，朝迴半日閑。（〈松齋偶興〉，卷25：頁559。）

此詩作於白居易卸蘇州刺後後，重返長安政壇任秘書監五十六歲時。白居易五十一歲離開長安外任杭州刺史後，再回到長安重住新昌宅，中間相隔五年。年輕賃居的新昌里松齋，到首次在新昌坊購屋，而且努力種植松樹，並將屋宇重新命名為松齋的白居易，應該對新昌宅牽纏著濃厚的年少時青春的回憶吧。

白居易貶江州後擔任地方官，若不論東都分司官的話，共擔任過忠州、杭州、蘇州三州刺史，以及晚年六十歲的洛陽地方行政首長：河南尹。在離開長安後的外任官宦生活，白居易都住在公家配給的官舍。刺史及牧守的官舍，因為是州郡之長，因此地方首長的官舍便稱為「郡齋」。官舍和郡齋分際相當明顯，白居易任江州司馬時，詩中只會以官舍稱自己配給的宿舍，到了升任忠州刺史後，詩中才會出現「郡齋」，用以稱呼刺史的宿舍。

其實我們可以發現，同樣是官舍，白居易花了相當多的精力在營建其江州司馬官舍，並將之書寫於詩中。但是，不論是忠州、杭州或蘇州時所居住的郡齋，白居易反而沒有花那麼多的心力在住所環境的

書，專門用一章的篇幅〈第九章　白居易的松與竹〉，進行了深入的研究，其成果值得參考。〔日〕埋田重夫著、王旭東譯：《白居易研究：閑適的詩想》，頁205-239。

營造上，反而以書寫與賓客、僚屬飲讌的詩作居多。我想，這大概是
身為一州太守，政務繁忙，就算是休沐暇日，太守也有設宴慰勞僚屬
的義務。這使得白居易在郡齋時，失去了更多自我的時間及私密空
間，使得他無暇去將郡齋改造成他喜歡的品味及樣貌。例如他在蘇州
刺史所寫的這首詩，便充分地表現出郡齋的讌飲賓客的義務工作：

> 公門日兩衙，公假月三旬。衙用決簿領，旬以會親賓。公多及
> 私少，勞逸常不均。況為劇郡長，安得閑宴頻？下車已三月，
> 開筵始今晨。初點軍廚突，一拂郡榻塵。既備獻酬禮，亦具水
> 陸珍。萍醅篛溪醑，水鱠松江鱗。侑食樂懸動，佐歡妓席陳。
> 風流吳中客，佳麗江南人。歌節點隨袂，舞香遺在茵。清奏凝
> 未闋，酡顏氣已春。眾賓勿遽起，郡寮且逡巡。無輕一日醉，
> 用犒九日勤。微波九日勤，何以治吾民？微此一日醉，何以樂
> 吾身。（〈郡齋旬假始命宴呈座客示郡寮〉，卷21：頁454。）

此詩清楚地寫出白居易任刺史時，於休沐假日，在郡齋讌請賓客僚屬
的過程，且說明了刺史在旬休時宴親賓，甚至是刺史的工作職務之
一。此詩中歷數宴客時的餐飲食物及歌舞聲色之娛，最後向賓客訴說
太守邀客讌飲的意義。不過，從這首詩也可以看出，就算在休假時，
身為一州刺史的白居易還要費心在酬勞郡僚下屬的飲宴工作上，雖然
熱鬧，卻不得休憩。

　　對於一州太守繁重的工作和責任，使得白居易不論是任何地方的
刺史，都顯得戰戰兢兢，無暇植裁經營郡齋周遭。對他而言，郡齋的
生活，可能是刺史工作的延續，難以休息。當然，在稍稍閑暇之餘，
他還是會欣賞一下郡齋景觀，但在欣賞時，依然不脫對工作繁重的感
嘆，如此詩所述：

朝亦視簿書，暮亦視簿書。簿書視未竟，蟋蟀鳴座隅。始覺芳
歲晚，復嗟塵務拘。西園景多暇，可以少躊躇。池鳥澹容與，
橋柳高扶疏。烟蔓嫋青薜，水花披白蘋。何人造茲亭？華敞綽
有餘。四簷軒鳥翅，複屋羅蜘蛛。直廊抵曲房，宛篠深且虛。
修竹夾左右，清風來徐徐。此宜宴嘉賓，鼓瑟吹笙竽。荒淫即
不可，廢曠將何如？幸有酒與樂，及時歡且娛。忽其解郡印，
他人來此居。（〈題西亭〉，卷21：頁455。）

此詩寫出郡齋附屬的建物周遭的景緻，西亭旁有西園可供遊覽賞玩，
池鳥、橋柳、青薜、白蘋等造景亦雅緻，讓白居易讚許「何人造茲
亭」。不過他並沒有像以前一樣想打造環境的意思，反而思索著「此
宜宴嘉賓」，完全沒有想在此處悠遊閑適賞玩的心情。而且詩末還有
些奇怪的想法：若是自己突然卸任後，此處的主人便會換成新的郡
守。無法長久在郡齋居住，以及在郡齋還必須延續飲宴賓客僚屬的工
作，使得白居易不像江州司馬的官舍般喜歡其他各地自己任職的郡
齋。因此，工作的強度還是決定白居易對自己居家住所能夠付出多少
心力的主要因素。白居易後來是以請「百日假」的方式辭去蘇州刺史
的職務，在計畫辭職前，他寫了〈自詠五首〉，其中第三首，明確地
表明了自己身為太守送往迎來宴請賓客的倦怠：

公私頗多事，衰憊殊少歡。迎送賓客懶，鞭笞黎庶難。老耳倦
聲樂，病口厭杯盤。既無可戀者，何以不休官。（〈自詠五首〉
之三，卷21：頁463-464。）

此詩蠻有趣的。白居易用來準備休官的藉口竟然是「迎送賓客懶」！
若是因收稅而必須「鞭笞黎庶」，易產生不忍之心倒情有可原，但是
「老耳倦聲樂，病口厭杯盤」，感覺就是刺史必須經常宴客而煩膩，

且宴客的地點便是郡齋,這也難怪白居易對於歷來居住於各時期的太守郡齋都沒有什麼好感。所以在此組詩的最後一首,白居易直接提出他想離職的原因是因為想要回到不受工作拘束,能得到身心自由的自己的住所:

> 官舍非我廬,官園非我樹。洛中有小宅,渭上有別墅。既無婚嫁累,幸有歸休處。歸去誠已遲,猶勝不歸去。(〈自詠五首〉之五,卷21:頁464。)

此詩提出了可以辭去刺史職務能歸休的理由,就是不論官舍或官園,都不是自己所有。對於已無子女婚嫁之累的白居易,本來就無後顧之憂,在經濟上稍有餘裕後,洛陽的履道宅及渭北下邽的別墅都是自己歸休之住所,記得,白居易此時不提長安的新昌宅,也就是對此時欲休官的白居易而言,回長安政壇不是在他的人生規畫之中。有數處「吾廬」可歸,對於「郡齋」,白居易幾乎全不留戀,甚至頻繁的在郡齋飲宴,其間送往迎來的辛苦,反而成為白居易休官的理由之一。

白居易最後待過的官舍,是任河南尹時的官舍住所。因為白居易晚年退居洛下,任賓客分司東都,因此接下河南尹時,白居易不用遠離洛陽履道坊自宅,遇長假還可以回到自宅。與在忠州、杭州、蘇州的郡齋不同的是,白居易對河南府府齋的西亭,進行了翻修及修葺水亭,他有詩記載此事:

> 因下疏為沼,隨高築作臺。龍門分水入,金谷取花栽。繞岸行初匝,憑軒立未迴。園西有池位,留與後人開。(〈重修府西水亭院〉,卷28:頁647-648。)

白居易對於水畔造景的喜愛程度，埋田重夫有深刻的論述。[30]詩中寫如何疏濬水首再引龍門的水入池，如何築臺，並取金谷園的花來栽種，此詩寫得頗樸實確切。但是詩末卻提到水池最後完成的空間，白居易並不打算完成，反而要留給繼任的河南尹來完成。身為河南尹，卻不作長遠任職的打算，甚至不斷地寫出「幾時辭府印，卻作白由身」（〈晚歸早出〉，卷8：頁651），一直浮現辭官的念頭。

白居易最後一樣以百日假的方式免去河南尹的職務，寫了〈詠興五首〉。其中第二首〈出府歸吾廬〉便是寫出了他離開河南府官舍回歸洛陽履道宅的心情：

> 出府歸吾廬，靜然安且逸。更無客干謁，時有僧問疾。家僮十餘人，櫪馬三四匹。慵發經旬臥，興來連日出。出遊愛何處，嵩碧伊瑟瑟。況有清和天，正當疏散日。身閑自為貴，何必居榮秩。心足即非貧，豈唯金滿室。吾觀權勢者，苦以身徇物。炙手外炎炎，履冰中慄慄。朝飢口忘味，夕惕心憂失。但有富貴名，而無富貴實。（〈出府歸吾廬〉，卷29：頁655。）

詩中無客干謁，成了卸任歸家的最大收穫，可見白居易任河南尹時光迎接賓客及設宴款待，便耗去了相當大的心力。詩中依然秉持著白居易一貫將閑適與富貴相對比的寫作方法，將慵閑疏散的生活跟權勢者以身徇物如履薄冰的戰慄心境對照，寫出雖然身居榮秩，金銀滿室，炙手可熱，自己卻食之無味，心惕憂失，沒有得到肉體和心理的滿足與快樂。此狀態，白居易認為僅得富貴名，而沒享受到富貴所帶來的好處。身已富貴但無福享受，白居易在他的詩中一再地感嘆人生其實不必要這樣過活。

---

30 〔日〕埋田重夫著、王旭東譯：《白居易研究：閑適的詩想》，頁175、186-187。

　　所以當他卸任河南尹，寫了〈詠興五首〉，此五首依序分別是〈解印出公府〉、〈出府歸吾廬〉、〈池上有小舟〉、〈四月池水滿〉、〈小庭亦有月〉。從這五首詩的詩題看來，便是白居易從河南尹府齋官舍回到履道宅家中的過程，組詩的最後三首分別歌誦了居家的景色。這個有池水、小舟及庭月的家居住宅，便是洛陽履道宅。有關白居易履道宅的研究，學界已累積非常豐富的成果。包括此宅及園池的面積、方位、布置，還有白居易如何經營此宅第及生活此間的心境變化，在在都是學界相當關注的研究熱點。當然，自白居易購入此宅，到卸任刑部侍郎遠離長安政壇歸居洛下的大和三年，此時白居易五十八歲，從此到辭世，其間十八年都居住在此宅，此宅也成為白居易最終安老之處。

　　白居易從購入洛陽履道宅開始，到晚年辭世之前，不斷地在其詩及文中敘述此宅，使得履道宅成為白居易所有住宅中變化歷程最為完整的屋宇池園，其中變化及經營，也完全呈現了白居易對住所的品味要求。長慶四年五月，五十三歲的白居易杭州刺史任滿，遷轉太子右庶子，在他向當時的宰相牛僧孺請求後，如意地以太子左庶子分司東都，而在自求分司前，他已經購入了履道宅。或者說，購入履道宅時，他必須前往長安赴任太子右庶子之職，但他憑藉著聲望人脈，向門生宰相牛僧孺請求分司成功，此宅可能就是他想留在東都洛陽的重要原因。在購入履道宅時，白居易快樂地寫下此詩：

　　　三年典郡歸，所得非金帛。天竺石兩片，華亭鶴一隻。飲啄供
　　　稻粱，包裹用茵席。誠知是勞費，其奈心愛惜。遠從餘杭郭，
　　　同到洛陽陌。下擔拂雲根，開籠展霜翮。貞姿不可雜，高性宜
　　　其適。遂就無塵坊，仍求有水宅。東南得幽境，樹老寒泉碧。
　　　池畔多竹陰，門前少人跡。未請中庶祿，且脫雙驂易。買履道
　　　宅，價不足，因以兩馬償之。豈獨為身謀，安吾鶴與石。（〈洛下
　　　卜居〉，卷8：頁162。）

此詩的主角，乍看之下好像是白居易從杭州帶回來的石與鶴，為了安置其石與鶴，所以白居易選擇了在洛陽購屋。在擇地上，白居易挑選了洛陽東南邊履道坊的這座有水池的屋園，「仍求有水宅」，則是為了安置大型水棲鳥禽的「丹頂鶴」。此宅除了有水以外，還多竹無塵，且稍稍遠離喧囂的市區，對白居易而言是最佳養老的住所。並且他可以盡量地改造園池屋宇，將房屋營建成他喜愛的樣貌。

白居易的洛陽履道宅形勢樣貌還有白居易經營的過程，在〈池上篇并序〉一文中有比較清楚的說明：

> 都城風土水木之勝，在東南偏。東南之勝，在履道里。里之勝在西北隅。西閈北垣第一第，即白氏叟樂天退老之地。地方十七畝，屋室三之一、水五之一、竹九之一，而島樹橋道間之。初樂天既為主，喜且曰：雖有臺，無粟不能守也，乃作池東粟廩。又曰：雖有子弟，無書不能訓也，乃作池北書庫。又曰：雖有賓朋，無琴酒不能娛也，乃作池西琴亭，加石樽焉。(〈池上篇‧序〉，卷69：頁1450。)

此序首先點出履道宅在洛陽東南側履道里的西北隅，在西邊里巷之門靠里坊短牆的第一間屋園，即白居易打算退老之地。一開始白居易購入的屋池園比例，大概屋宇佔十七畝的三分之一，約5.67畝，池水大概3.4畝，[31] 而竹林大概1.89畝，後來白居易又營建了池東粟廩、池北書庫‧池西琴亭，換言之，在原有的建築群再環著池水各加建了二棟建築。白居易在〈池上篇‧序〉繼續寫：

> 樂天罷杭州刺史時，得天竺石一、華亭鶴二以歸，始作西平

---

31 不過白居易在初購入履道宅作詩，又提到「十畝閑居半是池」(〈池上竹下作〉，卷23：頁523)，所以大概是五畝，又與其〈池上篇序〉的數字不合，令人費解。

橋，開環池路。罷蘇州刺史時，得太湖石、白蓮、折腰菱、青
板舫以歸，又作中高橋，通三島徑。罷刑部侍郎時，有粟千
斛、書一車，洎臧獲之習管磬絃歌者指百以歸。

白居易罷杭州刺史來洛陽才購入履道宅，所以西平橋及環池路，應該
是和池東粟廩、池北書庫、池西琴亭同時期添建完成。蘇州刺使任
後，加建中高橋，而罷刑部侍郎後，主要是憑添了十個歌舞樂者，可
能要另闢屋宇讓這些家伎居住生活，所以履道宅最後變成了「十畝之
宅，五畝之園，有水一池，有竹千竿」，也就是增加了約四畝多的建
築物面積。而竹林擴場了近二倍，從1.89畝到五畝，因此竹子的數量
到了千竿那麼多，這有可能是池水縮小面積。

白居易對於履道宅的營建及改造，一直是親力親為，如他在此詩
中所寫的：

江州司馬日，忠州刺史時。栽松滿後院，種柳蔭前墀。彼皆非
吾土，栽種尚忘疲。況茲是我宅，葺藝固其宜。平旦領僕使，
乘春親指揮。移花夾暖室，洗竹覆寒池。池水變淥色，池芳動
清輝。尋芳弄水坐，盡日心熙熙。一物苟可適，萬緣都若遺。
設如宅門外，有事吾不知。（〈春葺新居〉，卷8：頁165。）

白居易舉出了自己任江州司馬及忠州刺史時，對於官舍及郡齋周遭環
境的經營改善，栽松種柳，毫無倦態。因此在購入履道宅後，白居易
便親領僕役，指揮他們修葺家園。詩中提到修葺的實作，只有「移花
夾暖室，洗竹覆寒池」二事。「洗竹」難解。謝思煒註此詩時引北宋
陸佃《埤雅》卷十五：「今人穿沐叢竹，芟其繁亂，不使分其勢，然
後枝幹茂擢，俗謂之洗。洗竹第如洗華例，非用水也。」[32]也就是說

---

32 〔唐〕白居易著、謝思煒校注：《白居易詩集校注》，卷8，頁716。

洗竹乃是入竹林以水灌漑並芟剪竹篁枝葉，所以乃是修葺竹林，而非用水洗竹。此註有理，但是「覆寒池」又難解，難道是將修剪後的竹子枝葉置於池上嗎？因此造成「池水變淥色」嗎？不解，待考。不過此詩雖然以修葺新居為題，詩中修葺的細節卻一筆帶過，大概白居易此詩乃是藉修葺展現其悠閑的生活及修建居家環境的興趣和品味吧。不過白居易在下面這首詩就比較詳細地提及其修葺屋宇的細節：

> 弊宅須重葺，貧家乏美財。橋憑川守造，樹倩府僚栽。朱板新猶溼，紅英暖漸開。仍期更攜酒，倚檻看花來。（〈題新居呈王尹兼簡府中三掾〉，卷23：頁525。）

白居易此詩是感謝詩，對於當時任河南府尹的王起及河南府中三位僚屬幫忙整修新購的履道宅，表達感激之意。首句的「弊宅須重葺」，可見白居易在購入此宅時，屋況並不好，而白居易也沒有多餘的錢可以大規模修繕房屋，因為他當時為了購入此宅，存款不足還賣了兩匹馬來湊足屋價。所以，他請時任河南尹的王起幫忙造池上之橋，另外再請府掾植樹種花。白居易利用他的人脈和聲望，可以動用公家的資源，使園林屋況因修葺而變得更好，這種做法跟杜甫當年修葺浣花草堂請求縣令、縣尉幫忙建造及提供建材和花草一事，如出一轍。

　　白居易在修葺完履道宅不久後，又離開洛陽，前往蘇州任刺史。接下來，被當時宰相也是同年制舉登科好友韋處厚延攬至長安任秘書監，於秘書監期間賜金紫，接著任刑部侍郎，於人生仕宦之途達到了頂峰，置身於長安政壇的權力中心，成為朝廷要員之一。但隨著韋處厚猝逝，白居易也對長安爭權奪利的官宦生活厭煩，加上弟弟白行簡的往生，讓他最終放棄在長安政壇發光發熱的機會，再度以百日假棄官東歸洛陽。

　　白居易購入洛陽履道宅時，在手頭上付款有些吃力，因為這處園

宅，本來便是柳宗元岳父、曾任散騎常侍、刑部侍郎及京兆尹的楊憑
所創建的豪宅。白居易會一眼覷定，就算手頭不寬裕，而且「弊宅須
重葺」，大概是因為宅園中的水池讓他愛不釋手，決意擁有。這種強
烈渴望擁有此園林屋宅的心情，在此詩中完全呈現出來：

> 白蘋湘渚曲，綠篠剡溪口。各在天一涯，信美非吾有。何如此
> 庭內，水竹交左右。霜竹百千竿，煙波六七畝。泓澄動階砌，
> 淡泞映戶牖。蛇皮細有紋，鏡面清無垢。主人過橋來，雙童扶
> 一叟。恐污清冷波，塵纓先抖擻。波上一葉舟，舟中一樽酒。
> 酒開舟不繫，去去隨所偶。或繞蒲浦前，或泊桃島後。未撥落
> 杯花，低衝拂面柳。半酣迷所在，倚榜兀回首。不知此何處，
> 復是人寰否？誰知始疏鑿，幾主相傳受。楊家去云遠，田氏將
> 非久。天與愛水人，終焉落吾手。此池始楊常侍開鑿，中間田家
> 為主，予今有之。蒲浦、桃島，皆池上所有。（〈泛春池〉，卷8：頁
> 166。）

此詩一開頭，跟〈官舍內新鑿小池〉、〈草堂前新開一池養魚種荷日有
幽趣〉等詩的寫法很接近，也是拿自家官舍小池、草堂小池，和長江
水相比，但自家小池終究勝出。極端喜愛及欣賞自己所擁有的東西，
是白居易面對住所時品味的基礎。所以，優劣好壞的品味，建立在自
己是否擁有所有權。此詩接下來開始寫履道宅池水及竹林之美，並細
數此宅創建於楊憑，中間易手田家，最後「天與愛水人」，讓此園宅
最後歸於白居易之手。

　　最後，白居易對於住所的品味，也就是擁有後加以改造成自己喜
愛的樣貌，並與之共同生活，在珍愛欣賞的過程中，不斷修改及增添
擁有物的優美。對於住所屋宅的想法，白居易自居為「主人」，珍惜
看待屋宅中的一切，如此詩所寫的：

> 門庭有水巷無塵，好稱閑官作主人。冷似雀羅雖少客，寬於蝸
> 舍足容身。疏通竹徑將迎月，掃掠莎臺欲待春。濟世料君歸未
> 得，南園北曲謾為鄰。（〈題新居寄宣州崔相公〉，卷23：頁
> 522。）

此詩詩題下白居易註：「所居南鄰，即崔家池」，而宣州崔相即崔群，
白居易與當時同為翰林學士的崔群好友為鄰居，但崔群卻遠在宣州任
官，讓白居易獨為「主人」。其實從〈池上篇〉記載以來，白居易說
要安其鶴與石才購入履道宅，其實也是站在「主人」的擁有者角度，
來對待其擁有物。杭州卸任帶回的天竺石與華亭鶴，罷蘇守帶回來的
太湖石、白蓮、折腰菱、青板舫，白居易將之稱為「江南物」。在病
免刑部侍郎從長安政壇回到洛陽履道宅後，白居易立刻檢點這些置於
園池的江南物的狀況：

> 歸來未及問生涯，先問江南物在耶。引手摩挲青石筍，迴頭點
> 撿白蓮花。蘇州舫故龍頭闇，王尹橋傾雁齒斜。別有夜深惆悵
> 事，月明雙鶴在裴家。（〈問江南物〉，卷27：頁610。）

這裡面的青石筍、白蓮花、蘇州舫及鶴，的確是江南物，但為何河南
尹王起為白居易園宅搭建的橋也算江南物？其實詩中所謂的江南物，
就是白居易身為主人的「擁有物」，對於自己所擁有的物件在意關
心，便是其經營住所的品味。最後一句，更見得白居易身為主人對自
己所有物的迷戀，即是他在長安任官時，被宰相強索他所圈養的丹頂
鶴。裴度向白居易強索洛陽雙鶴的主要理由，是希望白居易能留在長
安不要回洛下隱退，將雙鶴移至裴家有池水的屋宅飼養，因為白居易
的新昌宅無水池可以養鶴。但最後白居易還是棄官歸洛，所以裴度也

只好再將雙鶴奉還，讓雙鶴回到白居易的洛陽履道宅中。[33]對於自己住所的所有物，白居易除了隨時洗竹及修葺屋宇外，也經常「虹梁雁齒隨年換，素板朱欄逐日修」（〈答王尚書問履道池舊橋〉，卷27：頁623），以主人的身分仔細照顧園宅中的一切。

白居易在開成三年，年六十七時，有蘇州故吏來訪，他感性地寫下此詩：

> 江南故吏別來久，今日池邊識我無？不獨使君頭似雪，華亭鶴死白蓮枯。蓮鶴皆蘇州同來。（〈蘇州故吏〉，卷34，頁779-780。）

隔了一年後，六十八歲的白居易中風，又寫了這首詩：

> 畫梁朽折紅窗破，獨立池邊盡日看。守得蘇州船舫爛，此身爭合不衰殘。（〈感蘇州舊舫〉，卷35，頁792。）

江南物除了青石筍外，幾乎不復存在，與己身對照，身中風痹之症的白居易也覺得離大去之期不遠矣。所以他便放伎賣馬，撤消一切聲色及出遊之娛，固守於履道宅靜待死亡的來臨。六十八歲之後的白居易心中無憂無懼，懷著即將遠行的心暫住履道宅，如他所說的：「還似遠行裝束了，遲迴且住亦何妨」（〈老病相仍以詩自解〉，卷35：頁796），風痹之後的履道宅，從歸休的行動實踐白居易筆下的「中隱」之地，反而成了白居易即將遠行大去的起點了。

---

33 裴度索鶴、還鶴事件的相關考證，可參見陳家煌：〈從鶴的物性看白居易詩中的鶴〉，《成大中文學報》第45期（2014年6月），頁118-121。

第五章
詩人品味的展現：興趣嗜好

一　退屈生活與消遣時光

　　芳村弘道在討論白居易閑適詩時，提到一個很獨特的觀點，幾乎是前人所未言的，就是白居易的閑適詩是建立在自己感覺到「窮」時，以一己之力轉念克服的一種境界，他寫到：

> 如果把窮境中的憂悲直率地吟詠出來，那就是「感傷詩」和「雜律詩」。但「閑適詩」正如其名是表現閑靜適意境界的詩，果真如此，在窮境中怎樣才能讓內心不趨於憂悲之情而進入閑適的境界呢？我認為，揭示其中奧秘的正是「知足保和」。即是說用「知足」之理律於心，因而能夠得以「保（心之）和」，依靠這些就能進入閑適的境界。「知足保和」不是得以立於閑適境界的狀態，而應理解為詩人列舉的為在窮境中讓心進入閑適之境而追求內面充實的精神修養的核心例子之一。[1]

　　依芳村弘道的理解，白居易的閑適是靠內心鍛鍊修持而來所達到的某種境界，這種用知足保和克服窮境來達到閑適境界的說法，相當新奇有意思。所以芳村弘道接著闡釋，陷入窮境的白居易，靠著知足保和來鎮避俗念，達到在閑適境界中得以自適。因此他在下邽、江州的窮境時才創作那麼多閑適詩。在芳村的想法中，「知足保和」成為

1　〔日〕芳村弘道著、秦嵐等譯：《唐代的詩人研究》（北京：中華書局，2014年），頁164。

白居易修養心性來面對人生窮境的方法，甚至認為最後白居易的詩不再以四類區分，而只以形式分為律詩及格詩，原因便是白居易的人生窮境消失：

> 正是意識到了窮境才詠出「閑適詩」。……「閑適詩」的分類之所以消失，主要可以認為是因為隨著仕途升遷，白居易對「窮」的意識變得淡薄之故。而且，「諷諭詩」的情況是，由於白居易後來未再擔任諫官，所以盡管有「兼濟之志」，但再也沒有出現過曾經那樣的創作高潮了。可以說，這也是詩人在中晚唐時代當過當官生活的身世使然的。[2]

芳村弘道將白居易居於窮境並以知足保和的方式來將之化解，視為其創作閑適詩的分類理由。看法新穎卻有點牽強，因為白居易在江州時將詩分為四類，其中「諷諭」及「閑適」二字連用成詞組，都是創始於白居易。「感傷」雖在白居易前也有人連用成詞組，但定位沒白居易那麼明確。這三組詞組有一個特色，便是前字與後字有因果相連的關係，例如三類分別是「諷而諭」、「閑而適」、「感而傷」，前一字是必然條件，再引起後一字的效果。若是如此，那麼白居易意識到窮才詠出閑適詩的說法，就有點窒礙不通了。不過，芳村弘道卻提出了一個值得思考的觀點，也就是從江州司馬後，兩度回長安任官，出任蘇杭大州刺史，到最後退居洛下的白居易，人生中已鮮少出現「窮境」。因此他對於「窮」的意識變得淡薄，關於這點，對其人生及創作態度，的確是有相當大的影響。

　　在人生或仕途上會感到窮境，大抵是受到了阻礙，使得自身無法朝著想做的事或理想再進一步。換言之，感到「窮」，乃是因為

2　〔日〕芳村弘道著、秦嵐等譯：《唐代的詩人研究》，頁168。

「困」，所以「窮困」一詞，大約可以看作同義複詞。白居易自任忠州刺史後，仕途開始順遂，甚至擁有可以依靠的關係人脈，遂行其「選官」的自由。雖然他都是拒絕進入長安名利地的政壇權力核心，求分司東都，不過若無相當的政治資本，光提出這種要求便是逾矩而無分寸。如果說白居易在中晚年開始對窮的意識變得淡薄，那最主要的原因就是他自甘放棄讓仕途更上一層的機會，以「不爭」及「退屈」來使自己不會再度處於「窮境」的狀況。對於中年無端被貶江州一事，成為白居易餘生中難以揮去的陰影，如他在後來所寫的這首詩，還是呈現出日後可能會無端遭貶的恐懼：

> 七年囚閉作籠禽，但願開籠便入林。幸得展張今日翅，不能辜負昔時心。人間禍福愚難料，世上風波老不禁。萬一差池似前事，又應追悔不抽簪。（〈戊申歲暮詠懷三首〉之三，卷27：頁606。）

此詩作於大和二年白居易五十七歲時。首句的「七年」，若往前推，則是長慶二年，此年七月，白居易因元稹與裴度交惡之事，外放杭州任刺史。若以仕途而言，接下來白居易任蘇州太守、三品秘書監賜金紫，到寫此詩時任刑部侍郎，基本上已進入長安政局的核心。但是此詩一開頭卻將順遂的仕途，形容成「囚閉作籠禽」，令人不解。不過寫作此詩的白居易此時，正打算再以百日假的方式，放棄刑部侍郎的官位回洛陽履道宅。此詩中所展現居安思危意識強烈，詩末所提到的「前事」，近則七年前外放杭州之事，遠則在元和年間左遷江州之事，全都是離鄉背景，拘束壓迫如籠禽不得自由。因此此詩最後一句，則是白居易自勸自己及早抽簪，遠離權力場域以全身免禍。

　　白居易在打算放棄長安政壇中刑部侍郎這個重要官位時，詩中不斷地出現對於任官時所產生的「厭煩」的感受。其實不僅在長安任刑

部侍郎時有不斷以詩描寫自身任官的「厭煩感」，白居易強烈地在詩中透露出厭煩感，是從任蘇州刺史時開始的。厭煩的產生，現代挪威哲學家拉斯・史文德森提出了值得我們參考的說法：

> 當我們不能做自己想做的事，或被迫去做自己不想做的事時，往往感到厭煩。然而，要是我們不知道自己想做什麼，或沒有能力找出生命的意義時，又該如何？此時，我們會發現自己陷於喪失意志力的深刻厭煩中，因為意志無法牢牢抓住任何事物。[3]

所以，白居易在蘇州刺史任上，已逐漸感覺自己在做著不想做的事，而且不能從事自己喜歡做的事。所以最後他產生了強烈的厭煩感，這種厭煩感使得他在從事刺史工作時甚至感到束縛窒息而不得自由，強力地想要擺脫這種處境。這種處境，便是任官的處境，就算這個官職是「版圖十萬戶，兵籍五千人」的江南最大州郡：蘇州。若我們仔細比較白居易前後任杭州、蘇州兩州太守的心態，最大的差異便是，白居易在任杭州刺史時，尚未在詩中出現對擔任此官職的厭煩感。但自蘇州任上的中後期開始，這種對於任官的厭煩感，便產生一直持續到他以病假為由卸任蘇州太守為止。

　　白居易的杭州刺史當到任滿離職，在杭州守任上，我們看到白居易還算對工作樂在其中。在洛陽任太子左庶子分司時，接到派任蘇州刺史的命令，以心境來說，並沒有多大的排斥：

> 亂雪千花落，新絲兩鬢生。老除吳郡守，春別洛陽城。江上今

3　〔挪〕拉斯・史文德森（Lars Svendsen）著、黃煜文譯：《最近比較煩：一個哲學思考》（臺北：商周出版社，2009年），頁41。

重去，城東更一行。別花何用伴，勸酒有殘鶯。(〈除蘇州刺史別洛城東花〉，卷24：頁528)

此詩輕快活潑，充分傳達了白居易想赴任蘇州的愉快心情。雖然在詩的表面上傳達對洛陽城春花不捨，但詩外之意更是對能重遊江南有深切的期待。對於赴任蘇州，一開始白居易還會跟當時的宰相好友開玩笑：

為問三丞相，如何秉國鈞？那將最劇郡，付與苦慵人。豈有吟詩客，堪為持節臣？不才空飽暖，無惠及飢貧。昨臥南城月，今行北境春。鉛刀磨欲盡，銀印換何頻！杭老遮車轍，吳童掃路塵。虛迎復虛送，慚見兩州民。(〈去歲罷杭州今春領吳郡慚無善政聊寫鄙懷兼寄三相公〉，卷24：頁530。)

此詩完全展現了白居易初任蘇州刺史的得意心情。詩中的三丞相，分別是李程、竇易直和裴度。其中裴度是三朝老宰相，而派任白居易為蘇守的，應該是他在翰林院同時任學士的李程。但是白居易此詩以半開玩笑的口吻，質問宰相是如何「秉國鈞」，決定唐朝人事派任。但詩句的背後意思，當然是感謝三宰相將「最劇郡」的蘇州，付與自謙為「苦慵人」的白居易。在詩中，白居易自稱為像鉛刀無用的不才詩客，但是「南城」、「北境」的提出，直接展現了白居易勤奮治理州民的辛勞。最後寫到卸任杭州時，杭民「遮車轍」，赴任蘇任刺史時，又得到吳童掃路塵的歡迎，在在都透露出白居易的得意之情。

但是白居易任蘇守不久，便在詩中展現其任官的厭煩感。這種厭煩感首次出現在此詩之中：

經旬不飲酒，逾月未聞歌。豈是風情少，其如塵事多！虎丘慚

客問，娃館妓人過。莫笑籠中鶴，相看去幾何。（〈題籠鶴〉，
卷24：頁532。）

此詩題雖是〈題籠鶴〉，但詩中只有最後以一種同病相憐的口吻寫到
鶴及其狀況，所以此詩完全是以籠鶴自喻任蘇守的處境。若從此詩的
自憐自艾看來，過重的太守工作，使得白居易無法從事自己喜歡的
事，如飲酒、聽歌，還有遊覽吳地名勝古蹟。任太守時「塵事多」，
讓白居易在擔任蘇州太守時感到興味索然。在擔任一陣子的蘇守後，
白居易甚至向摯友元稹感嘆「自覺歡情隨日減，蘇州心不及杭州」
（〈歲暮寄微之三首〉之一，卷24：頁539），可見白居易在蘇州時，
對於任官一事，愈來愈感到厭煩。

任蘇守到後來，不僅厭煩，甚至連「無聊」的感覺都出現了：

豈獨年相迫，兼為病所侵。春來痰氣動，老去嗽聲深。眼暗猶
操筆，頭斑未掛簪。因循過日月，真是俗人心。（〈自歎〉，卷
24：頁541。）

對於自己的肉體逐漸衰老，且有慢性病纏身，卻忙於公事，在眼暗的
身體狀況下猶然操筆批公文，處理政務，而頭髮斑白未掛簪去官，使
得白居易認為蘇州太守任上的日子，只是「因循過日月」，僅為了俸
祿而工作，在生活中喪失了主體性，不像他杭州刺史任上，他還有氣
力及心願想要替百姓服務，做出一點州郡政績。在蘇守任上的後期，
白居易完全認為這項工作是勉力為之，蘇州刺史的職位雖然尊貴，但
他已從這個職務中找不到工作的意義，也就是他喪失了擔任重要職位
所具備的熱情。他的倦怠感，引發出他的厭煩，再由持續累積的厭
煩，最終變成了視此工作為無聊的俗人事務，反而造成自我厭惡：厭
惡著無法從此職位處境脫身的自我。

　　白居易的這種由厭煩、無聊情緒最終產生的自我厭惡，在他後期蘇州詩作中一再呈現。大家所忻羨的官位及尊榮，對此時的白居易來說反而是種束縛。而且重要的是，繁忙的政務耗去他太多的時間及精力，使他無法從事真正想去做的事。但是他又難以從這種處境中退出，找到自己的自由，無法自在。這種進退維谷的景況，在下面這首詩中表現地很清楚：

> 少年賓旅非吾輩，晚歲簪纓束我身。酒散更無同宿客，詩成長作獨吟人。蘋洲會面知何日，鏡水離心又一春。兩處也應相憶在，官高年長少情親。（〈郡中閑獨寄微之及崔湖州〉，卷24：頁541。）

白居易向自己同年崔玄亮（768-833）及元稹發出擔任蘇州刺史感到無趣的傷嘆。年少已逝，而簪纓束身，肉體上和心靈上都得不到真正的自由自在、如意順心，喜歡的詩酒之事，又無人可以共樂，三人分散在湖州、越州及蘇州，都分別被官職束縛，最後白居易深嘆「官高年長少情親」，就算官高，終也是無趣，因此也深覺「詩情酒興漸闌珊」（〈詠懷〉，卷24：頁547），對平常喜愛的事也提不起勁。

　　若我們細看白居易蘇州刺史後的歷任官職，白居易在位高權重的職位，大多最後選擇以百日病假休官。任職時無法有始有終，有可能會被時人認為不負責任。但白居易卻在晚年時以詩句自詡自己「一生耽酒客，五度棄官人」，詩句下自註：「蘇州、刑部侍郎、河南尹、同州刺史、太子少傅、皆以病免也」，也就是白居易對自己棄官的行為並不以為可恥，甚至認為可以是寫進詩中拿來向世人炫耀的事。筆者認為，白居易在仕宦場域中，不斷地展現其「退屈」的作為，來換取他想要的閑暇無事時光。

　　「退屈」，在商務印書館出版的《增修辭源》解釋是：「畏縮屈服

也,《宋史‧李綱傳》：今未嘗盡人事，敵至而先自退屈。」[4]若反查辭例所引《宋史》原文：「何謂務盡人事？天人之道，其實一致，人之所為，即天之所為也。人事盡於前，則天理應於後，此自然之符也。故創業、中興之主，盡其在我，而以其成功歸之於天。今未嘗盡人事，敵至而先自退屈，而欲責功於天，其可乎？」[5]這個辭彙也出現在佛典中，但大概都是用「不退屈」來達成其正面義，如查閱《佛光大辭典》，其「退屈」釋文：

> 即退步屈服之心。菩薩修行有三種退屈心之難關，即菩提廣大屈、萬行難修屈、轉依難證屈。對治此三退屈者，稱為三練磨。〔成唯識論卷九〕（參閱「三退屈」604）。[6]

大部分佛經在用退屈一辭，都是用其反義「不退屈」，表示菩薩證修勇猛不退。[7]若我們不將「退屈」視為負面用辭，映照白居易在官場上「退屈」之作為，那麼，為了消除厭煩及束縛，白居易在晚年任官時，大都以退屈態度來逃離官場的不適及煩燥。[8]

4　臺灣商務印書館編審委員會編纂：《增修辭源》（臺北：臺灣商務印書館，1978年），頁酉‧144。

5　〔元〕脫脫等撰：《宋史》（北京：中華書局，1977年），卷359，頁11269。

6　（釋）慈怡主編：《佛光大辭典》（高雄：佛光出版社，1989年），頁4333。

7　如丁福保編的《佛學大辭典》中「退屈」條的解釋如下：（術語）菩薩修行有可生三種退屈心之難關。見三退屈條。唯識論九曰：「修勝行時有三退屈。」圓覺經曰：「汝善男子！當護末世是修行者，無令惡魔及諸外道惱身心，令生退屈。」見丁福保主編：《佛學大辭典》（臺北：新文豐出版社，1985年），卷中，頁1761-1762。因此，佛教在談退屈時，大多以「不退屈」的反面意思加以勉勵使用。

8　後來在日文中的退屈（たいくつ）這個辭彙，轉變成「無聊」的意思，而且與つまらない、くだらない等不同，大概是指當下無事可做而產生無所聊賴的感覺，與中文或佛教原義的退縮屈服不同。但是，由退縮屈服轉變成無可聊賴難以打發時光的意思，這種轉變，也值得本章思考，對於白居易退屈後，會不會有多餘的時間無法打發、無事可做而感到無聊？其於政壇的退屈決斷，對其閒暇時光如何打發、排

那麼，在官宦場域採取退屈策略後，白居易有得到什麼想要的回饋嗎？有，那就是他成為名符其實的「有閑階級」。罷官後擁有閑暇自適的時光，白居易不吝於詩中大方吟詠：

> 五年兩郡亦堪嗟，偷出遊山走看花。自此光陰為己有，從前日月屬官家。樽前免被催迎使，枕上休聞報坐衙。睡到午時歡到夜，回頭官職是泥沙。（〈喜罷郡〉，卷24：頁554。）

對於身任杭、蘇兩郡刺史的時光，白居易深嘆在兩地遊山看花都是公務之餘擠出來偷偷從事的活動。所以，光陰日月操之於己或被拘限於官家，對晚年的白居易而言，是否能自由地掌控時間從事想做的事，幾乎是餘生快不快樂的主要條件。最後白居易棄官，成了有閑階級，而且也擁有富貴的社會地位和聲望。退居洛陽，享受漸老的餘生。卸任蘇州刺史的白居易，在長安有新昌宅，在洛下有履道宅，而且可依其政治資本向執政者請求分司東都。就算回長安任官，也是衣食無虞，可以過著富裕的生活。所以他休官時，向下屬周元範闡明：「辭官歸去緣衰病，莫作陶潛范蠡看」（〈酬別周從事二首〉之一，卷24：頁550），表明自己辭官歸洛的境況，和陶潛掛冠歸隱躬耕，還有范蠡功成後於五湖泛舟退隱不同。自己依然還在官僚系統內領薪俸，只是不再擔負重責大任。這也就是白居易自謂的「中隱」。而中隱並非隱居埋名，而是依然具備官員身分。辭蘇守後的白居易，成了「自此光陰為己有」的有閑人士，而有閑人士代表著最重要的意義，日人國分功一郎有很清楚的解釋：

> 有閑所代表的意義是什麼？無須多言，所謂有閑便是有餘裕，

解，也是本章必須深切思考的切入點。當然，筆者在設本小節標題時，有將日文的退屈意思思考進去。

所謂有餘裕便是豐饒富足。意即不用勞碌工作也能夠過日子，具備這樣的經濟條件。相反地，無閒暇的是什麼樣的人呢？所謂無閒暇的人，是沒有可以自由支配時間的人，換言之，**便是若自己的大半時間不花在勞碌工作上便生存不下去的人**。所謂無閒暇的人，指的是沒有經濟上餘裕的人。[9]

白居易也不是不顧自己的經濟條件便任意棄官的人。為了讓自己能自由地支配時間，好從事自己喜歡的事，白居易對於自己的「活計」有所打算，在辭官後有算過他的餘資是否能支撐自己過著有餘裕的有閒生活，例如他辭蘇守後寫的這首詩：

自喜天教我少緣，家徒行計兩翩翩。身兼妻子都三口，鶴與琴書共一船。僮僕減來無冗食，資糧算外有餘錢。攜將貯作丘中費，猶免飢寒得數年。（〈自喜〉，卷24：頁551。）

從這首詩看來，雖然白居易自喜家業不大，而且他前往蘇州赴任時，只帶了妻子和他的獨生女阿羅，所以辭官卸任回洛陽時，「身兼妻子都三口」，不過卻歸航的船上還多了琴書及丹頂鶴。詩中末兩聯相當俗氣，白居易細數自己的「餘錢」，在經濟無虞時，他才做出辭官的決斷。對於確保經濟無虞，白居易也在詩中提過：「還鄉無他計，罷郡有餘資」（〈自問行何遲〉，卷21：頁467）。所以就算歸鄉，白居易依然不用花費心力在工作上，可以確保他不用工作也過著富裕有餘裕的生活。況且，主張而且實際過著有閑的生活，就是炫耀其身分地位的一種手段。在唐代的貴族封建社會，社會地位幾乎全建立在官位品階的高低，所以白居易不斷地在詩中檢討呈現其職事官的品階，這也

9　〔日〕國分功一郎著、方瑜譯：《閒暇與無聊》（新北：立緒文化事業公司，2018年），頁100。

是一種再次確定自己於社會位階（Class）的方法。但是自從他辭蘇守、辭刑部侍郎，退居洛下，不斷地向世人宣稱其閑暇生活時，他的目的，根本也是以有階的狀態炫耀其身分地位，如范伯倫所說的：

> 遠離勞動不僅僅是一項尊貴或值得豔美的行動，且在現時已成為具有身分地位的一個先決條件。在累積財富的早期階段，對財產作為博取聲譽基礎的主張是極其天真及迫切的。遠離勞動是公認的財富的證據，也因此是社會地位的公認符記；而這項對財富豔美度的主張帶來對休閒更強烈的要求。[10]

對白居易而言，所謂的遠離勞動，即是遠離任官的繁重職務。雖然在任官的工作勞動中，更可能令唐朝士人的身分地位更加提高，但是白居易於官場選擇退屈遠離。所謂的退屈遠離，是他其實是有資格及機會在官位上更上一層，但他卻選擇了退卻委屈，退居洛下。他也因為將政治資本有效地轉化為閑暇時光，反而讓他能用閑暇向其他士人官員炫耀其「有閑」的身分和地位，最終博得其他官員的羨慕，擁有不見得是更高，但卻是另類的被豔羨的身分地位。

　　不用花費時間精力在養家活口的工作，就表示白居易隨心所欲地分配使用自己的時間，這也是他得意地說出「自此光陰為己有」的原因。不過，時間過剩，無事可做，從政壇退屈中隱的白居易，也可能會落入日文詞彙退屈（たいくつ）的狀況，如此便可能淪入國分功一郎所謂的「空虛的狀態之中」：

> 從事消遣的時候，我們是在找尋應該做的事情。應該做的工作。走在街道上，數行道樹的數量。坐下來在地面上畫畫。找

10　〔美〕范伯倫（Thorstein Veblen）著、李華夏譯：《有閒階級論——一種制度的經濟研究》（新北：左岸文化事業公司，2007年），頁46。

些什麼應該做的事情，然後從事該工作。……即便如此，為什麼無聊的我們，會找尋值得做的工作，並且從事該工作？工作這種事情，平常指的是能力所及之事、但能不做最好吧？不，並非如此。若沒有應該做的工作，人們會被放置在什麼都沒有、空虛的狀態之中。然後，人們耐受不了無事可做的狀態。因此會找尋工作。[11]

接下繁忙工作時雖然會感到厭煩，不過沒有工作後所遺留下來的時間，似乎也會造成退屈無聊的窘況，不厭煩了，反而覺得無聊，甚至生活乏味無趣，這就是處在「空虛狀態之中」，反而會覺得無所適從。此時，興趣嗜好就成了很好打發消磨時間的事物。而真正的有閑階級的「貴族」，便如何知道、如何活用閑暇的方法，如國分繼續寫到：

舊有既存的有閒階級，例如貴族便知道何謂「充滿品味的閑暇」。有閒階級，正確地來說是具有有閒階級傳統的人們，知道活用閒暇的方法。他們能夠用充滿品味的方法，來活用閒暇時間。[12]

白居易不算貴族，他父親白季庚（729-794）只擔任到副太守的中階職位。雖然因戰功，任五品文散官並著緋，並庇蔭一子（應該是庇蔭長子白幼文）。但白家在白居易出生時僅是當時中下官員階層家族，大部分的家族成員都任地方官，幾乎無人在朝中任京官。況且，白居易是白氏家族第一位進士出身的成員，弟弟白行簡是第二位，堂弟白敏中（792-861）是第三位。雖然白敏宗在宣宗朝爬升到宰相，但也是白居易身後的事。所以，白居易的品味幾乎後天訓練的，經由後天

11 〔日〕國分功一郎著、方瑜譯：《閒暇與無聊》，頁198。
12 〔日〕國分功一郎著、方瑜譯：《閒暇與無聊》，頁109。

的訓練，及在官場中的耳濡目染，他在晚年經濟寬裕時，也確切能夠用充滿品味的方法來活用閑暇時間。

因為從長安政壇退屈到洛下分司，白居易成了名符其實的有閑人士。雖然不太符合范伯倫定義中的有閑階級，但是范伯倫描繪出有閑階級的活動、行為及想法，都很適合來思考白居易洛下的有閑生活。拋棄高官的權力及尊榮，白居易在洛下有閑人士的形象，備受當時文人肯定及推崇，這大概也與白居易放棄爭名逐利後，轉而熱中於許多休閑嗜好有關，如范伯倫說的：

> 從希臘哲學家時代開始到現時為止，某種程度的休閒，和免於涉足類似供人類日常生活目的所需的生產性工序，一直被有思想的人認為是享受一個有價值，或美麗，或甚至是無可挑剔人生的先決條件。休閒的生活不論是就其本身及其後果而言，在所有文明人的眼中都是美麗和顯示高貴的。[13]

以百日病辭官回洛下分司後的白居易，除了短暫的河南尹正印官職務外，都處於范伯倫所謂的免於日常生活目的所需的生產性工序之生活。而且他所從事的休閒生活，建立在他的興趣及嗜好上。其興趣嗜好又有與常人的嗜好有著極高的區別性，所以他在當時成為一個眾人敬仰的高貴人物，甚至成為世人標榜的特殊形象。如白居易得意地自道有世人將他畫為屏風上的人物：

> 鬢白面微紅，醺醺半醉中。百年隨手過，萬事轉頭空。臥疾瘦居士，行歌狂老翁。仍聞好事者，將我畫屏風。（〈自詠〉，卷34，頁778。）

---

13 〔美〕范伯倫（Thorstein Veblen）著、李華夏譯：《有閒階級論——一種制度的經濟研究》，頁43。

白居易在當時不僅是具有官員、詩人的身分，甚至成為世人推崇景仰的大眾人物，其形象是老人半醺的外表，還有像維摩詰清瘦帶病和像接輿狂歌任性無所忌憚的老翁，這都是白居易自認為自己在世人眼中的形象，而這些形象的共同點都是不在工作利益權勢束縛的有閒老翁，喝酒、臥疾、無畏狂歌，在在都顯示白居易不受職務拘束，能任意地做自己，不用在乎官場職場上的應酬。這讓世人將其形象繪上屏風，有點將白居易尊貴的身分神格化的傾向。

前文曾提及白居易在〈池上篇・序〉中提到他整頓洛陽履道宅的過程，他提到最常在履道宅的園池邊消遣時光的生活：

> 凡三任所得，四人所與，洎吾不才身，今率為池中物。每至池風春，池月秋，水香蓮開之旦，露清鶴唳之夕，拂楊石，舉陳酒，援崔琴，彈〈秋思〉，頹然自適，不知其他。酒酣琴罷，又命樂童登中島亭，合奏〈霓裳散序〉，聲隨風飄，或凝或散，悠揚于竹煙波月之際者久之。曲未竟，而樂天陶然石上矣。（〈池上篇・序〉，卷69：頁1450。）

在這段敘述中，我們可以看到白居易在履道宅中喜歡什麼事物。首先是池風、池月、蓮、鶴、楊石、陳酒、崔琴，還有樂童彈奏樂曲。這些物、事，成了白居易在有閒後，為其排遣時光的重要興趣和嗜好。

此章接下來便要以白居易喜好的這些事物，來詮釋白居易成了有閒階級後的生活品味。分幾項類別來加以細述，分別是「貯石養鶴」、「釀酒飲茶」、「習琴藝、訓家伎以供聲樂之娛」及「鑑賞山水」。在〈池上篇・序〉中雖然沒有提到茶，也沒提到白居易遊山玩水的遊覽興致，但這兩件物事，也是白居易長久以來喜歡的興趣和嗜好，值得比較深入地探討，來呈現其品味的展現。不過值得一提的是，下定雅弘在其《白樂天的世界》一書中，在下編〈白樂天的愉

悅〉，將「衣食住」闢為第三章，其中將茶與酒作為飲品中的各一小節，而第四章專論白詩中的動物，分成鶴、犬、馬三類動物，第五章專論植物，但僅有三頁篇幅，第六章的標題是「雅趣」，分「釣魚」及「音樂」兩部分來作研究。當然下定雅弘這種分法有其分類上的道理及原因，但是本章所要講的是白居易從官場上退屈下來，擁有閑暇生活成為有閑階級後，如何以其品味加強其休閒娛樂。范伯倫強調的「炫耀性消費」及「品味的財力」，是本章思考的重點，也是本人認為白居易彰顯其品味格調的兩大基礎。

二　貯石養鶴

　　白居易從杭州北歸時，據其〈池上篇・序〉中提到，他帶回來了天竺石一、華亭鶴二；罷蘇守時，得太湖石、白蓮、折腰菱及青板舫。這些東西都是江南物，而白居易將這些江南特產當成紀念物，運回洛陽履道宅作為安置及裝飾。所謂的天竺石，乃是取自杭州西湖西南側的天竺山中。從西湖往西南山區走，會經過有名的永福寺、靈隱寺前的飛來峰、三生石附近的下天竺法鏡寺、中天竺法淨寺、上天竺法喜寺。這一帶都是屬於天竺山的範圍，而法鏡寺、法淨寺、法喜寺，被稱為天竺三寺。白居易詩中指的天竺寺，應當是指靠近靈隱寺的下天竺法鏡寺。法鏡、靈隱兩寺中間夾隔著飛來峰，至今依然是西湖人聲鼎沸的熱鬧觀光景點。白居易有詩，其詩題將天竺寺和靈隱寺連寫，可以推測他詩中所謂的天竺寺即是下天竺法鏡寺，而靈隱寺、法鏡寺，俱在天竺山山脈之間，靠近西湖者：

> 在郡六百日，入山十二回。宿因月桂落，醉為海榴開。（天竺嘗有月中桂子落，靈隱多海石榴花也。）黃紙除書到，青宮詔命催。僧徒多悵望，賓從亦徘徊。寺暗煙埋竹，林香雨落梅。別橋憐

白石，辭洞戀青苔。（石橋在天竺，明洞在靈隱。）漸出松間路，
猶飛馬上杯。誰教冷泉水，送我下山來。（〈留題天竺靈隱兩
寺〉，卷23：頁513。）

白居易守杭的二年中入山十二回，平均二個月探訪一次的頻率，算
是刺史頻繁出城遊山景點。詩中提到天竺寺的特色，除月中桂、竹林
[14]、石橋外，還有白石。從白居易詩文中，也很難看出他從杭州帶回
洛陽的天竺石有何特色，僅有在〈洛下卜居〉一詩中描寫到：「包裹
用茵席」、「下擔拂雲根」、「高性宜其適」這三句，這兩片石應該是相
當高聳碩大的石頭，所以能拂摸到山中雲生之處（雲根），且無塵有
水的履道宅適宜此天竺石的「高性」，從杭州搬運到洛陽，也需要用
茵席包裹才能確保巨石不會碰傷損壞。在宋代杜綰的《雲林石譜》
中，雖然沒有收錄天竺石，但《雲林石譜》中卻有收錄杭州天竺山更
西邊臨安縣的「臨安石」：

> 杭州臨安縣石出土中，有兩種：一深青色，一微青白。其質奇
> 怪，尖峯嶒崒。高者十數尺，小者數尺，或尺餘，溫潤而堅，
> 扣之有聲。間有質樸，從而斧鑿修治，磨礱增巧。頃歲錢唐千
> 頃院有石一塊，高數尺，舊有小承天法善堂徒弟折衣缽得此
> 石，直五百餘千。其石置方廂中，四面嵌空，嶮怪洞穴，委曲
> 於石罅間植，枇杷一株，頗年遠。岩竇中嘗有露珠凝滴，目為
> 瑰石。元居中有詩，略云：「人久眾所憎，物久眾所惜。為負
> 磊落姿，不隨寒暑易。」政和間取歸內府，亦石之尤者。[15]

---

14 天竺寺竹林相當有名，白居易在尚未擔任杭州刺史前，年輕時曾作〈畫竹歌〉提到
蕭悅所畫的竹子肖似天竺寺前的竹子：「西叢七莖勁而健，省向天竺寺前石上見」
（〈畫竹歌〉，卷12：頁234）。

15 〔宋〕杜綰：《雲林石譜》（臺北：藝文印書館影知不足齋叢書本，1966年），卷
上，葉4a-4b。

雖然杭州臨安出土的巨石離杭州天竺山距離相近，但白居易運回洛陽
的天竺石是否與臨安石相似，還是難以確定。不過，下天竺法鏡寺旁
的飛來峰佛像造型區，遠近馳名。雖然其間所雕佛像大多是宋人所
為，但其石為石灰岩，與西湖周遭的地質不同，所以晉朝來華的印度
僧人慧理便稱此石為天竺飛來，在丁福保的《佛學大辭典》中記載
「飛來峰」的辭條如下：

> （地名）在浙江杭縣靈隱山東南。輿地誌曰：晉時西僧慧理登
> 此。嘆曰：此是中天竺國靈鷲山之小嶺，不知何年飛來，因號
> 其峰曰飛來。亦名靈鷲峰。[16]

會不會白居易所「取」的二片天竺石，便是從飛來峰處取去的？[17]目
前文獻不足徵，待考。但因天竺僧慧理稱此石為天竺飛來之小嶺，是
否白居易自此取石？除了此二石出自天竺山外，其石為天竺僧讚嘆為
天竺來之石，而稱此二石為天竺石，似乎也有可能性。

　　相較於天竺石描寫筆墨較少，白居易從蘇州帶回來的太湖石，便
有相當多篇幅的描寫及記錄。這可能也是因為太湖石較具特色，還有
比較有名，《雲林石譜》中便有「太湖石」的介紹：

> 平江府太湖石，產洞庭水中，性堅而潤，有嵌空穿眼，宛轉怪
> 勢。一種色白，一種色青而黑，一種微青，其質紋理縱橫籠
> 絡，隱起於石面，偏多坳坎，蓋因風浪衝激而成，謂之彈子
> 窩。扣之微有聲。採人攜鎚鏨入深水中，頗艱辛。度其奇巧取
> 鑿，貫以巨索，浮大舟，設木架，絞而出之。其間稍有嶄巖特

---

16 丁福保主編：《佛學大辭典》，卷中，頁1556。
17 白居易自言其石乃「取」得的，見「唯向天竺山，取得兩片石」（〈三年為刺史二
　首〉之二，卷8：頁161）。

勢，則就加鐫礱取巧，復沈水中，經久為風水衝刷，石理如
生。此石最高有三五丈，低不逾十數尺，間有尺餘。唯宜植立
軒檻，裝治假山，或羅列園林廣樹中，頗多偉觀，鮮有小巧可
置几案間者。[18]（卷上）

從這段敘述看起來，太湖石也是如同天竺石一樣，是園中巨大造景的
物件。在白居易從江南蘇杭運回的天竺石和太湖石兩種巨石中，白居
易似乎比較喜愛太湖石，光以〈太湖石〉作為詩題的詩便有兩首。其
中這首五古，比較詳細寫出太湖石的特色：

> 遠望老嵯峨，近觀怪嵌崟。繞高八九尺，勢若千萬尋。嵌空華
> 陽洞，重疊匡山岑。邈矣仙掌迥，呀然劍門深。形質冠今古，
> 氣色通晴陰。未秋已瑟瑟，欲雨先沉沉。天姿信為異，時用非
> 所在。磨刀不如礪，擣帛不如砧。何乃主人意，重之如萬金。
> 豈伊造物者，獨能知我心。（〈太湖石〉，卷22：頁491-492。）

此詩寫出太湖石的特色，就是高大奇險，形似小山卻有高山嵯峨氣
勢，在八九尺高度，卻能展現絕冠古今的形質。當然此詩在形容太湖
石時有些誇張的比喻，不過此詩與《雲林石譜》中的記載描述相參
看，可見太湖石的巉巖特勢及坳坎坑洞，乃是其特色。此外，嵌空若
華陽仙洞，重疊如廬山，高大如漢長安仙人掌擎金盤，而高聳如劍門
關，這些都是太湖石具體而微的形質特色。在白居易這首〈太湖石〉
詩末，提到了太湖石奇怪險絕的獨特樣貌，以實用性來看，磨刀不如
礪石，而擣衣不如擣衣砧，除「賞觀」外，實無用處。但也因為其獨
特高大險異形質，才讓白居易耗費極大力氣，將採人艱辛以「貫以巨

---

18 〔宋〕杜綰：《雲林石譜》，卷上，葉3a-3b。

索，浮大舟，設木架，絞而出之」採擷而來的太湖石，再搬運至洛
陽，就是為了要「植立軒檻，裝治假山，或羅列園林廣樹中」，作為
裝置物件。白居易藉石以自喻，當白居易珍而重視地愛惜無用的太湖
石時，難道不就類似世人尊重退屈洛下而無用於政壇的白居易嗎？所
以白居易之愛太湖石，從另一個角度來看，即是白居易的自憐自愛。
推崇太湖石時，也是某種形式的自詡自傲。不過此詩最後提到造物者
知我心，接續相當突兀，令人不解蒐羅太湖石與造物者有何相干？關
於這點，白居易在〈太湖石記〉中有闡釋，彼此參看，才能理解此詩
末聯提到造物者知我心的涵意。

　　白居易有一詩，即是書寫其履道宅中所貯的怪石：

> 蒼然兩片石，厥狀怪且醜。俗用無所堪，時人嫌不取。結從胚
> 渾始，得自洞庭口。萬古遺水濱，一朝入吾手。擔舁來郡內，
> 洗刷去泥垢。孔黑煙痕深，罅青苔色厚。老蛟蟠作足，古劍插
> 為首。忽疑天上落，不似人間有。一可支吾琴，一可貯吾酒。
> 峭絕高數尺，坳泓容一斗。五弦倚其左，一杯置其右。窪樽酌
> 未空，玉山頹已久。人皆有所好，物各求其偶。漸恐少年場，
> 不容垂白叟。迴頭問雙石，能伴老夫否。石雖不能言，許我為
> 三友。（〈雙石〉，卷21：頁461-462。）

此詩中有「得自洞庭口」，可見描寫的是太湖石。此詩寫太湖石的來
歷、採取經過，還有它的奇形怪狀、體積大小及功用。此雙石，無法
「俗用」，不能當成平常的器物，所以僅能「雅用」，適合白居易在特
殊的場合使用。支琴、貯酒，還有飲酒彈琴時供白居易欣賞，其用真
高雅不俗。

　　白居易於會昌三年曾寫一篇〈太湖石記〉，內容為詮釋牛僧孺收

集及喜愛太湖石的緣由。[19]此文一開始寫白居易對於嗜好的看法，再接著寫牛僧孺愛太湖石的原因：

> 古之達人，皆有所嗜：玄晏先生嗜書，嵇中散嗜琴，靖節先生嗜酒。今丞相奇章公嗜石。石無文無聲，無臭無味，與三物不同，而公嗜之何也？眾皆怪之，走獨知之。昔故友李生名約有云：「苟適吾意，其用則多。」誠哉是言，適意而已。公之所嗜，可知之矣。公為司徒，保釐河洛。治家無珍產，奉身無長物。唯東城置一第，南郭營一墅。精葺宮宇，慎擇賓客。性不苟合，居常寡徒。遊息之時，與石為伍。石有族，聚太湖為甲。羅浮、天竺之徒次焉。今公之所嗜者，甲也。先是，公之寮吏，多鎮守江湖。知公之心，唯石是好。乃鉤深致遠，獻瑰納奇。四五年間，纍纍而至。公於此物，獨不廉讓。東第南墅，列而置之。（〈太湖石記〉，外集卷下，頁1543-1544。）

對於有所嗜好的人，白居易視之為「達人」，並以適意來合理化嗜好的行為。舉晉人皇甫謐（215-282）好書，嵇康（223-262）好琴，而陶淵明（365-427）好酒，來提高牛僧孺好石的地位。此段對嗜好的看法，最重要的便是白居易引用友人的「適意」理論。書、琴、酒，甚至是無文無聲、無臭無味的石頭，以實用性來看，都是無用之物。不過「苟適吾意，其用則多」，有沒有用，白居易認為建立在「己適」之上，也就是自己喜不喜歡。「適意」於嗜好之物，對白居易來說也算是另類的夫子自道，用這種說法，也才能解釋為什麼他自己蒐羅喜歡那麼多無用的「池中物」。

---

19 關於牛僧孺喜好太湖石成癖，楊曉山於其《私人領域的變形：唐宋詩歌中的園林與玩好》中專闢一節詳加討論，可參閱〔美〕楊曉山著、文韜譯：《私人領域的變形：唐宋詩歌中的園林與玩好》（南京：江蘇人民出版社，2008年），頁89-91。

在〈太湖石記〉中的這段描述，白居易將太湖石和羅浮石、天竺石作等第排序，得出太湖石為甲等，而另外二石次焉。此外說明牛僧孺也在洛陽東第南墅兩處住所，聚積羅列這些故舊僚屬於各地任官時幫他蒐羅得來的奇石怪岩。當然，中唐另一位喜好怪石的宰相乃李德裕（787-849），他的平泉莊蒐羅的怪石更多，在《雲林石譜》的序中，李德裕還被杜綰當成重要蒐藏家。接下來白居易提到牛僧孺好石的意義，並將其宰相身分與造物者的概念縟合詮解：

> 撮要而言：則三山五嶽，百洞千壑，覼縷簇縮，盡在其中。百仞一拳，千里一瞬，坐而得之。此所以為公適意之用也。常與公迫視熟察，相顧而言。豈造物者有意於其間乎？將胚渾凝結，偶然而成功乎？然而自一成不變已來，不知幾千萬年，或委海隅，或淪湖底。高者僅數仞，重者殆千鈞。一旦不鞭而來，無脛而至。爭奇騁怪，為公眼中之物。公又待之如賓友，視之如賢哲，重之如寶玉，愛之如兒孫。不知精意有所召耶？將尤物有所歸耶？孰為而來，必有以也。（〈太湖石記〉，外集卷下，頁1544。）

在這種賞石論述中，白居易先提到太湖石其實像是三山五嶽、百洞千壑縮小版的具體而微之存在，因其將山嶽洞壑縮小於一石之中，所以可以視百仞於一拳石之中，觀千里於一瞬之內，觀賞小物而體悟大世界，白居易認為這就是牛僧孺「適意」之處。那麼，太湖石在拳石大小之中展現大世界的樣貌，白居易認為這就是「造物者有意於其間」的傑作。但是這種傑作成功化成太湖石以來，淪落海湖之中，無人識之，就無人能加以鑑賞。因此，造物主的這種精心成就的太湖石特異形質，就不被世人所知。所以牛僧孺靠著他的人脈關係，使人於海隅湖底蒐羅並運至洛陽，且珍而重之地愛賞，白居易提出「不知精意有

所召耶？將尤物有所歸耶」的讚嘆，認為太湖石被造物者創造以來，因牛僧孺青眼相加，使得它們「覼縷簇縮，盡在其中」的特色被觀看鑑賞及重視，因此，造物者鬼斧神工所創作的太湖石，便有其存在的價值。簡言之，白居易將鑑賞太湖石巧妙地轉化成鑑賞造物者精巧美妙的創作物，使其價值突出呈現於世人面前，而不至於淪落無人知識的海隅湖底，默默無名。

這段鑑賞造物者所造的太湖石理論，其實就是賞識及提拔人才的理論及過程。造物者所創造的傑出人物，若得不到上位者的賞識及提拔，那麼將永遠淪落海隅湖底、偏鄉僻地，不得出頭，也無法在世人面前展現才華。擁有才能卻無法發揮，就像太湖石淪於湖底一樣，乃是糟蹋其險絕奇特的形質。宰相除了調和鼎鼐治理萬民外，拔擢人才也是宰相的重要職責之一。白居易的〈太湖石記〉，表面上在講牛僧孺如何愛賞太湖石，其實是以太湖石為喻，呈現牛僧孺如何獨具慧眼來發掘國家賢才，並重視愛惜的宰相氣度。從這一點來看，白居易〈太湖石〉一詩最後的「豈伊造物者，獨能知我心」，便可以得以理解。也就是造物者的精巧太湖石傑作，能得到白居易的鑑賞喜愛，掘發其價值，那麼造物者造物之心，便能和白居易獨具的鑑賞眼光和品味相結合，使得太湖石的美麗價值，展現於世人之前。

這種將嗜石與賞識拔擢人才相結合，在白居易一首寫給劉禹錫與牛僧孺唱和有關太湖石的詩中，表達得很清楚，已經是明喻而非隱喻了：

> 在世為尤物，如人負逸才。渡江一葦載，入洛五丁推。出處雖
> 無意，升沈亦有媒。媒為李蘇州。拔從水府底，置向相庭隈。
> （〈奉和思黯相公以李蘇州所寄太湖石奇狀絕倫因題二十韻見
> 示兼呈夢得〉，卷34：頁774。）

詩題中的李蘇州為李道樞，和劉白兩人並無深交。李道樞因為任蘇州刺史，寄送了奇狀絕倫的太湖石給曾任宰相的牛僧孺，在這段詩句中，白居易視太湖石為尤物，「如人負逸才」，便是直接的明喻了。李蘇州花了極大的氣力，在水中截撈後用船運載，再像蜀地的五丁移山一樣移入洛陽牛僧孺園宅，而李道樞在此送石的舉動，就像是「媒」，引荐人才也是如此。所以將拔從水府低拔出置入相府得到重視，推荐人才也是將逸才拔出泥沼中置入相府，終究會得到重用。因為將採石和荐人相提並論，所以此詩末聯「共嗟無此分，虛管太湖來」下白居易自註：「居易與夢得俱典姑蘇。而不獲此石」，自嘲自己和劉禹錫都擔任過蘇州刺史，卻沒有盡到採石／荐才的職責。

　　將嗜石與品評人物相結合，成了白居易最獨特的貯石品味觀。

　　除了天竺石、太湖石作為履道宅的裝置擺飾外，園池中還有白居易從江南帶回來的丹頂鶴點綴其中。白居易退居洛下履道宅，養鶴一事，在當時雖然不算是創舉，但也是一件獨特且值得標榜之事，因為當時能豢養丹頂鶴的人非常稀少，尤其在中國華中華北或長安洛陽地方，根本不具備有養鶴的條件。尤其白居易從杭州、蘇州帶回來的是丹頂鶴，不是普通隨處可見的白鶴。這種大型水禽，若無足夠大的池埠，根本無法豢養。此外，養鶴所費不貲，光是鶴的飼料，必須是生鮮魚蝦，餵養的飼料費，便不是一般人所能負擔得起。關於養鶴的昂貴，筆者在〈從鶴的物性看白居易詩中的鶴〉做了比較詳細的說明：

　　　　晚唐皮日休養鶴，適可與白居易養鶴對照比較。養鶴必須有水
　　　竹，除餵養稻粱外，必須供給魚蝦。白居易洛陽履道宅有池，
　　　可供鶴棲息和覓食，而皮日休所養的鶴，無池水供其休憩飲
　　　啄，僅能居住在「鶴籠」之中。另外，雖然皮日休盡力供應鶴
　　　糧，但還是可能讓鶴營養不良。再者，白居易所養的鶴，乃杭

州所帶回的一雙雛鶴，皮日休所養的鶴，是一隻五百錢買來的孤鶴。皮日休的經濟能力和居住環境，實在負擔不起養鶴這種高雅但昂貴的興趣；反觀，白居易的經濟能力則可以負擔，丹頂鶴也成為白居易〈池上篇〉中重要的池中物。「池鶴」與「籠鶴」，似乎是白居易和皮日休養鶴的根本差異所在。〈相鶴訣〉中的「養以屋必近水竹，給以料必備魚稻」，似乎是養鶴的基本要求，而白居易做到了，皮日休做不到，這也是白居易以養鶴彰顯富貴的方式。[20]

白居易用超出自己預算和存款，寧願額外賣馬，也要買下具備遼闊水池的洛陽履道宅。雖然白居易自稱此舉是要「安吾鶴與石」，事實上，完全是因為他要豢養他從杭州帶回來的丹頂鶴。要有廣池，鶴才能悠遊自在地在水岸飲啄，才能成為池鶴，不然，窮窘如皮日休（834-883），其鶴困於籠中成為籠鶴，其標格便高尚不起來。所以白居易為了養鶴而購入履道宅，這種行為根本就是炫富的展現。不過俗人才會炫富，白居易養鶴其實有更深沉的意義：就是從官場退屈到洛下的白居易，捨棄了報效國家的積極人生目標，隱藏了自己的政治才能，轉而成為池中無用之物，類似處境和他同境相憐的，就是他養的池鶴。筆者在〈從鶴的物性看白居易詩中的鶴〉一文中最後的結論提到：

> 最後聚焦在〈池鶴八絕句〉，此組詩則是白居易揣想著鶴的處境，對諸禽可能對鶴的質疑，創作了一連串的對答。雖然白居易在詩序中說他寫作此組詩，乃「戲與贈答」、「聊亦自取笑」，但這是白居易一慣幽默的口吻，實際上他設計這組對答，乃是為了反駁天下士人對他退居洛下的質疑。白居易退居

---

20 陳家煌：〈從鶴的物性看白居易詩中的鶴〉，頁105。

洛下，雖然不斷地在詩中呈現歡樂的宴飲聚會時的熱鬧氣氛，不過自甘退放的白居易，生活於履道宅池畔，心情應該寂寥孤獨，而白居易的孤獨，雙鶴都看在眼中。白居易作〈池鶴八絕句〉，應該是晚年對自我評價的重要詩作。自己與鶴雖然不群，無用於世，但是卻能保有天性及格調，不爭不鬥，也不過分貪求，重點在於，鶴於池畔保有了鶴的姿態，白居易也在家園中保有了自己的姿態。[21]

退居洛下後的白居易，將自我形象投射在他的丹頂鶴上。下定雅弘將白居易所養的鶴，視為白居易的寵物。[22]雖然表面看是如此，但實際上，白居易將他的丹頂鶴視為陪伴他的好友，而不太像是具有主從關係的寵物。如白居易曾自稱「淡交唯對水，老伴無如鶴」（〈問秋光〉，卷22：頁240），對丹頂鶴而言，白居易將之視為地位平等的老伴友人。鶴為無用之物，純供欣賞，但能讓鶴生活的環境及條件所費不貲，非富貴具園池之宅無法飼養。所有一切，都是白居易以分司官身分退居洛下的自喻。因此白居易詠鶴時，當然可以視為物我兩詠的文學筆法，但是更適合的說法是白居易經常凝視池邊鶴來反思自身如何在世上應對進退。此外，他也從另一方面來為自己退居洛下，領國家薪俸卻無職事在身如此不太合理的行為，以鶴為託寓喻依，向世人解釋他分司東都的處境，如他這兩首詩所寫的：

> 高竹籠前無伴侶，亂雞群裏有風標。低頭乍恐丹砂落，曬翅常疑白雪消。轉覺鸕鶿毛色下，苦嫌鸚鵡語聲嬌。臨風一唳思何事？悵望青田雲水遙。

21　陳家煌：〈從鶴的物性看白居易詩中的鶴〉，頁133。

22　〔日〕下定雅弘：《白樂天的世界》，頁148。

池中此鶴鶴中稀,恐是遼東老令威。帶雪松枝翹膝脛,放花菱
片綴毛衣。低徊且向籠間宿,奮迅終須天外飛。若問故巢知處
在,主人相戀未能歸。(〈池鶴二首〉,卷26:頁597-598。)

這兩詩是白居易少數專詠他飼養丹頂鶴的詩作。除了標榜丹頂鶴高大
身軀、頭頂丹紅及潔白毛羽,還有不與雞群為伍外,與鸕鷀毛色、鸚
鵡音聲相比較,而顯出高出一等。不過第一首詩的最後,則以池鶴思
歸浙江青田故鄉而發出嘹亮的鶴唳作結。同樣在第二首,也是讚美池
鶴膝脛似帶雪松枝,而毛羽有帶花菱片,在池畔暫時委屈夜宿於籠
中,但終究有奮迅飛天之志。詩末與第一首一樣,白居易認為池鶴思
念故巢,但最後一句也寫出了池鶴無法奮迅衝天飛回青田故巢的主要
原因,是「主人相戀未能歸」。白居易從杭、蘇兩地攜鶴歸履道宅,
而且劉禹錫任蘇州刺史時,也曾贈鶴給白居易,[23]所以在履道宅的池
鶴絕不僅一隻,那麼詩首句「高竹籠前無伴侶」定另有深意。池鶴的
主人乃白居易,照理來講,將池鶴留在履道宅的是白居易,將鶴從江
南帶到洛陽並豢養於家園中,是主人拘禁而不能歸。但白居易在這裡
卻寫成主人「相戀」,使鶴感念其恩情而不忍歸故巢。

　　這種主人相戀讓鶴不忍離去的想法,在〈代鶴〉一詩中表現地更
為明確:

我本海上鶴,偶逢江南客。感君一顧恩,同來洛陽陌。洛陽寡
族類,皎皎唯兩翼。貌是天與高,色非日浴白。主人誠可戀,
其奈軒庭窄。飲啄雜雞群,年深損標格。故鄉渺何處,雲水重
重隔。誰念深籠中,七換摩天翮。(〈代鶴〉,卷29:頁658。)

---

23 白居易詩中有〈劉蘇州以華亭一鶴遠寄以詩謝之〉一詩,故知劉禹錫曾贈白居易華
　亭鶴(丹頂鶴)。

此詩更明確地寫出江南華亭鶴來到洛陽履道宅的過程。對白居易而言，養鶴到底對他而言代表什麼意義呢？為什麼他要一直強調鶴思故巢，卻又不肯飛離白家歸鄉，明明擁有美好的姿態和巨大身形，卻寧願委屈於白家履道宅池畔，不忍飛離？白居易不論是〈池鶴二首〉或是〈代鶴〉中，都站在鶴的立場為鶴代言，原因是白居易對鶴的眷戀所產生的知己之「恩」，讓鶴有意識地不忍離白居易而去，回歸野外，重獲自由。

　　在〈代鶴〉一詩中，白家的鶴似乎是和白居易兩情相悅，「偶逢江南客」的白居易後，感君一顧之恩，才同歸洛陽。這就不是人鶴之間的主人和寵物之情了，而是像極了男女之間的「愛情」。這種代鶴發言的講法很怪，在讀到「感君一顧恩，同來洛陽陌」，不禁令人想到白居易早年新樂府五十首中的〈井底引銀瓶〉的情景：

　　　　妾弄青梅憑短牆，君騎白馬傍垂楊。牆頭馬上遙相顧，一見知君即斷腸。知君斷腸共君語，君指南山松柏樹。感君松柏化為心，暗合雙鬟逐君去。（〈井底引銀瓶〉，卷4：頁85。）

此詩寫妙齡女子一見愛人，便棄家與之私奔，由於無媒合婚聘，所以白居易在此詩前的小序是「止淫奔也」。不過這種相顧後一見鍾情，雖不合禮法，但的確是直截的愛情表現。白居易在〈代鶴〉詩的寫法，與〈井底引銀瓶〉一詩異常地相似。〈井底引銀瓶〉後面寫此女子雖然有良好的姿容，但「聘則為妻奔是妾，不堪主祀奉蘋蘩」，所以懷念故鄉家人，卻無法回歸。而〈代鶴〉詩中的鶴，也是在江南偶逢白居易，一顧生恩，同歸洛陽，雖然擁有高潔的氣質姿態，卻必須委屈於窄仄的軒庭中，與雞爭食。不過雖然損其標格，卻依然不忍離去，高飛故鄉重獲自由，原因即是感念白居易的一顧之恩。

　　若我們將池畔的白居易與丹頂鶴處境作比較的話，我們會發現白

居易的〈池鶴二首〉及〈代鶴〉，根本是藉由述說鶴之口來表明自己的心境。如同鶴戀主人白居易一顧的知遇之恩，白居易對於唐王朝君相的一顧知遇之恩，也是讓他如同鶴不忍奮飛歸鄉得到自由的主要原因。筆者在之前的文章討論白居易與鶴的關係時，也曾作以下的論述：

> 鶴因感戀主人之恩，若以白居易以中隱身分退居洛下，以鶴自喻，則〈代鶴〉詩中「主人誠可戀，其奈軒庭窄」，便可視為〈相鶴經〉中「聖人在位則與鳳凰翔於郊甸」註腳。唐人俗稱天子為「聖人」，雖說〈相鶴經〉成書於唐之前，但以語脈而言，聖人在位，亦可視為君王在位。因聖人在位，白居易如同池上鶴一般，感戀主人（君王）之恩，雖然「軒庭窄」，更有才能，卻感恩不離去，雖無所用於世，卻能於郊甸飛翔，以點綴襯托盛世之美，如自己的才能，不在朝中受到重用，亦能以高潔的姿態、文學才能，於郊甸外為盛世聖人提供美好的典範及詩作。[24]

從鶴在池畔的處境，白居易代鶴發言之所以不振翅高飛尋求自由，乃是因為鶴戀主人恩，為了報答主人的知遇之恩。從這個代鶴發聲的角度，白居易也依此周知天下世人，自己之所以還以分司官的身分留戀在唐王朝官位上，以中隱的方式繼續陪伴在君王宰相身旁，以報答其感遇之恩。這種心情，白居易將之投射到他所飼養的丹頂鶴上，所以對於白鶴的隨身陪伴，白居易引以為傲，如此詩所寫的：

> 鴛鴦怕捉竟難親，鸚鵡雖籠不著人。何似家禽雙白鶴，閑行一步亦隨身。（〈家園三絕〉之三，卷33：739。）

---

24 陳家煌：〈從鶴的物性看白居易詩中的鶴〉，頁128。

白居易將家鶴視為家中的一分子，暱稱為「家禽」，而且與主人親近，在池畔亦步亦趨，如同友伴，與鴛鴦、鸚鵡不親近人無法作伴不同。這是戀主人恩的鶴與主人間互為伴侶的情況。同樣地，在賞識白居易的宰相旁，白居易也提出以相伴的方式，作為類似鶴戀主人恩的友伴般來陪伴宰相：

> 一雙垂翅鶴，數首解嘲文。總是迂閑物，爭堪伴相君。(〈酬裴相公見寄二絕〉之二，卷27：頁613。)

在此，白居易將鶴與自己的文學作品並列是「迂閑物」，即是無用多餘的東西，這當然是自嘲，「爭堪伴相君」，言下之意就是可以伴相君。對於自己文學才能的存在，就如同一雙垂翅鶴般，雖然是迂閑無用之物，總是可以伴相君，作為高潔的襯托之物。

　　因為自己與鶴都是陪伴相君的迂閑物，卻能讓相君周遭的格調品味變得高雅。所以白居易在分司東都時常將自己比喻為衛懿公的「乘軒鶴」，雖是鳥禽，無用於世，卻因被君王鍾愛而乘軒車，無功而受祿，享受著大夫階級的特權。如他七十致時退休時，便將自己之前分司領俸祿視為鶴乘軒車，寫下詩句：「七年為少傅，品高俸不薄。乘軒已多慚，況是一病鶴」(〈官俸初罷親故見憂以詩諭之〉，卷36：頁820)，對於自己任太子少傅分司東都，無功領俸感到不好意思，而自嘲自己為乘軒鶴，且為病鶴。從這裡大概也可以知道，白居易養鶴，當然一方面是彰顯自身與眾不同的愛物品味，在大部分人無養鶴條件時，白居易養鶴就是一種炫耀。後來這種炫耀，也讓裴度效法，在其綠野堂也養起了丹頂鶴。不過白居易以鶴的處境來比喻自己分司洛下的處境，筆者在〈從鶴的物性看白居易詩中的鶴〉一文中有詳細地探討。最後白居易以鶴戀主人恩來解釋自己不全然退隱歸鄉，乃是因為自己也是眷戀君相的知遇之恩，來合理化自己退居洛下無功受祿的行

為，因此鶴的飼養，對白居易而言，不僅僅是將鶴當成寵物，而是向世人昭告自身高潔存在的投射物。

三　釀酒飲茶

白居易好酒，眾所皆知，而且他也不吝一再於詩中陳述飲酒的好處，不過弔詭的事情是：白居易的酒量很差！[25]關於白居易因喜好飲酒，進而從品酒者的角度轉移至親手釀酒，相關的過程，拙著《白居易詩人自覺研究》中有評述：

> 白居易晚年於洛下之釀酒法，得自陳岵的傳授，〈池上篇〉亦提及：「先是潁川陳孝山與釀酒法，味甚佳」，雖然白居易退居洛下之前，便已自己釀酒，但是真正講究釀酒精釀方法，則必須等到晚年洛下時期。〈詠家醞十韻〉詩中可以看出，從釀酒之水、酒麴、糯米原料等，白居易均依陳岵的釀酒法，仔細地篩選，從飲酒到親自插手酒的釀造過程，白居易對自己喜好物事的考究，重視與酒相關知識，不獨表現於對音樂與飲茶的態度。親自釀酒的好處，是可以從原料的選擇初始便可以控制酒的品質，在講究釀造過程與細節，白居易家中所釀出的酒，讓白居易得意無比，甚至認為比市售的「竹葉春」和「榴花酒」品質上更佳（常嫌竹葉猶凡濁，始覺榴花不正真）。[26]

當然，白居易〈詠家醞十韻〉這首長詩，對於我們理解白居易自釀的「家醞」有相當深入的認識，其洛下自釀酒的方法乃得自陳岵的傳承。白居易喜歡飲酒固然是天性，不過，興膳宏認為，白居易因為十

---

25 白居易酒量不好的相關考證，請見陳家煌：《白居易詩人自覺研究》，頁227-228。
26 陳家煌：《白居易詩人自覺研究》，頁278。

分推崇陶淵明的詩歌風格及其為人，因此寫詩時會摹擬效法陶詩。再者因為陶淵明喜愛自己釀酒，令白居易相當傾倒佩服，起而效法。興膳宏最後作結：「作為對陶淵明敬意的一種表現，『家醅』一詞也表現出作者對陶淵明等人生活的一種共鳴。」[27] 興膳宏認為白居易最初開始自釀家醅，乃是受到陶淵明的影響。除了提出親自釀酒乃是受陶淵明影響，興膳宏也敏銳地提出，在白詩中不斷出現的「家醅」一詞，共出現過十六次，遠高於杜甫的一例，首次出現即是退居下邽守母喪時的〈效陶潛體十六首〉中的序及詩中。[28] 下定雅弘引青木正兒的研究為佐證，認為白居易不喜歡獨飲，總是邀請一些友人來與他共飲，與朋友之間的暢飲，能給白居易帶來歡樂。[29] 若我們再結合興膳宏發現頻繁使用的「家醅」一詞來作考察，我們可以發現，白居易經常得意地呼朋引伴邀請友人來品嚐自己新釀好的家醅，從這點來看，白居易對於自己釀的酒，有著十足的自信，甚至帶著炫耀的心情打算用來招待友人，如以下的例子可見一斑：

> 府伶呼喚爭先到，家醅提攜動輒隨。（〈府齋感懷酬夢得〉，卷28：頁646。）
>
> 家醅不敢惜，待君來即開。（〈酬思黯相公見過弊居戲贈〉，卷29：頁657。）
>
> 家醅一壺白玉液，野花數把黃金英。晝遊四看西日暮，夜話三及東方明。（〈秋日與張賓客舒著作同遊龍門醉中狂歌凡二百三十八字〉，卷29：頁660。）
>
> 莫愁客到無供給，家醅香濃野菜春。（〈池上閒吟二首〉之一，卷31：頁708。）

27　〔日〕興膳宏著、李寅生譯：《中國古典文化景致》，頁65。
28　〔日〕興膳宏著、李寅生譯：《中國古典文化景致》，頁64。
29　〔日〕下定雅弘著、李寅生譯：《白樂天的世界》，頁123-125。

更待菊黃家醞熟，共君一醉一陶然。（〈與夢得沽酒閒飲且約後
期〉，卷34：頁777。）
春風可惜無多日，家醞唯殘軟半瓶。猶望君歸同一醉，籃舁早
晚入槐亭。（〈題朗之槐亭〉，卷35：頁807。）

在這些詩句出現「家醞」的詩中，大多是白居易邀友人或與友人共飲
的場景，可見白居易喜將家醞拿來作為待客的飲品，甚至還自誇自家
釀的家醞像「白玉液」、「香濃」，對親手釀的酒充滿自信，拿出待
客，毫無愧赧之色。此外，白居易詩中亦多「酒熟」字眼，在「酒
熟」時，也是白居易呼朋引伴邀飲之時：

酒熟心相待，詩來手自書。（〈山中酬江州崔使君見寄〉，卷17：
頁362。）
香濃酒熟能嘗否，冷澹詩成肯和無。（〈閒夜詠懷因招周協律劉
薛二秀才〉，卷20：頁435。）
花開共誰看，酒熟共誰斟。（〈哭崔常侍晦叔〉，卷29：頁659。）
新酒此時熟，故人何日來。（〈酒熟憶皇甫十〉，卷32：頁733。）
新雪對新酒，憶同傾一杯。（〈雪中酒熟欲攜訪吳監先寄此詩〉，
卷33：頁752。）

與詩中出現「家醞」一樣，白居易在酒熟時便會邀請友人一同共飲，
甚至在崔玄亮往生時，他亦感嘆無人能在酒熟時同飲而悲傷不已。對
於「酒熟」時刻，便是白居易尋酒伴之時，同樣地，白居易又再次自
豪地將自釀初熟的家釀品評為「香濃」，與自己之「冷澹詩」相比，
香濃的初熟家釀，似乎更有吸引三位友人前來相聚的誘惑力，所以彼
詩末聯為「若厭雅吟須俗飲，妓筵勉力為君鋪」，手釀的酒與手寫的
詩相較，白居易對家釀新酒會被友人喜歡深具信心。如同上面最後一

例詩句的詩題，酒熟大概等同於新酒熟成，因為唐代白居易此時只能釀造釀造酒（Fermented Alcoholic Beverage），也就是只是利用酒精發酵釀造而成的酒精飲料，通常酒精濃度不高。這種釀造酒，通常新熟成的新酒會比較新鮮好喝，所以上例才會有「新雪對新酒」，都是新鮮可喜的酒和雪，值得與友人會面賞雪共飲。因為新酒特別好喝（主要是糖化發酵的過程，新酒的甜味會特別明顯），所以白居易在新酒初熟時，都會忍不住想要趕快嚐鮮，像此句寫的「揭甕偷嘗新熟酒」（〈閑居春盡〉，卷33：頁743），成為酒饞偷嚐酒的可愛老人。甚至在新酒初熟時，沒節制飲酒過量被家人勸誡時，還寫詩反駁：

> 君應怪我朝朝飲，不說向君君不知。身上幸無疼痛處，甕頭正是撇嘗時。劉妻勸諫夫休醉，王姪分疏叔不癡。六十三翁頭雪白，假如醒點欲何為。（〈家釀新熟每嘗輒醉妻姪等勸令少飲因成長句以諭之〉，卷31：頁710。）

此詩乃白居易對於家人對自己飲酒過量的勸諫進行反駁，頷聯是指自己身體健康無病痛，可以多飲，況且新酒初熟，正是賞味最佳時刻，此時不飲更待何時。腹聯則引劉伶妻勸劉伶少飲，劉伶作〈酒德頌〉，及反用王湛被人視為痴人，其姪王濟為其反駁之事，稍有責備姪子不為自己飲酒表示支持，反而反對自己飲酒。最後寫自己都六十三歲的老人了，如果不能隨心所欲自適所為，清醒於世間難道能繼續建功立業嗎？不過白居易寫此詩，多少還是有點幽默戲作及自誇的成分。

白居易自釀的家醞大概偏甜，雖然他屢在詩中自豪家醞「香濃」，不過大概酒精濃度偏低，因此他鮮少稱自家的酒「醇」或「厚」。白居易曾寫詩對韓愈自嘲「戶大嫌甜酒，才高笑小詩」（〈久不見韓侍郎戲題四韻以寄之〉，卷19：頁416），以自己喜飲甜酒及擅寫小詩，可能會被韓愈嫌笑。大概也是家醞偏甜，所以白居易常用

「餳」來形容自家家醞的味道，如：

> 甕頭竹葉經春熟，階底薔薇入夏開。似火淺深紅壓架，如餳氣
> 味綠黏臺。(〈薔薇正開春酒初熟因招劉十九張大夫崔二十四同
> 飲〉，卷17：頁363。)
>
> 甌汎茶如乳，臺粘酒似餳。(〈江州赴忠州至江陵已來舟中示舍
> 弟五十韻〉，卷17：頁375。)
>
> 米價賤如土，酒味濃於餳。(〈六年寒食洛下宴遊贈馮李二少
> 尹〉，卷22：頁498。)
>
> 綠餳黏盞杓，紅雪壓枝柯。(〈同諸客攜酒早看櫻桃花〉，卷
> 23：頁509。)

上述詩句，可以發現餳和「綠」還有「粘臺」會一起出現。綠其實指
的是「綠蟻」，白詩中也有「綠蟻新醅酒」的詩句，指的是新熟的酒
還沒漉酒乾淨，杯子水面上浮著綠色像蟻般的渣沫。除了「綠」外，
白居易也曾用浮萍來形容這種糟沫，如「一甕新醅酒，萍浮春水波」
(〈冬初酒熟二首〉之一，卷32：頁726)。而粘臺，則是新熟酒有糖
分，使得杯子底部因沾到甜酒和桌面接觸時，有粘著的感覺。

　　除了〈詠家醞十韻〉這首長詩能展現白居易釀酒的品味及技術
外，〈府酒五絕〉，則是另一組白居易對自釀酒的品味呈現：

> 自慚到府來周歲，惠愛威稜一事無。唯是改張官酒法，漸從濁
> 水作醍醐。(〈府酒五絕・變法〉)
>
> 日午微風且暮寒，春風冷峭雪乾殘。碧氍帳下紅爐畔，試為來
> 嘗一盞看。(〈府酒五絕・招客〉)
>
> 甘露太甜非正味，醴泉雖潔不芳馨。杯中此物何人別，柔旨之
> 中有典刑。(〈府酒五絕・辨味〉)

憶昔羈貧應舉年，脫衣典酒曲江邊。十千一斗猶賒飲，何況官
供不著錢。（〈府酒五絕‧自勸〉）

燭淚夜粘桃葉袖，酒痕春污石榴裙。莫辭辛苦供歡宴，老後思
量悔煞君。（〈府酒五絕‧諭妓〉，卷28：頁650-651。）

此組五首七絕組成的府酒相關詩作，乃白居易任河南尹一年後的詩。
此詩充滿了白居易以自家親手釀酒的經驗改變河南府官酒，使得府酒
由「濁水作醍醐」的得意自傲。五首詩中，最能展現釀酒品味的，乃
是第三首〈辨味〉。對於喜好飲酒的白居易，直接插手府酒的製作，
將他理想中的酒的滋味釀造出來。對一個好酒人而言，能辨別各種酒
的滋味，「別」的能力相當重要，從這裡又看出了白居易詩人品味的
建立乃奠基於鑑別能力上，關於這點，本書第三章有許多討論。自家
改變配方及釀造方法所製造出來的府酒，與甘露酒相較不甜，與醴泉
酒相比，又多了芳馨的香味，白居易以「柔旨之中有典刑」來形容他
釀的府酒的味道。柔旨出自《詩經‧小雅》的〈桑扈〉篇中的「兕觥
其觩，旨酒思柔」，意指在兕角做成的酒杯中，有著柔滑順口的美
酒，而白居易直接將旨酒思柔簡寫成旨柔。典刑則指固定的常法典
範，此處指釀酒時的原則規則。用現在的說法便是釀酒依一定釀造的
程序，便能釀出令人滿意的美酒。〈招客〉則是依然在府酒新熟時邀
友共飲，〈自勸〉則一貫表現出白居易在算計後撿到便宜愉悅心情的
可愛模樣，最後的〈諭妓〉寫作，則看不出與府酒有什麼直接的關
係，令人納悶。

　　在〈府酒五絕‧辨味〉最後白居易提到變法後若依「典刑」釀
酒，則可以得到旨柔美酒。這種釀酒定規法則，其實在〈詠家醞十
韻〉一詩中有很清楚的記錄：

獨醒從古笑靈均，長醉如今斅伯倫。舊法依稀傳自杜杜康，新

> 方要妙得於陳陳郎中峴傳受此法。井泉王相資重九,麴蘖精靈用
> 上寅水用九月九日,麴用七月上寅。釀糯豈勞炊范黍?撇篘何假
> 漉陶巾?常嫌竹葉猶凡濁,始覺榴花不正真。甕揭開時香酷
> 烈,瓶封貯後味甘辛。捧疑明水從空化,飲似陽和滿腹春。色
> 洞玉壺無表裏,光搖金盞有精神。能銷忙事成閒事,轉得憂人
> 作樂人。應是世間賢聖物,與君還往擬終身。(〈詠家醞十
> 韻〉,卷26:頁597。)

此詩很清楚地將自家親手釀的家釀釀法傳承自陳峴,還有釀製製程
(也就是所謂的「典刑」),由詩歌形式呈現出來。首先在原料上要有
所講究,需用重陽節的井泉水,還有用七月第一個寅日的麴蘖酒母來
發酵,釀酒的主要原料則是糯米(秫米),[30]而不是蒸熟的黍米飯(小
米飯)。以糯米和以黍米作為釀酒原料,就造成了釀出來的酒混濁及
清澈差異。用陳峴傳下的釀酒法,從原料根本改變之下,酒熟後的漉
酒工作在過濾酒糟雜質就比較容易,所以用竹製的去篘(濾酒工具)
撇除酒糟雜質便可輕鬆漉酒,不需像陶淵明還需解頭巾漉酒。用此法
和原料釀出來的酒乾淨清澈,所以竹葉春與之相比顯得平凡混濁,而
榴花春則酒味不夠純正濃厚。「甕揭開時香酷烈,瓶封貯後味甘辛」直
接寫出熟成後家醞的酒味特色,從香氣來看,則酷烈濃郁,飽含酒精
氣味,而封瓶貯藏後再飲用,也有甘甜辛辣的醇美酒味,厚實不薄。
酒液的顏色則清淨如明水,但酒味重,飲入時則肚腹立刻發熱溫暖。
　　白居易此詩,完整展現了他是一位有品味夠格的品酒詩人。品嚐
酒時,從氣味嗅覺、味道味覺、酒色視覺,還有飲後的心情感受,以
感官全面作最大的品味,最後將整體感受,以言語傳達給他的讀者,

---

30 順帶一提,陶淵明自釀的家醞原料,也是糯米。見〈和郭主簿〉第一首:「春秫作
　美酒,酒熟吾自斟。」秫米即是糯米。

這種行動，根本就是一位優秀的品酒師會做的事。但〈詠家醞十韻〉的寫作更重要的是，此詩不僅對世人宣示白居易是一位品味優越的合格品酒師，同時他也是一位技藝精湛的釀酒達人，其釀造出來的酒液品質，超乎尋常。

　　放諸文學史上，會自己釀酒的文學家不多，而且，熱衷釀酒且精通此技的人，大概也僅有白居易一人。前文提到白居易酒量不好卻好酒，到了晚年退居洛下後，從陳岵身上學到更專精的釀酒法後，對於親手釀酒更是樂此不疲。當然，關於酒，世人更注意白居易詩中不斷出現的「卯酒」，也就是早上喝酒，白居易也稱為「朝酒」，他有詩句：「夜鏡隱白髮，朝酒發紅顏」（〈自詠〉，卷8：頁164），這是他卸杭州刺史後至洛陽以太子左庶子分司時所寫的詩句。分司官無職責在身，早上喝酒便是白居易用來炫耀自己無事責的生活，因為朝飲後怎麼可能上班？戰前的日本漢學家青木正兒對白居易的朝酒相當有興趣，曾寫一篇文章〈白樂天的朝酒詩〉，他說：

> 中華把朝酒叫做「卯酒」。所謂卯酒，意思是卯時，即早上六點左右喝的酒。早上六點未免過早，所以看來不必卯時飲酒，但凡早飯前的酒都可以叫做卯酒。似乎這個詞緣於官署的上班時間。過去唐土的官府事務分為早衙和暮衙。早衙即上午出勤，完了以後便可悠悠休憩。下午的則要出勤到傍晚。早衙始於卯時，因此官吏出勤時的點到便稱作「點卯」。於是趕赴早衙前的杯酒，便作稱作卯酒了。喜歡卯酒而有名的人是白樂天，他屢屢吟詠其詩。[31]

以上青木的說法大致正確，但卯酒應該不是指在卯時喝了酒再去點

31　〔日〕青木正兒著、盧燕平譯：〈白樂天的朝酒詩〉，收入《琴棋書畫》（北京：中華書局，2008年），頁83-84。

卯，而是應該在點卯準備工作時，白居易卻在卯時飲酒，代表他不用工作的意思。白居易的確屢屢將「卯酒」、「卯時酒」、「卯飲」寫入詩中，甚至有一些詩的詩題就直接定名為〈卯時酒〉、〈橋亭卯飲〉、〈卯飲〉，不斷地以詩句來宣示自己朝飲的行為，甚實也是一種炫耀自己閑樂生活的表現。[32]但是卯飲屬於生活情趣及生活品味的一部分，與品酒或對酒的品味沒什麼太大干係，本文在此便不深入討論。

除了酒是白居易生活中的重要飲品外，無疑地，茶在白居易日常生活中也是不可或缺的存在。開始對白居易飲茶作詳細研究的文章，非日人布目潮渢（1919-2001）莫屬。在許智瑤編譯的《中國古代喫茶小史》中，收有布目氏三篇文章，分別是〈綠芽十片——中國喫茶文化小史〉、〈唐代的名茶及其流通〉及〈白居易的喫茶〉。〈白居易的喫茶〉一文，專以白居易跟茶相結合的研究，迄今大概尚無人能出其右，接下來，本文大概也會沿著此文的脈絡作補充及更深入的闡述。

〈白居易的喫茶〉[33]一文大概有幾個主題，分別是「白詩中的製茶法」、「白居易喜好的茶」、「白居易的喫茶法」、「白居易對茶、酒的看法」。白居易（772-846）所處的時代，與《茶經》的作者陸羽（733-804）差不多。白居易雖然在詩文中並沒有提過陸羽及《茶經》，但是布目潮渢依然藉由《茶經》作為重要的佐證資料，對白居易詩中的茶作深入的研究。布目潮渢在〈白居易的喫茶〉的最後，作了如下的結論：

現在將以上所述簡單整理如下：（一）白詩所見的茶之製法，

---

32 楊宗瑩將白居易「獨飲」、「共飲」及「卯飲」作了扼要的介紹，請參見楊宗瑩：〈白居易的愛好：飲酒〉，《國文學報》第13期（1984年6月），頁143-148。

33 〔日〕布目潮渢著、許賢瑤譯：〈白居易的喫茶〉，收於《中國古代喫茶史》（臺北：博遠出版公司，1991年），頁89-110。原文原刊於三上次男博士喜壽記念論文集編集委員會編：《三上次男博士喜壽記念論文集‧歷史篇》（東京：平凡社，1985年），頁121-134。

與陸羽《茶經》所見的餅茶是相同的茶。（二）白居易最喜歡的茶是「蜀茶」亦即「蒙頂茶」，不問其在長安、洛陽、蘇州似乎都是由友人以特別的方式送達的，不是市販之物。「蒙頂茶」的生產額不多，據筆者管見，不是經由商業路線傳送至長安洛陽等地的。除了蜀茶之外，白居易也喜好新茶，此事其詩常見。（三）白居易於江州司馬任中，於廬山的草堂亦附設有茶園。（四）白居易的喫茶法與《茶經》五之煮、六之飲所見，並無差異，有出入的是，《茶經》四之器的盌項是以越之青磁為最高，邢之白磁次之，相對的，白居易則喜好白磁。又《茶經》以屋內喫茶為正規，白居易則偏好《茶經》九之略所見的屋外之略式的喫茶，並且偶而還備有姑娘來點茶、送茶，且在邸園之池塘泛小舟喫茶取樂。（五）白居易喫茶的特色，是茶與酒並存而不對立的，其他則是於一聯詩中，常以茶和酒來相對。（六）白居易認為茶可以驅除睡意，酒可以消除憂愁，把同時喜好茶和酒的人視為是令人滿意的人物。再從另一角度來看，若是為了忘記憂愁，則以酒的快速功效為第一，這或可當作是白居易的結論吧！[34]

布目潮渢幾乎是全面地考索了白居易跟茶之間的關係，包含他喜歡的茶、茶具、茶的製法、茶的煮法，還有在宴遊場合中飲茶的公關功能，最後以茶酒的比較作結。從上述的文字看來，在唐時茶還是相當昂貴的飲品，而且白居易喜歡的四川蒙頂茶，量少也不在市面流通，所以如布目潮渢研究可知，白居易所飲的茶，幾乎都是友人寄贈得來，因為類似蒙頂茶這種高級稀少貨，連有錢都買不到。

　　是否因為茶屬於昂貴的飲品，所以白居易在江州廬山草堂旁開闢

---

34 〔日〕布目潮渢著、許賢瑤譯：〈白居易的喫茶〉，收於《中國古代喫茶史》，頁109-110。

起茶園？江州草堂開闢茶園之事，在兩首詩句中有寫到，之後白居易
不復再提：

> 藥圃茶園為產業，野麋林鶴是交遊。（〈重題〉，卷16：頁342。）
> 架巖結茅宇，斷壑開茶園。（〈香鑪峰下新置草堂即事詠懷題於
> 石上〉，卷7：頁137。）

在〈重題〉第二首中，白居易將「藥圃」和「茶園」並列，並標明是
「產業」；而另一詩中，則寫出了開鑿山谷闢建了茶園。但與釀酒不
同，白居易從來沒在詩中題到他是否有自己「製茶」。那他在創建廬
山草堂之時便開闢茶園，是否想像著自己種茶、製茶，可以簡省購買
茶的預算？不過，從白居易再也不提其茶園看來，他自己製茶飲用以
省茶費的打算可能沒有成功，不過是有想過節省開支且能隨時喝到喜
歡的飲品，晚年自釀酒成功了，江州時期自種茶則以失敗告終。但布
目潮渢卻也認為白居易開藥圃及茶園是為了生計：

> 白居易茶園的規模應該不會比陸龜蒙的來得大，只是附設於草
> 堂的小茶園吧！陸羽《茶經》一之源說「野者上，園者次」，
> 是以野生茶為上等，但在江州卻取野生茶實有困難，白居易才
> 自己營作小規模的茶園與藥圃，這樣多多少少有助於生計，由
> 此詩即可判明。[35]

布目潮渢雖然認為白居易經營小規模的茶園，目的是「有助於生
計」，其實可能不太準確，因為白居易曾說「僕門內之口雖不少，司
馬之俸雖不多，量入儉用，亦可自給，身衣口食，且免求人。此二泰

---

35 〔日〕布目潮渢著、許賢瑤譯：〈白居易的喫茶〉，《中國古代喫茶史》，頁98。

也」（〈與微之書〉，卷45：頁973），況且以副州長五品司馬官之職位，種茶販售以益生計，筆者想白居易應該是不屑從事於此。因此白居易自營茶園最大的目的，應該是與他自釀酒的動機一樣，想親手製茶。不過大概製茶程序太繁複，且沒有像陳岵傳授釀酒法的人教白居易製茶術，因此白居易想親手製茶的希望根本無法實現。此外還有一點，在《茶經》的「一之源」中提到茶樹的種植：「凡藝而不實，植而罕茂，法如種瓜，三歲可採」[36]，白居易建成廬山草堂後僅住一年即赴任忠州刺史，來不及等到茶園的茶樹長到可採收。之後就算再到江南的蘇杭任職，根本無暇開闢茶園，而洛陽、長安根本無法種植茶樹，所以白居易想自製茶葉的願望，最終也無法達成。

　　有關唐代茶的研究相當豐碩，茶的相關研究也相當專業，其外圍知識的專業性不是本書所能處理。接下來，文章會就著白居易的飲酒情境及他對茶事的喜好興趣著手，探討白居易詩中喝茶的品味。

　　首先，與飲酒時喜歡呼朋引伴的情況不同，白居易大多數在喝茶時，都是獨自飲茶，因此只要飲茶時，多會呈現一種寂寥安靜的況味，如這首他卸任中書舍人後往赴杭州刺史路上所寫的詩：

> 昨夜鳳池頭，今夜藍溪口。明月本無心，行人自回首。新秋松影下，半夜鐘聲後。清影不宜昏，聊將茶代酒。（〈宿藍溪對月〉，卷8：頁150。）

此詩其實有點奇怪，就是飲茶的時間點，是在「半夜鐘聲後」。白居易非常清楚「破睡見茶功」（〈贈東鄰王十三〉，卷25：頁565），也就是喝了茶之後會使睡意消失，人的精神振奮清醒。這也是所有人不分

36　〔唐〕陸羽：《茶經》（臺北：藝文印書館影百川學海本，1965年），卷上，葉1a-
　　1b。「法如種瓜」可參考〔唐〕陸羽撰、沈冬梅校注：《茶經校注》（北京：中華書
　　局，2021年），卷上，頁9-10，沈冬梅的注解。

古今的常識。不過白居易卻在左遷杭州有著明亮月光的路途上，半夜
飲茶，這樣豈不是故意讓自己失去睡意？這實在令人不解。不過這首
詩並不是白居易夜間飲茶的孤例，其餘的詩例有：「夜火焙茶香」
（〈題施山人野居〉，卷13：頁270）、「夜茶一兩杓，秋吟三數聲」
（〈立秋夕有懷夢得〉，卷29：頁659）、「桃根知酒渴，晚送一甌茶」
（〈營閒事〉，卷31：頁708），而夜間飲茶時，白居易大多獨自一人，
並未和友人同歡。此外，像〈立秋夕有懷夢得〉詩中夜間飲茶的情
況，與〈宿藍溪對月〉詩一般，都有著淒清寂寥的感覺，與白詩中喝
酒時，詩句多呈現歡樂熱鬧的氣氛迥然殊異。不過畢竟夜間飲茶可能
會過於清醒而失眠，在白居易詩中也僅偶然出現，並非常態。飲茶時
機，大多是白日、早上，有時還是因為宿醉，必須飲茶來解酒。如此
詩所寫的：

> 夜飲歸常晚，朝眠起更遲。舉頭中酒後，引手索茶時。拂枕青
> 長袖，欹簪白接䍦。宿醒無興味，先是肺神知。（〈和楊同州寒
> 食乾坑會後聞楊工部欲到知予與工部有宿醒〉，卷32：頁728-
> 729。）

此詩是白居易寫給楊汝士兄弟的和答詩。因為前一晚白居易與楊虞卿
喝太晚，隔天宿醉，因此舉頭中酒後，隔天早晨便引手索茶，以便醒
酒。從這點來看，需要清醒時或「清影不宜昏」的情景下，白居易都
會飲茶而不飲酒。在平常的日子裡，茶似乎也是白居易的日常飲品，
如此詩寫的：

> 暖床斜臥日曛腰，一覺閒眠百病銷。盡日一餐茶兩椀，更無所
> 要到明朝。（〈閒眠〉，卷37：頁848。）

這就是白居易年老無宴會時的日常生活。一日一餐，喝兩碗茶，曬曬太陽，悠閑地睡眠，雖然無事，但也別無所求，平靜安和。

　　此外，白居易會將飲茶和吟詩擺在一起，飲茶時吟詩，或吟詩時飲茶，似乎是白居易頗為特別的詩人品味，甚至有些詩句寫法重覆，白居易似乎也不以為意：

> 或飲一甌茗，或吟兩句詩（〈首夏病間〉，卷6：頁112。）
> 起嘗一甌茗，行讀一卷書。（〈官舍〉，卷8：頁157。）
> 或吟詩一章，或飲茶一甌。（〈詠意〉，卷7：頁135。）
> 或飲茶一盞，或吟詩一章。（〈偶作二首〉之二，卷22：頁492。）
> 閑吟工部新來句，渴飲毗陵遠到茶。（〈晚春閑居楊工部寄詩楊常州寄茶同到因以長句答之〉，卷31：頁712。）
> 夜茶一兩杓，秋吟三數聲。（〈立秋夕有懷夢得〉，卷29：頁659。）

在讀書、吟詩的時候同時飲茶，似乎是白居易常有的習慣，上引的前四例，句法寫法幾乎都一樣，不避重覆，應該是白居易故意為之，不可視為寫作失誤。在讀書或吟詩時，白居易佐之以茶，亦即需要清醒時刻時，白居易都會喝茶來幫助自己心神的安定。此外，蕭麗華引白居易〈詠意〉詩後詮解：「作者透過品茗、吟詩、茶、酒、《南華經》，乃至遊觀，共同成就詩人之『樂』與『自由』，其實這也是唐人莊禪合轍的展現。」[37]可見白居易飲茶時，似乎也與禪、莊等思想的有相關程度的契合。

　　對於白居易飲茶的品味，將煮茶寫得比較詳細的詩作，當屬此詩：

---

37 蕭麗華：〈蘇軾詠茶詩及其茶禪研究——以唐代詠茶詩為映視的觀察〉，《東吳中文學報》第35期（2018年5月），頁79-80。

　　昨晚飲太多，嵬峨連宵醉。今朝餐又飽，爛熳移時睡。睡足摩
　　挲眼，眼前無一事。信腳繞池行，偶然得幽致。婆娑綠陰樹，
　　斑駁青苔地。此處置繩床，傍邊洗茶器。白瓷甌甚潔，紅爐炭
　　方熾。沫下麴塵香，花浮魚眼沸。盛來有佳色，嚥罷餘芳氣。
　　不見楊慕巢，誰人知此味。(〈睡後茶興憶楊同州〉，卷30：頁
　　681。)

此詩展現出白居易平日無事時悠閑愉快的平靜氣氛，詩題中的「茶
興」，指的是想煮茶來喝的念頭。此詩循序將白居易想喝茶的念頭連
綿舖陳直至喝到茶的過程，開始因宿醉所以早上吃完朝餐後又繼續睡
回籠覺，補眠完後無事可做，悠閑卻百無聊賴地在池邊繞行，景致正
好，因此興起了想喝茶的念頭。因為無事，煮茶來喝便成了優雅之
事，所以先以繩床布置好坐位，洗滌白瓷甌，燃起紅爐炭，將磨好的
茶末倒入，開始煮茶。煮的過程中出現了茶香，滾燙的茶水出現了像
魚眼湧沸的熱水。點完茶後，白居易開始品嚐茶湯，先欣賞茶色，再
仔細品味茶的滋味和香味，完成品茶的動作。最後憶起楊汝士，因為
楊汝士不斷地寄送茶給白居易，被白居易視為同樣能品味茶飲的同
好。此詩仔細地將白居易起興煮茶及煮茶的過程、品嚐的經過，如實
地寫出來，在白詩中相當少見。從對茶器的重視，煮茶過程靜心欣
賞，觀察其變化，其實都與《茶經》中的描寫差不多，因此也可以視
為白居易茶詩中的代表作。白居易詩中專寫飲茶的詩作雖不多，但是
下定雅弘在評述茶對白居易的重要性之意見，還是值得我們參考：

　　茶可以醒酒，飲酒之後白居易把喝茶看成了重要的事情。但正
　　如白居易下面所述，在齋月和齋日他是不飲酒的。而喝茶對他
　　來說卻是時時刻刻都需要的，是比酒還更重要的飲品。[38]

38　〔日〕下定雅弘著、李寅生譯：《白樂天的世界》，頁131。

對於日常必需飲品——茶，白居易反而描繪記錄詩作較少，但如同下定氏所說的，茶可能比酒還要重要，雖然酒的詩作數量遠遠高於茶的詩作。

四　習琴藝、訓家妓以供聲樂之娛

日人齋藤茂在論及白居易和劉禹錫時，提出了他們這兩個同年出生（772）的中唐大文豪的共通點：

> 首先看兩人的共通點。第一是興趣廣泛，經史詩文這些基本修養不必說，兩人還具有多種的素養。比如音樂，不但作為鑑賞家熟知大量樂曲，而且還洞悉樂曲的個性，留下了像〈竹枝詞〉、〈楊柳枝詞〉等在詞史初期熠熠生輝之作。劉禹錫的〈竹枝詞〉之曲是絕唱，而白居易則把家妓和僕人組編成簡易樂隊賞樂聽曲。說起妓女，如前文所觸及的那樣，兩人都長於酒宴妓樓之游。[39]

齋藤茂在指出劉白興趣廣泛的共同點時，第一點就提到兩人的音樂素養卓越非凡。他舉出〈竹枝詞〉、〈楊柳枝詞〉來證明兩人音樂素養，更進一步提及白居易親自訓練家伎並組成樂隊演奏，證明兩人均擅長酒宴妓樓之游。

白居易對於音樂的濃厚興趣，以及在音樂上展現出高知識的音樂素養，從他年輕初任諫官時便展露出來。最明確顯著的例子，就在〈新樂府〉五十首中，關於音樂的描寫，呈現白居易過人的音樂知

---

39 〔日〕齋藤茂著、王宜瑗、韓豔玲譯：《文字觀天巧——中晚唐詩新論》（北京：中華書局，2014年），頁190。

識。[40]在〈新樂府〉中,與音樂相關的詩作便有:〈法曲歌〉、〈立部伎〉、〈華原磬〉、〈胡旋女〉、〈五弦彈〉、〈驃國樂〉等六首詩,此外,他還不斷在詩中寫到他彈琴自娛及對古琴沒落的感傷。如果我們將這三首不論是寫琴還是以琴為喻的詩合看,可以看出白居易的音樂觀、音樂知識素養,還有白居易對古琴的看法:

> 絲桐合為琴,中有太古聲。古聲淡無味,不稱今人情。玉徽光彩滅,朱弦塵土生。廢棄來已久,遺音尚泠泠。不辭為君彈,縱彈人不聽。何物使之然,羌笛與秦箏。(〈廢琴〉,卷1:頁6。)
>
> 古琴無俗韻,奏罷無人聽。寒松無妖花,枝下無人行。春風十二街,軒騎不暫停。奔車看牡丹,走馬聽秦箏。眾目悅芳豔,松獨守其貞。眾耳喜鄭衛,琴亦不改聲。懷哉二夫子,念此無自輕。(〈鄧魴張徹落第〉,卷1:頁20。)
>
> 五弦彈,五弦彈,聽者傾耳心寥寥。趙璧知君入骨愛,五弦一一為君調。第一第二弦索索,秋風拂松疏韻落。第三第四弦泠泠,夜鶴憶子籠中鳴。第五弦聲最掩抑,隴水凍咽流不得。五弦並奏君試聽,淒淒切切復錚錚。鐵擊珊瑚一兩曲,水瀉玉盤千萬聲。殺聲入耳膚血寒,慘氣中人肌骨酸。曲終聲盡欲半日,四坐相對愁無言。座中有一遠方士,唧唧咨咨聲不已。自嘆今朝初得聞,始知孤負平生耳。唯憂趙璧白髮生,老死人間無此聲。遠方士,爾聽五弦信為美,吾聞正始之音不如是。正始之音其若何?朱弦疏越清廟歌。一彈一唱再三歎,曲淡節稀聲不多。融融曳曳召元氣,聽之不覺心平和。人情重今多賤

---

40 關於白居易擅長的樂器及對音樂的知音欣賞,可參閱楊宗瑩:〈白居易的愛好:音樂〉,《國文學報》第12期(1983年6月),頁1-6。

古，古琴有弦人不撫。更從趙璧藝成來，二十五弦不如五。
（〈新樂府·五弦彈〉，卷3：頁69-70。）

這三首詩都有提到古琴在當時被冷落輕視，代之而起被眾人喜歡的樂
器是「羌笛」、「秦箏」及「五弦琴」，此三詩主旨大抵是惡鄭衛之奪
雅，〈鄧魴張徹落第〉一詩兼以松琴不改初志來勉慰二人落第。大概
古琴會被冷落無人聽，主要是「淡無味」，與當時從西域傳到中國的
胡人樂器相比，節奏太過緩慢，例如胡人樂器五弦琴，節奏快、變化
大、樂音起伏強烈。尤其是在知名樂師趙璧的演奏下，演奏技巧更是
出神入化，令聽眾「唧唧咨咨聲不已」，無不讚嘆。相形之下，有著
正始之音的古琴音，便顯得疏越而曲淡節稀聲不多，平淡許多。這樣
平淡的琴聲雖然能讓聽者心情平和，卻無刺激性，讓愈來愈多人棄而
不撫奏，終究被冷落。

　　白居易自年輕時就喜歡自撫琴，自己彈琴，大多自娛。例如他在
任翰林學士時日常閑景，便會彈琴：「況此松齋下，一琴數帙書。書
不求甚解，琴聊以自娛」（〈松齋自題〉，卷5：頁96），此詩詩題下白
居易自註：「時為翰林學士」，可見他自任翰林學士時就開始自彈琴。
自彈自娛，一再於白詩中出現，如此詩所寫的：

　　　　蜀桐木性實，楚絲音韻清。調慢彈且緩，夜深十數聲。入耳淡
　　　　無味，愜心潛有情。自弄還自罷，亦不要人聽。（〈夜琴〉，卷
　　　　7：頁145。）

對於彈琴，白居易非常清楚這種緩慢平和的樂音，完全不合一般俗人
對音樂的品味，不過白居易還是依然展現對古琴的喜愛，至老不休，
從未停止。白居易的古琴演奏，並非不想彈給其他人聽，而是根本少
人能欣賞這種清雅古淡的琴曲，所以白居易根本找不到知音能欣賞其

演奏，只好自彈自娛，充滿無奈。但就算如此，白居易晚年寫〈醉吟
先生傳〉時，在提到自身嗜好時，還是將彈琴列為最重要的一生三項
興趣之一：

> 性嗜酒，耽琴、淫詩。凡酒徒、琴侶、詩客，多與之游⋯⋯人
> 家有美酒鳴琴者，靡不過⋯⋯每良辰美景，或雪朝月夕，好事
> 者相過，必為之先拂酒罍，次開詩篋。酒既酣，乃自援琴，操
> 宮聲，弄《秋思》一遍。（〈醉吟先生傳〉，卷70：頁1485。）

〈醉吟先生傳〉寫於白居易六十七歲時。他將酒、琴與詩，當成一生
最重要的三項興趣嗜好，一直到年耄衰老還饒富興致，而且到此時，
他已經願意在「琴侶」面前援琴彈奏，這也表示他有知音聽眾，以及
他的琴藝可能進步了。文中的「秋思」，乃是蜀客姜發所傳授，關於
這點，他在〈池上篇・序〉中有提到：「博陵崔晦叔與琴，韻甚清。
蜀客姜發授《秋思》，聲甚淡」（〈池上篇・序〉，卷69：頁1450），有
了同年好友崔玄亮贈與的古琴，及從姜發處習得的《秋思》，讓老年
時的白居易與早年不同，開始願意彈琴演奏讓他人聆聽欣賞了。在
〈醉吟先生傳〉中提到白居易有酒徒、琴侶、詩客，琴侶為誰？白居
易並無明說，但從其詩文中常提到的交遊友人中，最有可能的琴藝同
好，便是贈琴給他的崔玄亮。

　　白居易任蘇州刺史時，崔玄亮贈紅石琴薦予樂天，白居易有詩
誌之：

> 頳錦支綠綺，韻同相感深。千年古澗石，八月秋堂琴。引出山
> 水思，助成金玉音。人間無可比，比我與君心。（〈崔湖州贈紅
> 石琴薦煥如錦文無以答之以詩酬謝〉，卷21：頁456。）

所謂的「琴薦」，薦就是放在琴下的墊子，防止彈琴時琴座滑動。紅石琴薦大概就是以紅石作為琴薦，墊高古琴，如此彈琴不僅能固定古琴，其聲亦更加清越明亮。所以首句就將紅石琴薦以「縝錦」形容，而綠綺是古琴的代稱。接著寫石和琴完美的配合，相輔相成，而白居易將琴石相合比喻自己和崔玄亮的交情　樣，彼此「助成金玉音」。

對於白居易而言，崔玄亮是少數被他引為琴道的同好，他的詩句「明朝欲見琴樽伴」（〈答崔十八見寄〉，卷27：頁609），將崔玄亮視為「琴樽伴」，可見崔為白之琴侶酒伴。此外，在寫詩給崔玄亮時，亦會談到與古琴相關之事：

> 微微西風生，稍稍東方明。入秋神骨爽，琴曉絲桐清。彈為古宮調，玉水寒泠泠。自覺弦指下，不是尋常聲。須臾群動息，掩琴坐空庭。直至日出後，猶得心和平。惜哉意未已，不使崔君聽。（〈寄崔少監〉，卷21：頁472。）

此詩是白居易年輕時不曾見過的對自己琴藝滿意到想讓他人聆聽的詩作。如上文所述，白居易年輕時撫琴時通常是自彈自娛，不會想在他人面前演奏。但是自從他在洛陽買履道宅後，便開始出現想在他人面前演奏古琴的詩作了。如〈寄崔少監〉此詩，白居易在天亮前撫琴自娛，天清地和，加上琴聲，彈奏到日出後，白居易相當滿意自己的彈琴技藝，「自覺弦指下，不是尋常聲」，不是自誇，而是一種自信滿意的表現。在自覺琴藝不錯後，白居易想演奏給對方聽的對象，就是人在長安的崔玄亮。將崔玄亮引為琴藝知音，大概也是因為崔玄亮同樣精熟琴藝吧。同樣內容的詩還有以下這首：

> 今夜調琴忽有情，欲彈惆悵憶崔卿。何人解愛中徽上，《秋思》頭邊八九聲。（〈夜調琴憶崔少卿〉，卷28：頁632。）

調琴練習彈奏的是《秋思》，白居易自從蜀客姜發處習得此琴曲，此曲名屢屢出現在白居易的詩文中，可見白居易視演奏此曲為其代表作。若是崔玄亮與白居易同在洛陽時，白居易有空就會約崔玄亮來聆聽他的演奏：

> 庭草留霜池結冰，黃昏鐘絕凍雲凝。碧氈帳上正飄雪，紅火爐前初炧燈。高調秦箏一兩弄，小花蠻榼二三升。為君更奏《湘神曲》，夜就儂來能不能？（〈夜招晦叔〉，卷26：頁604。）

此詩作於大和六年，白居易任河南尹時，而崔玄亮因為任右散騎常侍，率領諫官在延英殿奏對宰相宋申錫之事，被逐出長安任太子賓客分司東都。因此崔白兩人同時俱在洛陽，而白居易在夜晚招邀崔玄亮。此詩雖然是白居易約崔玄亮來聆聽他的秦箏演奏，曲目是湘神曲，從此詩也可以看出兩人情誼深厚，以及彼此互為相知相惜的音樂知音。不過崔玄亮在隔年的大和七年七月就溘然長逝，白居易為這位年少以來便交好的同年登進士第、登吏部試的好友寫了墓誌銘，其中記載了崔玄亮的遺言：

> 吾玉磬、琴，留別樂天，請為墓誌。（〈唐故虢州刺史贈禮部尚書崔公墓誌銘並序〉，卷70：頁1471。）

將自己珍愛的樂器留贈白居易，並指定白居易為自己墓誌銘的撰寫人，潤筆為樂器，也可知兩人真的是音樂上的知音，所以白居易在崔玄亮死時，作詩「惠死莊杜口，鍾歿師廢琴」（〈哭崔常侍晦叔〉，卷29：頁659），對於知音既往，子期已逝，白居易認為自己跟伯牙一樣，終身不復鼓琴，兩人交情，令人動容。還有，當崔死後，白居易幾乎就很少在他人面前演奏古琴了，繼續維持著自彈自娛的好琴者：

> 信意閒彈《秋思》時，調清聲直韻疏遲。近來漸喜無人聽，琴
> 格高低心自知。（〈彈秋思〉，卷27：頁627。）

此詩也是白居易對自己琴藝自信滿意之作，只不過此時知音不再，調
清聲直韻疏遲的《秋思》拿手曲，其琴格高低，也僅有自己清楚了。
這種心情，大概跟杜甫詩句「文章千古事，得失寸心知」相似，就算
無人聽自己技藝方佳的琴韻，自己清楚也無所謂了。

　　白居易不僅喜歡自彈琴，到了晚年，也開始喜歡聽他人演奏古琴。

> 聞君古《渌水》，使我心和平。欲識慢流意，為聽疏汎聲。西
> 窗竹陰下，竟日有餘清。（〈聽彈古渌水〉，卷5：頁96。）
> 玉軫朱弦瑟瑟徽，吳娃徵調奏《湘妃》。分明曲裏愁雲雨，似
> 道蕭蕭郎不歸。江南新詞有云：暮雨蕭蕭郎不歸（〈聽彈湘妃
> 怨〉，卷19：頁427。）
> 本性好絲桐，塵機聞即空。一聲來耳裏，萬事離心中。清暢堪
> 銷疾，恬和好養蒙。尤宜聽三樂，安慰白頭翁。（〈好聽琴〉，
> 卷23：頁517。）
> 琴中古曲是幽蘭，為我慇懃更弄看。欲得身心俱靜好，自彈不
> 及聽人彈。（〈聽幽蘭〉，卷26：頁601。）
> 雙鶴分離一何苦，連陰雨夜不堪聞。莫教遷客孀妻聽，嗟歎悲
> 啼記殺君。（〈雨中聽琴者彈別鶴操〉，卷33：頁742。）

以上這些詩，都是他聆聽他人演奏古琴後所寫的詩作。不僅身為演奏
者，而且是琴音的欣賞者，白居易喜好這種疏慢淡雅的樂音，幾乎到
了痴迷的地步，而弔詭的是，這種品味，異於當時的主流音樂喜好。
白居易當然知道這點，因此，更加執著地喜好著自己堅持的喜好，呈
現出一股倔強的卓越高雅的差異品味（distinguished taste）。眾人耳中

的淡而無味的琴音，是白居易畢生追求「琴格高低心自知」的正始平
和之音。此外，不論是自彈娛人，或是「自彈不及聽人彈」，白居易
在面對琴音時，以文字呈現其聆聽後的欣賞經驗，亦使得欣賞古琴成
了文學書寫的重要詩料。

　　白居易自稱自己「愛詠閑詩好聽琴」（〈味道〉，卷23：頁517），
可見他常將詩、琴並舉為自己一生中重要的興趣。如前文所引的諸多
例子，琴音的疏淡緩慢，不受時人所愛，但卻呈現出平和中正的格
調，能調和人心趨於平靜，不過能欣賞琴音之人，須有相當程度的音
樂素養，也就是陽春白雪，喜愛者寡。白居易在詩中不斷吟詠琴音特
色，以及不被時人所愛的情況，若我們看白居易自己審視自己的詩歌
特色，似乎情況遭遇也和古琴相似：

> 懶病每多暇，暇來何所為。未能拋筆硯，時作一篇詩。詩成淡
> 無味，多被眾人嗤。上怪落聲韻，下嫌拙言詞。時時自吟詠，
> 吟罷有所思。蘇州及彭澤，與我不同時。此外復誰愛？唯有元
> 微之。謫向江陵府，三年作判司。相去二千里，詩成遠不知。
> （〈自吟拙什因有所懷〉，卷6：頁118。）

詩中白居易對自己的詩作評價為「淡無味」，這三個字，在上文所引
的詩作例子中，也可以看到白居易用來品味琴音，如〈廢琴〉詩中的
「古聲淡無味」、〈夜琴〉詩中的「入耳淡無味」，可見，以品味來
看，白居易大概將琴音特色與自己詩作特色用同一形容詞來並比。琴
音「不稱今人情」，而自己的詩「多被眾人嗤」，同樣不被時人流輩喜
歡。但是白居易依然故我地彈著近人不喜歡的琴，寫著被眾人嗤笑的
淡無味的詩。不過，就像白居易的琴藝有崔玄亮賞識一樣，自己淡而
無味的詩作，也有元稹可以喜愛，並且往上回溯，白居易亦引韋應物
及陶淵明為其異代知音。這些知音及讀者都異於俗人，雖然不被時流

所喜好，但真正具品評鑑賞能力的人，才能真正理解白居易的琴藝及詩藝，也能讓他一直堅持下去。從這裡就可以看出白居易對於自我品味的堅持，在詩與琴上都一樣。終於，在精進自己的詩藝與琴藝後，白居易亦在這兩個領域中，展現了自己堅持的技藝，表現了自己與眾不同的品味。

在音樂上，白居易不僅在古琴上能自彈琴、聆聽欣賞他人演奏，如上所述，白居易對於當時音樂的知識層面亦涉獵甚廣，甚至達到專業的程度。在晚年時，他自刑部侍郎以百日假免官回洛後，帶回了一批家伎，如他〈池上篇·序〉中提到的：「罷刑部侍郎時，有粟千斛、書一車，洎臧獲之習笙、磬、絃、歌者指百以歸」（〈池上篇·序〉，卷69：頁1450），這批家伎共十人，分別熟習笙、磬、絃樂器及唱歌的樂者，各有職司。此文接著寫他在洛下的愉悅生活如下：「每至池風春，池月秋，水香蓮開之旦，露清鶴唳之夕：拂楊石，舉陳酒，援崔琴，彈姜《秋思》，頹然自適，不知其他。酒酣琴罷，又命樂童登中島亭，含奏《霓裳·散序》，聲隨風飄，或凝或散，悠揚於竹烟波月之際者久之。曲未竟，而樂天陶然已醉，睡於石上矣。」文中的樂童，即文中習笙、磬、絃、歌者的臧獲十人。值得注意的是，樂童們演奏的《霓裳·散序》，應該是白居易親自教授的樂曲，白居易之音樂素養，達到可以指導樂團合奏的能力。

白居易開始訓伎演奏，大概是從擔任杭州刺史開始，不過所訓之伎，乃是官妓，在這首〈霓裳羽衣歌〉的長詩，白居易有提及：

……移領錢唐第二年，始有心情問絲竹。玲瓏箜篌謝好箏，陳寵觱栗沈平笙。清弦脆管纖纖手，教得霓裳一曲成。自玲瓏以下，皆杭之妓名…….聞君部內多樂徒，問有霓裳舞者無？答云七縣十萬戶，無人知有霓裳舞。唯寄長歌與我來，題作霓裳羽衣譜。四幅花牋碧間紅，霓裳實錄在其中。千姿萬狀分明見，

恰與昭陽舞者同。眼前髣髴覩形質，昔日今朝想如一。疑從魂
夢呼召來，似著丹青圖寫出。……若求國色始翻傳，但恐人間
廢此舞。妍媸優劣寧相遠，大都只在人擡舉。李娟張態君莫
嫌，亦擬隨宜且教取。娟、態，蘇妓之名（〈霓裳羽衣歌〉（和微
之），卷21：頁458。）

此詩為七言長篇歌行體，備述白居易任翰林學士時，始見聞〈霓裳羽
衣舞〉，之後任杭州刺史時，親自教商玲瓏、謝好、陳寵、沈平彈奏
箜篌、箏、觱栗、笙等樂器，終於可以合奏〈霓裳羽衣歌〉。在任蘇
州刺史時，白居易突然想要排舞，讓他的官妓們重現他在唐憲宗時所
欣賞到的〈霓裳羽衣舞〉，此時便向時任浙東觀察使的元稹求助，但
是元稹僅有圖譜文獻，但他的官妓們都沒人實際演出過。最後，白居
易在詩末時做了決定並向元稹宣示，自己將按譜親自教導蘇州太守轄
下的二個官妓張娟及李態，來排練這支舞曲。[41]

　　從以上的例子來看，白居易對於親自教導官妓演奏樂曲、甚至排
練歌舞，有著相當的自信及能力。他在任杭州刺史時，也曾提及親自
教導官妓樂舞之事：

欲送殘春招酒伴，客中誰最有風情。兩瓶箬下新開得，一曲霓
裳初教成。時崔湖州寄新箬下酒來，樂妓按霓裳羽衣曲初畢排比管
弦行翠袖，指麾船舫點紅旌。慢牽好向湖心去，恰似菱花鏡上
行。（〈湖上招客送春汎舟〉，卷20：頁452。）

此詩乃是白居易任杭州太守邀客於西湖泛舟詩作，除了以湖州刺史崔
玄亮寄來的名酒招邀客人外，白居易還以新教訓練完的樂妓習得的霓

---

41 楊宗瑩將白居易詩中曾出現的樂曲作了一番考證，見楊宗瑩：〈白居易的愛好：音
　　樂〉，《國文學報》第12期（1983年6月），頁15-24。

裳羽衣曲的演奏來吸引客人到來。白居易在頷聯詩註中明白地寫出樂妓將樂曲排練完成，這也符合〈霓裳羽衣歌〉中提到的，他任杭州刺史時開始教導官妓練習，四個樂妓「清弦脆管纖纖手，教得霓裳一曲成」。白居易以此為傲，並以此為邀客的亮點，不僅有與客同樂之意，更有炫耀其樂妓在其教導下，能演奏這曲之前只能在皇宮中聽聞的名曲。〈霓裳羽衣曲〉原本是印度的樂曲，在唐代時由西域傳入中國，而開元時的西涼節度使楊敬忠為唐玄宗獻上〈婆羅門曲〉後，由唐玄宗依此曲修改潤色，取名為〈霓裳羽衣曲〉。[42]因為源於西域，所以演奏此曲的樂器必須是箜篌、箏、觱栗、笙等胡樂。白居易任杭守時竟然能依曲譜教授四位官妓合奏此曲，難怪他會在曲子教成後，於春末邀客乘船，在西湖湖心中演奏此曲，以作炫耀。在〈霓裳羽衣歌〉中白居易提到，自此曲教成，「虛白亭前湖水畔，前後祇應三度按。便除庶子拋卻來，聞道如今各星散」，有機會演奏的次數僅有三次。待他回洛陽履道宅任左庶子分司東都後，杭州時他所教導的官妓，便全星散各地，續任刺史無能力再教授，致使此曲無法再度面世。

　　官妓是配置州府的演藝人員，不論樂妓或歌妓，都有固定的員額，且太守離職無法帶走官妓，因此白居易作詩也有「莫教小妓女」之嘆，因為「妓長能歌舞，三年五歲間，已聞換一主」（〈有感三首〉之二，卷21：頁469）。不過若是家妓便是不同了，雖然必須負擔高額的長約簽定金賣身契，而且必須付家妓薪資、提供食宿。但在財力經濟能力的許可下，所教授的妓女便可以只為此家服務，僅為私人提供聲色娛樂，不受官方限制。白居易有訓練家妓的能力，當家妓練成，大多在宴會時出場佐歡，或演奏樂器，或演唱歌曲，提供聲色之娛。[43]例如

42　〔日〕下定雅弘著、李寅生譯：《白樂天的世界》，頁165。

43　楊宗瑩將白居易詩中出現的妓女，不論官妓還是家妓都作了仔細的考證，請參見楊宗瑩：〈買笑黃金莫訴貧：白居易與妓女〉，《中國學術年刊》第6期（1984年6月），頁109-127。

此詩便是以訓後家妓之歌藝，來邀客宴飲之詩作：

> 一甕香醪新插篘，雙鬟小妓薄能謳。管弦漸好新教得，羅綺雖
> 貧免外求。世上貪忙不覺苦，人間除醉即須愁。不知此事君知
> 否，君若知時從我遊。（〈嘗酒聽歌招客〉，卷33：頁747。）

在酒熟後初嚐新酒，便以新教成的歌妓邀客來飲。「管弦漸好新教
得，羅綺雖貧免外求」，可見白居易從刑部侍郎辭官歸洛後，亦勉力
訓妓，以便提供宴飲之樂。這當然要有一定的財力才可以蓄養家妓，
此外，家妓所執樂器亦要花費。在洛陽任賓客分司的白居易，很多時
候是靠親友的資助，才能享受私家樂團的高級聲樂享受，如牛僧孺便
曾寄箏給白居易：

> 楚匠饒巧思，秦箏多好音。如能惠一面，何啻直雙金。玉柱調
> 須品，朱弦染要深。會教魔女弄，不動是禪心。（〈偶於維揚牛
> 相公處覓得箏箏未到先寄詩來走筆戲答〉，卷33：頁749。）

此詩詩題下白居易自註：「來詩云：但愁封寄去，魔物或驚禪」，可見
對於固定齋戒的佛教徒白居易而言，秦箏樂音，可能動心而影響禪
修，所以牛僧孺對白居易開了玩笑。不過，白居易寫此詩時，箏未
到，所以重點還是在寫牛僧孺為白居易覓得秦箏之情，白居易感激之
餘，希望能見牛僧孺一面，親自道謝。「玉柱調須品，朱弦染要深」，
則可能是另類的希望牛僧孺能對此珍貴樂器作品質管控，琴柱及琴弦
在製作時都要注意其品質。不久後白居易收到牛僧孺自揚州購入的秦
箏，且不僅贈箏，牛僧孺還多送了一百疋絹充當白居易的酒錢，如此
詩所述：

> 遠訊驚魔物，深情寄酒錢。霜紈一百疋，玉柱十三弦。楚醴來
> 樽裏，秦聲送耳邊。何時紅燭下，相對一陶然。(〈奉酬淮南牛
> 相公思黯見寄二十四韻〉，卷33：頁751。)

在這首長詩中，上引為詩末詩句。白居易在「玉柱十三弦」下自註
「思黯遠寄箏來，先寄詩云：但愁封寄去，魔物或驚禪。仍與酒資同
至」，也就是時任淮南節度使的牛僧孺，不僅從揚州寄了在當地蒐覓
得到的秦箏給洛陽的白居易，同時還一起寄附了百疋絹帛及江南的
酒。牛僧孺身為白居易年輕時期的「門生」，對於退居洛下的座主白
居易，提供了優渥的物質經濟援助。

> 玉管清弦聲旖旎，翠鈿紅袖坐參差。兩家合奏洞房夜，八月連
> 陰秋雨時。歌臉有情凝睇久，舞腰無力轉裙遲。人間歡樂無過
> 此，上界西方即不知。(〈與牛家妓樂雨後合宴〉，卷34：頁
> 777。)

此詩作於開成三年，白居易以太子少傅分司東都，而牛僧孺於前一年
開成二年自淮南節度使拜東都留守，此時兩人均在洛陽。牛僧孺位高
臺閣，兼領大鎮，長年執政，其家家妓甚具規模。白居易曾作詩：
「鍾乳三千兩，金釵十二行。妒他心似火，欺我鬢如霜」(〈酬思黯戲
贈〉，卷34：頁767)，詩句下自註：「思黯自誇前後服鍾乳三千兩，甚
得力。而歌舞之妓頗多，來詩謔予羸老。故戲答之」，可見其家家妓
規模甚大。白居易此時將自家家妓與宰相家妓於宴會上合奏，且刻意
寫詩記錄，可見其訓妓有成，白居易顯露出得意之情。

　　白居易在音樂上有著過人的涵養，自彈琴及聆聽他人演奏古琴，
是屬於個人的興趣嗜好，具有一定的消費經濟能力即可負擔樂器的購
置，甚至像白居易晚年最鍾愛的琴是摯友崔玄亮的遺物。但是訓練家

妓，組成樂團，分演奏、演唱及跳舞的梯隊，來極耳目之娛，便不是一般人的經濟能力可以負擔得起。任杭守、蘇守期間，因為太守本身有設宴招待賓客僚屬的責任，國家配有官妓，其用度支出都是國家公費支出。白居易身為太守訓妓有成，但也因職務去留，養成官妓音樂技能後，便因換官而心血全失，而有莫教小妓女之嘆。因此，白居易卸刑部侍郎後，從長安帶回十位樂妓，自己以履道宅主任的身分訓妓，成為「家班」。在洛下分司，於履道宅供奉保有十人以上的家妓樂隊，可見其晚年財力雄厚，為自己興趣願意花大錢蓄養整團家妓，白居易擁有的富貴資本，已不是一般人可以與其相提並論。白居易也不吝在詩中炫耀其家妓演出，這其實也是一種炫富，但也是在炫耀其音樂培訓能力，高人一等。下定雅弘在評述白居易的音樂素養時，有兩段話值得我們參考，由此也可見白居易不凡的音樂品味：

> 白居易非常喜歡音樂。他不僅僅是喜好，而且是達到了專業的水平。在中國音樂史上，白居易有著極為重要的貢獻。[44]
> 白居易喜歡音樂，他堪稱是一位大眾級的音樂家，雖然也有其他的種種愛好，但在音樂方面的重要表現也正如以上所描寫的那樣。[45]

這兩段由衷稱讚白居易音樂成就的話語，適足以看出白居易卓越的音樂品味，展現在其音樂活動造成的巨大成就。不過，本節所舉例的琴藝及訓妓，前者偏向個人嗜好，且沈靜內斂，但訓妓組團合奏，則偏熱鬧宴會場合中，來展現白居易音樂品味及其雄厚財力了。

---

44 〔日〕下定雅弘著、李寅生譯：《白樂天的世界》，頁162。
45 〔日〕下定雅弘著、李寅生譯：《白樂天的世界》，頁169。

五　鑑賞山水

　　白居易在左遷江州前，詩集中比較少有遊山玩水的山水詩，這當然與他通過吏部試釋褐為校書郎後，之間鮮有間斷的畿尉、京官的繁忙工作，讓他無暇入山遊玩有關。退居下邽時，因為前二年多為守喪時間，也不能名正言順地遊山玩水。一直到了喪滿除服後，在等候官缺一年多的時間，他才有餘暇及理由，離開下邽，進到山中遊玩。〈遊悟真寺詩一百三十韻〉便是白居易回到長安補官太子左贊善大夫前，入王順山悟真寺遊玩五天的詳細遊覽記錄。這首一千三百字的五古長詩，比一百二十八句、八百四十字的〈長恨歌〉的篇幅還要長，是白居易二千八百餘首詩作中的第一長詩。此詩很詳細地寫出他在元和九年八月入山，接著寫寺的地點、入山聞見、寺中名勝、寺中所遇僧侶、與此寺相關的傳說故事，最後再寫遊山五晝夜後的感慨，成了這首白詩中最長的長詩。值得注意的是，白居易此詩對景物、山色、人物及相關物件描寫地非常細膩，完全符合他對謝靈運（385-433）山水詩的評價：「大必籠天海，細不遺草樹」（〈讀謝靈運詩〉，卷7：頁131），他的這首詩，更極端地效倣六朝山水詩模山範水的寫作方式，用以仔細刻劃山水景物，例如此詩前卅韻如下：

> 元和九年秋，八月月上弦。我遊悟真寺，寺在王順山。去山四五里，先聞水潺湲。自茲捨車馬，始涉藍溪灣。手拄青竹杖，足躡白石灘。漸怪耳目曠，不聞人世喧。山下望山上，初疑不可攀。誰知中有路，盤折通巖巔。一息幡竿下，再休石龕邊。龕間長丈餘，門戶無扃關。俯窺不見人，石髮垂若鬟。驚出白蝙蝠，雙飛如雪翻。回首寺門望，青崖夾朱軒。如擘山腹開，置寺於其間。入門無平地，地窄虛空寬。房廊與臺殿，高下隨峰巒。巖崿無撮土，樹木多瘦堅。根株抱石長，屈曲蟲蛇蟠。

松桂亂無行，四時鬱芊芊。枝梢嫋青翠，韻若風中弦。日月光
不透，綠陰相交延。幽鳥時一聲，聞之似寒蟬。首憩賓位亭，
就坐未及安。須臾開北戶，萬里明豁然。拂簷虹霏微，繞棟雲
迴旋。赤日間白雨，陰晴同一川。野綠簇草樹，眼界吞秦原。
渭水細不見，漢陵小於拳。卻顧來時路，縈紆映朱欄。歷歷上
山人，一一遙可觀。（〈遊悟真寺詩一百三十韻〉，卷6：頁
121。）

以上三百字，不及全詩的四分之一。悟真寺為興建在隋朝開皇年間的
寺廟，在唐太宗貞觀年間，淨土二祖善導大師（613-681）從廬山來
此寺，後長住此寺，親證三昧，號「終南大師」，又因口唸佛號現出
光明，又稱「光明大師」，為淨土宗傳法重鎮。除白居易外，王維有
〈遊悟真寺〉詩、盧綸有〈題悟真寺〉、錢起有〈登玉山諸峰偶至悟
真寺〉等唐人吟詠。此詩開始明確地點出遊寺的時間及寺的具體位
置，具寫實記錄精神。接下來便仔細地寫出入山後的所見所聞，漸漸
登高，途中遇到石龕、白蝙蝠、石髮，還有無數樹木。在持續登高
後，雖未到寺內，但迴望寺門，像將山腹擘開，置寺於其間。這段最
後寫登高望遠，除陰晴混一外，遠望渭水及漢陵，及後來上山之人，
均微小而歷歷可數。

　　白居易〈悟真寺詩一百三十韻〉這類極致刻畫的山水詩，在白詩
中是第一次出現這種客觀記錄書寫山水筆法。在白詩中，書寫山水景
色的方式，左遷江州前大概都是以自己心境感慨為主、景色的描寫為
客為輔，寄情於山水之中的抒情之作，像〈悟真寺詩一百三十韻〉大
規模工筆畫的寫法極少。例如這首大概是與〈悟真寺詩一百三十韻〉
同時所作的寫法：

脫置腰下組，擺落心中塵。行歌望山去，意似歸鄉人。朝躡玉

峯下，暮尋藍水濱。擬求幽僻地，安置疏慵身。本性便山寺，
應須旁悟真。（〈遊藍田山卜居〉，卷6：頁116。）

此詩題是「遊藍田山」和「卜居」，但是整首詩幾乎完全沒有寫到山
景之處，僅有「朝蹋玉峯下，暮尋藍水濱」，但也是泛寫。詩末後半
四句，倒是與「卜居」相關，所以此詩的重點並不是遊山，而是卜
居。在左遷江州前，白居易的山水詩或遊山詩，大多類此。書寫山水
景致並非重點，抒發情性及個人處境的感慨，才是這類詩聚焦的重
點。也就是說，左遷江州之前，除了〈悟真寺詩一百三十韻〉一詩
外，白居易並未仔細觀看他遊山的景色，仙遊山如此，驪山也是如
此。例如以下的詩作，明明是遊山玩水，對於「景色」的描寫卻相當
浮泛，寥寥帶過，看不出白居易有用心仔細「觀察」過，例如以下入
山遊玩的詩作所呈現的內容：

沙鶴上階立，潭月當戶開。此中留我宿，兩夜不能迴。幸與靜
境遇，喜無歸侶催。從今獨遊後，不擬共人來。（〈仙遊寺獨
宿〉，卷5：頁95。）

此詩寫於白居易任盩厔尉時。遊仙遊山的仙遊寺中描寫的風景，僅有
夜景，而且其夜景並無獨特性。此詩的重點還是在「獨宿」時的心情
描寫，而不是仙遊寺的景色。這種將景色輕疏帶過的山水描寫，在左
遷江州前，白居易幾乎都是這樣處理。山水景致為輔，主要還是在抒
發當下的心境感受，像以下的詩也一樣：

久病曠心賞，今朝一登山。山秋雲物冷，稱我清羸顏。白石臥
可枕，青蘿行可攀。意中如有得，盡日不欲還。人生無幾何，
如寄天地間。心有千載憂，身無一日閒。何時解塵網，此地來
掩關。（〈秋山〉，卷5：頁102。）

此詩作於翰林學士時期。詩題為秋山，內容亦是入秋山聞見感想，不過如同〈仙遊寺獨宿〉一般，白居易對於山水景色在書寫時比較輕忽，描寫到景色的部分，僅有「雲物」、「白石」、「青蘿」三個意象，詩中把重點擺在他當時的處境、心境、遭遇，還有很俗氣地想解塵網來此掩關歸隱的不切實際的想法。

不過這種對山水景色不太掛心的情況，到了左遷江州司馬後有很大的改變。對山水寫法的改變，奠基於對山水態度的轉變。當然，在時間上有空閑餘裕可以親近江州附近的山水是主因之一，不過最重要的是白居易觀看山水風景時的心情和觀看角度有所改變，才是他開始以詩句描摹記錄山水之美的契機，如此詩所寫的：

> 常愛陶彭澤，文思何高玄。又怪韋江州，詩情亦清閑。今朝登此樓，有以知其然。大江寒見底，匡山青倚天。深夜溢浦月，平旦鑪峯煙。清輝與靈氣，日夕供文篇。我無二人才，孰為來其間？因高偶成句，俯仰愧江山。（〈題潯陽樓〉，卷7：頁128。）

此詩詩題下白居易自註：「自此後詩江州司馬時作」，而此詩亦是閑適詩第三卷的第一首，可見白居易抵達江州後，雖然還抱著左遷遺恨，但江州為陶淵明故里，韋應物也曾於此州擔任過刺史，「蘇州及彭澤，與我不同時」，白居易最景仰的兩位前輩詩人，均與江州有淵源，因此他來江州，似乎也沒那麼悲傷了。在這首詩中，有一半是在推崇陶韋二人，也有一半的篇幅在寫潯陽樓周遭的風景。詩的中段，大致將此樓可觀賞具特色的風景概括性地寫出來，最後再謙虛稱道自己無才，雖有如此江山提供自己寫作的素材，但是詩才不足以描摹出江山之好，因此「俯仰愧江山」。

值得注意的是，白居易詩中開始出現「江山」一詞，乃在江州時

期之後。到江州前的白詩中，沒有出現過任何一次「江山」，這似乎也說明著白居易在江州時期之後，開始在詩中注意到江山的相關題材書寫。還有，白居易的〈讀謝靈運詩〉，也是來到江州不久後所寫的，在此詩中，藉由歌頌謝靈運，反映出自己對山水詩的看法：

> 吾聞達士道，窮通順冥數。通乃朝廷來，窮即江湖去。謝公才廓落，與世不相遇。壯志鬱不用，須有所洩處。洩為山水詩，逸韻諧奇趣。大必籠天海，細不遺草樹。豈惟玩景物，亦欲攄心素。往往即事中，未能忘興諭。因知康樂作，不獨在章句。
> （〈讀謝靈運詩〉，卷7：頁131。）

這首詩，幾乎是藉評論謝客之詩來表達自己對山水詩的意見。對於自己左遷江州，與謝靈運大量寫山水詩時的不得志境遇相似，因此與世不相遇，廓落的才能無法被重用，便鬱結累積，最後宣洩形成山水詩。換言之，謝靈運所寫的山水詩，雖然寫法是精工細寫、刻劃山水，以「大必籠天海，細不遺草樹」的筆法，將所遇所見的奇山秀水寫出來，不過白居易認為這種山水詩的寫法，不僅僅是「玩景物」的單純刻劃，而是能將詩人心素抒發表示的方法。亦即描寫客觀山水，也能帶有詩人主觀的興諭感慨。

　　這種對山水詩的特別見解，也就是認為山水詩中帶有興諭的意見，在中國傳統詩學中相當特別。基本上，歷來的評論家對於大謝山水詩的評價，大多是富麗精工之類的評價。若我們以顧紹柏於《謝靈運集校注》中附錄五的「評叢」[46]看歷代對謝靈運詩的評論，如鍾嶸《詩品》評為：「故尚巧似，而逸蕩過之，頗以繁蕪為累。嶸謂若人興多才高，寓目輒書，內無乏思，外無遺物，其繁富宜哉」，也是指

46　〔劉宋〕謝靈運著、顧紹柏校注：《謝靈運集校注》（臺北：里仁書局，2004年），頁641-720。

出謝詩繁富細寫的特色。其餘評家,多看重謝詩清新自然、麗詞佳句,僅有白居易此詩提到謝詩中有「興諭」,並且一反他在〈與元九書〉中提到的「以康樂之奧博,多溺於山水」的負面評價,將謝靈運的山水詩視為懷才不遇鬱積壯志後的宣洩之作,而且即事寫作中,也呈現其「興諭」,不能單就詩歌章句角度來看待謝康樂的山水詩。白居易寫此詩乃是重新審視謝詩的價值,從另一個角度來看,也為他在江州即將創作大量的山水詩作預先的解釋其創作意圖:亦即白居易之後所作的山水詩,如同謝靈運山水詩乃才志鬱結後的宣洩之作,其中亦有興諭,可以看出作者心素的抒發宣解,而這些山水詩作品,乃是「窮即江湖去」的詩人感慨興諭的產出結果。

因為認為謝靈運山水詩乃才志鬱結後帶有興諭的宣洩心素作品,白居易江州後也將不遇的感慨寄情於山水之際,所寫出來的山水詩,亦帶有興諭之意。白居易左遷江州後,便幾乎不再創作「諷諭」類的詩作了,但在〈讀謝靈運詩〉中,提出山水詩的「興諭」,這點非常值得重視,此乃白居易創作心態的轉變。因此,若我們在讀白居易的山水詩時,可能就要將白居易自己提出的「興諭」觀,納入品評白居易山水詩時重要的要素。諷諭和興諭兩者間最大的差別,諷諭多是以外事、外人、外物為諷詠對象,要使他人有所諭解;但興諭則是以己見己聞起興,使自己在聞見之際有所諭悟。要言之,諷諭是對外界的觀察而興嘆,而興諭則是對自我的啟發,例如這首在江州時所寫的山水詩:

> 迢迢香鑪峰,心存耳目想。終年牽物役,今日方一往。攀蘿蹋危石,手足勞俯仰。同遊三四人,兩人不敢上。上到峯之頂,目眩神怳怳。高低有萬尋,闊狹無數丈。不窮視聽界,焉識宇宙廣。江水細如繩,湓城小於掌。紛吾何屑屑,未能脫塵鞅。歸去思自嗟,低頭入蟻壤。(〈登香鑪峰頂〉,卷7:頁138。)

此詩是標準的山水詩，雖然沒有謝靈運入山動輒數日夜的時間跨度，但香爐峰也不是從江州司馬官舍能一日往返的地點，白居易攀爬此峰，理應是從他的廬山草堂出發。此詩完全呈現了白居易提出的山水詩興論特點，將攀爬香爐峰的過程及見聞經過，較為詳細地寫出來，中間夾雜著自己爬山過程中興發的念頭想法，最後再將這種想法整理成自己的認知體悟：自己勞瘁匆迫的屑屑人生始終無法擺脫塵世的羈絆，下山後還是依然要回歸到如蟻穴的現實世界中，無法自由。這就是經由遊山玩水後得到的「興諭」感，與諷諭不同，但卻更接近中國言志詩學的傳統。

我們不能說謝靈運的山水詩，「往往即事中，未能忘興諭」的成分到底多不多，但謝客山水詩，寫作手法多從寫景→興情→悟理，這種章法井然的寫法，的確是大謝的特色。例如以這首謝詩的名作〈登石門最高頂〉為例：

> 晨策尋絕壁，夕息在山棲。疏峰抗高館，對嶺臨迴溪。長林羅戶穴，積石擁基階。連巖覺路塞，密竹使徑迷。來人忘新術，去子惑故蹊。活活夕流駛，噭噭夜猿啼。沉冥豈別理，守道自不攜。心契九秋幹，目翫三春荑。居常以待終，處順故安排。惜無同懷客，共登青雲梯。[47]

謝靈運這類山水詩的寫法，幾乎被白居易效做。此詩先寫所見所聞，有疏峰、高館、對嶺、迴溪、長林、積石、連巖、密竹等，接下來興情，自認為自身沉冥清靜，且守道不貳，志節像秋天的樹幹一樣高潔，堅定地觀察著三春生發初萌的荑芽。詩的最末則是悟理，也就是興諭中的論：認為自己居常處順以待終年，最後再感嘆無同好一起登

---

47 〔劉宋〕謝靈運著、顧紹柏校注：《謝靈運集校注》，頁262。

此石門山。若我們將此詩與白居易的〈香鑪峰頂〉的寫法作比較，則可發現相似度極高。所以大概可以說白居易從效法謝靈運的山水詩寫作手法中，得到了另一種遊山玩水後向讀者傾吐心聲的方法。自江州時期後，白居易的山水詩便逐漸變多，與他左遷江州前幾乎不寫模山範水的詩有所不同。

在江州時期，注重山水景色的詩變多了，當然也可以認為是江州刺史禮遇他，讓他任司馬期間「三年為郡吏，一半許山居」（〈山中酬江州崔使君見寄〉，卷17：頁362），入廬山住草堂的時間變多。不過也不見得必須到山中才能藉景抒情悟理，自江州後，白居易的寫景及山水詩變多，而且寫法也有所改變，在觀看景物山水時，心態及觀察方式也有所改變。如前文所述，白居易左遷江州前，就算詩題是山水景物的題材，但他內容依然以抒發心情及興發感嘆為主，對景色內容輕忽，著墨之處少。但江州後，白居易開始有了鑑賞品評及描摹山水景色的書寫能力，不論是山中江畔，甚至是官舍周遭的景色，白居易都能慧眼獨具地發現其中的獨特性，並將自己仔細的觀察，形諸吟詠，化為詩句，憑添其間景致風韻，例如此詩所寫的：

> 百花亭上晚徘徊，雲景陰晴掩復開。日色悠揚映山盡，雨聲蕭颯渡江來。鬢毛遇病雙如雪，心緒逢秋一似灰。向夜欲歸愁未了，滿湖明月小船迴。（〈百花亭晚望夜歸〉，卷16：頁336。）

此詩中的百花亭，大概是位在江州旁長江或湖中的一個小島，因為白居易有詩句云：「佛寺乘船入，人家枕水居」（〈百花亭〉，卷16：頁335），這有點像揚州旁長江中的金山寺，或是西湖裡的孤山，在唐代都是水中孤島，而其中建有佛寺，必須乘船渡水才能進入。在此詩中，白居易完全將百花亭在江中小島臨水的廣闊寂寥風景特色寫出來。因為在湖中，四周環水，陰晴不定的雲景的確是其風景特色。所

以此詩頷聯便寫一下子有日色，一下子又下雨，並且加上好像日色、雨聲都有動作，更加生動。頷聯實為第二句的加深描寫，這也表示白居易在「觀察」的品味上，更加詳細深入。接著，個人的感慨，僅剩兩句一聯，佔篇幅的四分之一，從這點來看，就與江州前的寫景詩有著極大的不同，最後再寫雨後月出滿湖月光的美景，切合詩題「晚望夜歸」，且把百花亭的風景特色寫出來。

　　當然，在江州時白居易的山水風景詩代表作，就是〈香爐峰下新卜山居草堂初成偶題東壁〉及此詩後的〈重題〉四首，這五首連章詩，重點是在敘述描寫廬山草堂及自己在草堂中生活時所觀看到的景色及感受：

> 五架三間新草堂，石階桂柱竹編牆。南簷納日冬天暖，北戶迎風夏月涼。灑砌飛泉纔有點，拂窗斜竹不成行。來春更茸東廂屋，紙閣蘆簾著孟光。（〈香爐峯下新卜山居草堂初成偶題東壁〉，卷16：頁342。）

這是這組聯章詩的第一首。此詩首聯寫草堂的建築架構，建材分別以石為階、桂木為柱，還有竹子編的籬牆。此詩寫得最好的就是描寫草堂景色的中間兩聯，頷聯將簷、戶的功能性寫出來，在冬夏兩季都能夠得到良好舒適的居住品質；腹聯則寫屋外的景致，有瀑布飛泉及野生竹林。對於新建成的廬山草堂，白居易在這組聯章詩中最開始時，便將他認為最具代表性的景觀寫出來。雖然是一首七律，無法深入描寫，但中間兩聯的景色書寫，也讓廬山草堂更具美感。

　　來到江州後，白居易更加用心地鑑賞和品味周遭的生活美景，當然也將自己的喜好及心境，融入到周遭的環境中。例如在〈重題〉的第三首七律，頷聯為「遺愛寺鐘欹枕聽，香爐峰雪撥簾看」，日本人很喜歡這一聯，甚至「香爐峰雪」還成了撥簾的典故用語，出現在清

少納言（1966-1025）的《枕草子》記載中。對於這兩句，埋田重夫
甚至仔細地考索「欹枕」的用語脈絡後，仔細地詮解這兩句的意思：

> 側躺在枕上的這個行為，意味著不會消耗能量的「安閒自適」
> 的境界。緊接著的「撥簾」動作，並不是起床後（從床上爬起
> 來）把簾子好好卷起來的積極動作，而一定是以消極的動作即
> 能馬上達成的行為。側臥在枕上的白居易，保持著睡覺的姿
> 勢，把旁邊窗戶上懸掛的簾子（可能是防寒用的），用單手撥
> 上去了。通過「撥」這個充滿彈性的動作，將簾子的下半部分
> 斜撐起來，躺在床上的詩人透過窗戶凝望著積雪的北香爐峰。
> 只有這樣解釋，吟詠獨善、自足、安眠、安逸的詩趣，才能更
> 準確地傳達給讀者。[48]

在這兩句中，雖然寫的也是景色，但是帶有詩人的動作。遺愛寺鐘及
香爐峰雪的存在，乃在於詩人消極動作下的聞與見。換言之，此詩在
呈現風景時，詩人的行為也成為詩人觀注品味的對象，成為環境風景
的一環，一個不可或缺的重要存在。因此，當白居易在鑑賞著山水風
景時，也將觀察著自己的姿態，並讓此姿態，點綴周遭風景，與自身
更密切相連。如同樣也在江州時寫的此詩，也是有一樣的表現手法：

> 風迴雲斷雨初晴，返照湖邊暖復明。亂點碎紅山杏發，平鋪新
> 綠水蘋生。翅低白雁飛仍重，舌澀黃鸝語未成。不道江南春不
> 好，年年衰病減心情。（〈南湖早春〉，卷17：頁356。）

白居易在江州後所寫的風景詩或山水詩，有一個明顯的特色，就是景

---

48 〔日〕埋田重夫著、王旭東譯：《白居易研究：閒適的詩想》，頁56-57。

觀愈來愈平易化，亦即他已經不太抉擇較為美麗為聳動的風景特點來加以書寫及強調，反而是將平易、平常的景觀如實地寫出來。這些風景加入了詩人的巧思，與景物相連結、相關照後，看似平淡無奇，但卻散發出獨特的樣貌，另有一種令人憐愛的韻味。如〈南湖早春〉一詩中所描寫景色，前四句寫早春南湖雨後放晴的景色，「返照」的出現，使得湖邊顯得更加溫暖及明亮，也更照出了湖畔點點的紅色山杏和湖面上如平舖的新綠水蘋。紅山杏和綠水蘋，在早春的南湖雖然是常見植物景色，不過白居易以新晴後返照的明亮光芒，使得這兩種紅綠對比色的植被景觀，更加耀眼美麗。腹聯則寫因雨後，白雁翅溼，使得飛翔吃重；早春，黃鸝幼雛的叫聲也舌澀幼稚，但白居易這裡用「語未成」，顯然將早春幼雛擬人，顯得更加可愛。最後白居易得到了結論是，江南春景好，但自己逐漸衰病，而無賞春之心情。話雖如此，白居易還是在很平常的早春湖景中，寫出了此處獨特的風貌，憑添許多美感。白居易這種對風景品味的寫法，是先鑑別出景色的獨特之處，再加入詩人的想法、心境、動作，使得獨特的景物，更具迷人的風韻。

以鑑賞為基礎，辨別景物，再以主觀的感受賦予平淡風景獨特的美感，使得同樣的景致，由詩人筆下呈現出來便與眾不同。亦即詩人可以經由其詩人之眼，在大家習見的景色，以獨特的視角擷取不凡的美景。這就類似攝影家通常能在別人看不到的地方，以獨特的觀點捕捉景、物、人獨特唯美的一面，此即攝影眼。白居易之山水詩引人入勝之處，便是其詩人之眼與凡人之眼不同。

江州司馬任後，忠州、長安任官時期，白居易山水風景詩較少。忠州因為較無景可寫，而長安京官任重事劇，亦無暇遊山玩水。長慶二年任杭州刺史後，西湖周遭山水秀麗，亦多名勝古蹟可訪，因此山水風景詩漸多。同樣地，承白居易江州時的風景詩寫法，亦是以詩人之眼抉發景物獨特之處，加入詩人動作姿態，使風景個性自顯，亦增

加詩人主觀的美感經驗而成詩。值得注意的是，自杭州刺史之後的白居易寫景詩，便多以律詩呈現，古詩長篇的寫景詩，數量極少。寫西湖風景名作，在白詩中便是此首：

> 孤山寺北賈亭西，水面初平雲腳低。幾處早鶯爭暖樹，誰家新燕啄春泥。亂花漸欲迷人眼，淺草纔能沒馬蹄。最愛湖東行不足，綠楊陰裏白沙隄。（〈錢塘湖春行〉，卷20：頁439-440。）

此詩寫的是西湖的春景，首句點出春行地點，次句寫出春陰厚重低沉靠近湖面的感覺。頷聯則寫春鶯熱鬧在樹間飛翔吵雜的活潑樣態，來回樹間，應該是在餵食幼鳥，而新燕啄泥，則是辛勤築巢。腹聯寫出繁花迷人眼的視覺刺激，還有騎馬在淺草草地上行走的騎乘感受，此聯也是典型的上文提到的詩人姿態入詩的白居易風景詩的寫法。最後再寫自己春行至湖東，走入綠楊蔭中的白沙隄上，欣賞春光。從孤山的北面和賈公亭西邊，騎馬到詩末的湖東，白居易此詩幾乎繞了半個西湖北側，從西到東的距離，也間接說明了自己如何鍾愛西湖風景。

在任蘇州刺史時，白居易也喜歡到太湖遊賞，如此詩便是到太湖中揀貢橘時，夜宿湖中所寫的詩：

> 水天向晚碧沉沉，樹影霞光重疊深。浸月冷波千頃練，苞霜新橘萬株金。幸無案牘何妨醉，縱有笙歌不廢吟。十隻畫船何處宿？洞庭山腳太湖心。（〈宿湖中〉，卷24：頁537。）

前四句寫出向晚太湖值得詩人白居易拿來寫成詩句的美景，頷聯將湖面反映的月光比喻成白絹疋練，將湖畔結實纍纍的霜後新橘比喻成點點黃金，均實景且帶詩人情感。最後四句則是起興吟詠心境及作為，借景起興，也是一首標準的白氏寫景詩風格的詩作。

　　晚年退居洛下的白居易，除了經常書寫自家履道宅，還有四處赴宴的他人園宅住居的景物外，最近外出且書寫的，便是洛陽南邊的龍門香山寺。香山寺對晚年的白居易有著無比的重要性，甚至白居易臨終前的遺囑，也是身後要葬在香山寺佛光和尚如滿塔側，而不是歸葬位於渭北下邽金氏村的家族墓地。[49]埋田重大也指出香山寺對晚年白居易的重要性如下：

　　　　白居易與香山寺的關係，雖然開始於對微之的慰靈，但隨著時間的流逝，香山寺的性質變成了對於白樂天自身來說無可替代的宗教依靠。在香山寺修復前後，白居易游訪龍門的次數增多了，從那以後，他對佛教的信仰、皈依的程度急速加深了。大和六年（832），白居易61歲時在河南尹（東都洛陽的行政長官）任職期間所寫的〈修香山寺記〉中，交織著對急逝的元稹的悼念之情與依賴佛功德的痛切之思。[50]

在這段埋田重夫的研究中可以看出，晚年時香山寺成為白居易離開洛陽城最常造訪之處。埋田重夫也統計出，從五十九歲到七十三歲，白居易總共有廿三首吟詠香山寺的詩作。在這些詩作中，白居易明確地說出香山寺是自己最後的住所，亦即白居易晚年生活於洛陽履道宅，而死後則想埋骨於此寺之中。[51]

　　　　我年日已老，我身日已閑。閑出都門望，但見水與山。關塞碧

49　關於白居易最後選擇的歸葬之地在香山寺而不是家族白氏墓地，這種不合當時禮法抉擇的簡中原因，芳樹弘道有深入詳細且令人信服的研究成果。見〔日〕芳村弘道著、秦嵐等譯：《唐代的詩人研究》，頁316、364-365。

50　〔日〕埋田重夫著、王旭東譯：《白居易研究：閑適的詩想》，頁244-245。

51　〔日〕埋田重夫著、王旭東譯：《白居易研究：閑適的詩想》，頁247。

巖巖，伊流清潺潺。中有古精舍，軒戶無扃關。岸草歇可籍，
逕蘿行可攀。朝隨浮雲出，夕與飛鳥還。吾道本迂拙，世途多
險艱。嘗聞嵇呂輩，尤悔生疏頑。巢悟入箕穎，皓知返商巔。
豈唯樂肥遁，聊復袪憂患。吾亦從此去，終老伊嵩間。（〈晚歸
香山寺因詠所懷〉，卷29：頁668。）

此詩作於大和九年，白居易六十四歲時。此詩在《白氏長慶集・後
集》中，白居易不歸於格詩類，而歸於律詩類，可見白居易在格律上
於此詩是有精切講究的，但是我們觀看此詩的寫法，全詩造句平淡，
甚至令人感到有點隨意。全詩十一韻，前半首六韻寫景，後半五韻抒
發感慨，在看此詩時，不得不讓人覺得，白居易似乎已無心於履道宅
外的風景了，連他最常造訪的香山寺的風景書寫，他都如此輕忽帶
過，並重在個人情感的抒寫，似乎又回到了左遷江州前的風景書寫：
風景僅是次要的存在，抒發個人感慨才是所有山水風景詩的重點。老
年退居洛下的白居易，似乎已不再鑑賞履道宅外的天地風景，因此其
寫景詩，轉而成為說理寫志詩，與在江州、杭州、蘇州時，以山水風
景為寄託而產生「興諭」的寫作手法，完全不同。如下面這首詩，也
是相同的寫法：

老須為老計，老計在抽簪。山下初投足，人間久息心。亂藤遮
石壁，絕澗護雲林。若要深藏處，無如此處深。（〈香山下卜
居〉，卷33：頁745。）

此詩幾乎都在說理言志，寫景的部分僅有「亂藤遮石壁，絕澗護雲
林」這二句，不禁令人想起上文曾提到在下邽守喪時所作的〈遊藍田
山卜居〉一詩，都不彰顯該地風景特色，而一直在抒發胸中懷抱。當
然，這種寫法和江州後有「興諭」的山水風景詩寫法，並無優劣之

別，不過，可以令人感受到，退居洛下後白居易對自家園池外的山水風景，已不似江、杭、蘇時關心了。因此，在詩裡也不會鑑別品味其間的美感，將之轉化成美麗的詩句。

結論
富貴閑人

　　《紅樓夢》第卅七回「秋爽齋偶結海棠社，蘅蕪苑夜擬菊花題」中，在準備詩社成立前，大家各自起了別號以彼此稱呼，李紈自取為「稻香老農」、探春自名為「蕉下客」、探春亦為黛玉取號為「瀟湘妃子」、李紈封薛寶釵為「蘅蕪君」，此時，寶玉也為自己的雅號尋求大家的意見：

> 寶玉道：「我呢？你們也替我想一個。」寶釵笑道：「你的號早有了，『無事忙』三字恰當的很。」李紈道：「你還是你的舊號『絳花洞主』就好了。」寶玉笑道：「小時候幹的營生，還提他做什麼。」探春道：「你的號多的很，又起什麼？我們愛叫你什麼，你就答應著就是了。」寶釵道：「還得我送你個號罷。有最俗的一個號，卻於你最當。天下難得的是富貴，又難得的是閑散，這兩樣再不能兼有，不想你兼有了，就叫你『富貴閑人』也罷了。」寶玉笑道：「當不起，當不起，倒是隨你們混叫去罷。」[1]

寶釵睿智精明，清楚地看到寶玉在賈府大觀園的處境和地位。「無事忙」是寶玉的生活狀態，而「富貴閑人」，則是寶玉身分地位呈現出來的處境。不過寶釵在這段話中，將人生之中最難得的兩種狀態說出

1　〔清〕曹雪芹著、馮其庸校註：《彩畫本紅樓夢校注》（臺北：里仁書局，1984年），第37回，頁559-560。

來:「天下難得的是富貴,又難得的是閑散」,雖然寶釵也說,這是個「最俗的號」,因為所有人都想達到這樣的人生狀態,但幾乎不可能「兼得」。因為擁有富貴,則相應而來的責任重擔,必須瓜分掉人生中許多時間精力去承擔負責;而閑散,也是人生難以達成的狀態,能夠不將時間精力放在養家活口的工作上,除非已經擁有了富貴後,生活無虞,或是天之驕子,出生在富貴家庭,才有可能長期處在閑散狀態。但是政二代、富二代,在清代時必須好好接受教育,從事科考,以進入仕途來維持家族繁榮,這也就是賈政不斷敦促寶玉從事時文的學習,逼他讀書的主要原因。所以,當寶釵認為寶玉兼有富貴閑散,想稱他為「富貴閑人」時,寶玉立刻說「當不起」,還連說了兩次,因為對富貴家庭出身的少年來說,擁有富貴生活,但不允許過著閑散的日子。因為賈府不容許寶玉日漸長大後,過著閑散的日子,因此寶玉對著大家說,之前「無事忙」的稱號,是「小時候幹的營生」,在十多歲青少年時期的寶玉,已經不再被允許過著無事忙的日子。還有李紈提到的「絳花洞主」,光從名字上來揣測其形象,則是在滿是美豔紅花的特有洞天之處,領有此地成為「洞主」,似乎能在絳花洞中成為擁有此洞的主人,左右布置此專屬的私人領域,他人無法置喙,而且此洞之美,盛開紅花,令人心嚮往之。關於「絳花洞主」,寶玉一併稱其為「小時候幹的營生」,依他當時的生活條件,擁有自己專屬的天地,成為洞主,不易達到。當然,在大觀園中,寶玉在怡紅院,似乎也有種絳花洞主的氣氛。所以李紈提的這個稱號,就轉變成相近的「怡紅公子」,成為稱呼寶玉在海棠詩社中的雅號。

這段寶玉向眾人乞求雅號中,「無事忙」、「富貴閑人」,還有「絳花洞主」等稱號,都讓我們對白居易詩人品味有許多啟發。尤其從寶釵口中說出的:「天下難得的是富貴,又難得的是閑散,這兩樣再不能兼有,不想你兼有了,就叫你『富貴閑人』也罷了。」這段對寶玉的評論,用於退居洛下的白居易而言,再適合也不過了。白居易自刑

部侍郎辭官退居洛下後，至往生前十八年，不離開洛陽一步。其間於六十歲時雖擔任洛陽行政長官河南尹約二年半的時間，但最終也是以「百日假」再度辭官。以閑退官員，孚天下譽望，終老於洛陽履道宅，享受著「富貴閑人」的生活。天下難得的富貴，富貴後難得的閑散，白居易兼而有之。那麼擁有富貴閑人的狀態後，除了衣食無虞，免除工作的壓力（或求上進出人頭地的壓力）外，到底有何種令人愉快的生命享受？「絳花洞主」及「無事忙」便是成為「富貴閑人」後可以享受的人生狀態。擁有絳花洞的所有權，成為「洞主」，意謂著在不論大小的某個地域中，自己享有主宰一切的主權。在壺中天地中，可以做「主」，擁有宰制的權力，從另一個角度來看，就是享有「自由」；此外，因為不用營營苟苟工作謀生，也不用低頭俛首聽令於人，所以可將時間與精力，從事自己喜歡的興趣和嗜好。雖然「無事」，但也有值得自己耗費時間精力追求成就感的場域，而這場域，不會是工作場域或是權力場域。因此，「無事忙」，忙的並不是爭名逐利，而是「快意自適」。這種富貴閑人於絳花洞作主來從事無事忙的行為，就是寶釵、李紈眼中寶玉較所有人愉悅的條件。

　　以上論述的，雖然是《紅樓夢》卅七回寶玉命名稱號的討論，但是，卻很適合用以上的概念來看白居易後半生的生活。嚴格來說，他退居洛下的生活，在洛陽履道宅園林裡的白居易，完全過的就是富貴閑人無事忙的生活，而他的履道宅，便是寶玉的絳花洞或是怡紅院。

　　白居易在年輕時曾經過一處姓施人家的居所後，留下這首詩作：

> 得道應無著，謀生亦不妨。春泥秧稻暖，夜火焙茶香。水巷風塵少，松齋日月長。高閑真是貴，何處覓侯王。（〈題施山人野居〉，卷13：頁270。）

此詩朱金城將之繫年於貞元十六年或十七年之間，也就是白居易進士

登第（貞元十六年）後不久的詩作。由首句來看，這位施山人應該是佛教徒，因為「無著」乃佛教術語，指的是對世間的苦樂和欲求都沒有貪戀。雖然能達到無著境界似得道者，不過施山人亦有「謀生」的經營，「春泥秧稻暖」即是以耕作勞動使經濟衣食無虞。在衣食無虞的情況下，施山人才能進行飲茶的嗜好，也能於水巷松齋中清淨悠閑地生活，最後，白居易提出「高閑真是貴」，將世人眼中社會地位的高貴，轉化成「高閑」亦是「貴」的一種狀態，而且有了「高閑」，則連「侯王」這種世人眼中的社會地位高貴也不願意去追求。在此詩中，白居易將「高閑」與「尊貴」並列，把施山人的高閑生活與高貴的侯王地位相提並論，並認為高閑不遜於尊貴，這使得人生應當追求功成名就的富貴價值不再成為一元價值，讓人覺得「高閑」似乎也是人們可以去追求的人生價值及生活方式。不過，高閑的基礎，似乎建立在衣食無缺經濟無虞的生活條件下，才能實踐。不然光是應付日常的吃穿用度，若捉襟見肘，又有何「高閑」可言？

　　白居易詩中「高閑真是貴」中的「高閑」一詞，似乎可以與「閑雅」互通，高即高尚，也像高雅，與「低」俗成對比。若可以如此解釋的話，那麼白居易便認為施山人的閑雅生活，可以比美王侯貴族生活，並不遜色。對於明季文人追求閑雅的文人趣味，營塑高尚的品味生活，王鴻泰在導讀明代文人文震亨（1585-1645）的《長物志》文中，提出了這樣的觀點：

> 明中期以來，自「士大夫」以至「騷人墨客」，積極開展出一套「雅」的生活，而所謂雅的生活可以說就是在生活領域內，放置新的生活內容。這些生活內容如上所言：無非「若評書、品畫、淪茗、焚香、彈琴，選石等事」，也就是說將諸如書畫、茶香、琴石等各種無關生產的「長物」（或玩物）納入生活範圍中，同時，在主觀態度上耽溺其中，對之愛戀成癖，以

致使之成為生活重心，進而以此來營造生活情境，作為個人生命的寄託。如此，構成一套文人式的閒賞文化。[2]

在這段評述中，晚明文人的生活形態，幾乎可以當成白居易晚年退居洛下的履道宅中生活樣貌。在本書中，我們也可以看到白居易如何在中唐官場中奮力逃出，脫身後將身心安置於履道坊園林中這個壺中天地，悠閑自適。同樣地，在私人天地過著無事忙的日子，專注於茶、酒、琴、石、鶴及園林造景的生活，作為個人生命的寄託。或許可以大膽地如此說，白居易所形塑的高尚閑雅文人生活，似乎深刻地影響著宋元明清的文人，甚至日本韓國的文人。白居易之後的東亞圈文人，也都認可甚至遵循著白居易的詩人品味來營造其閑雅的生活模式。王鴻泰也引用明代高濂《遵生八箋》中的《燕閑清賞箋》中的起始文字，來定義及說明「閑」與「雅」：

高子曰：心無馳獵之勞，身無牽臂之役，避俗逃名，順時安處，世稱曰閑，而閑者匪徒尸居肉食，無所事事之謂。[3]

「心無馳獵之勞」即是擺脫爭名逐利的念頭，放棄在政壇商場與人競爭，而「身無牽臂之役」，即無牽黃臂蒼，沒有不務正業，沉湎於游獵玩樂之中的嗜好。不與俗物來往，無重視身外聲望，順時安處，乃是高濂眼中的「閑」。而閑者又不能無所事事，而是要專心於自己喜好之物事，所以高濂接著寫說：「俾閑而博奕樗蒲，又豈君子之所貴

2　王鴻泰：〈導讀：感官、品味與文化身分──晚明文人的生活經營與品賞文化〉，收入〔明〕文震亨著、李霞、王剛編著：《長物志》（臺北：文光圖書公司，2021年），頁6。

3　〔明〕高濂：《燕閒清賞箋》，收入黃賓虹、鄧實編：《美術叢書》（臺北：藝文印書館，1975年），第三集第十輯，頁107。

哉？孰知閑可以養性、可以悅心、可以怡生安壽，斯得其閑矣。」這段高濂的閑者得閑的論述，就是寶釵口中的「無事忙」。寶玉伏低作小，研發臙脂粉底等化妝品專在女人身上用工夫、吟詩作畫、鑑茗品物，難道不就是「匪徒尸居肉食，無所事事之謂」？

或許我們可以如此說，寶釵認定寶玉愉悅的條件，但寶玉以「當不起」來否認的「富貴閑人」的稱號，則中唐時期的白居易，當之無愧。若與「富貴閑人」的核心概念相結合，我們可以來總結本書對白居易詩人品味研究後的結論。除第一章外，全書共分四個部分來討論白居易的詩人品味，得到如下的研究結果，現則分述如下：

第二章在論及白居易詩品人味的基礎，乃是「閑適」。閑適一詞，是白居易獨創且最早提出來的辭彙。[4]本書認為，在閑適的狀態下，白居易才能進行詩人品味的各種活動。在這裡，本書比較不採取蕭馳的意見，認為白詩中反覆出現的「無事」，乃是受到洪州禪的影響而頻繁使用這個語彙。本書認為「無事」就是單純地沒有「公務」的束縛，而能享受悠閑自適的時光，與南宗禪的教義，不見得有什麼密切相關。在「無事」的狀態下，白居易更能理解「閑」的可貴與享受「閑」的舒適，進而從事品味的活動。接著，便開始探討白居易對於面對運命的態度，將「委順」作為一種積極的修持方法，對於命運作順其自然不以人力強加反抗，如此一來，則生命主體不受無情命運的主宰和斲害，能使自己無傷。委順雖然看起來像命定論，其實是更積極地反抗命運的控制，希望能達到主體自由的自我掌控權，這在第二章第二節都有詳細的論述。最後在第三節對「吏隱」、「中隱」等觀念深入探討後，得到白居易面對人生命運如何得到閑適的理路，即：「無事」➔「得到閑適」➔「委順」➔使自我不受命運挫折的折磨➔

4　蔡叔珍：《白居易「閑適」詩研究──以「情性」為考察基點》（臺南：成功大學中文所碩論，2004年），頁17-18。

「吏隱」➜在朝在野無殊異。白居易最後以中隱形式，隱於太子賓客分司東都，完全擺脫政務，最終能在晚年享受到的真正閑適。本章的最後一節，則討論白居易在閑適狀態下，得到其自在，而以其閑適自在作為基礎，來品味其晚年的人生。在本節中，本書討論了「自由」及「自在」的語源及白居易詩文中運用的方式，來探索白居易用盡力氣，努力讓自己達到主體生命自由無礙的過程，使得塵世間的雜務不能束縛他，可以讓他無礙地進行無事忙的詩人品味喜好的事物。

第三章在探討白居易之所有具備詩人品味的基本能力，即是其擁有殊異敏銳過於常人的鑑別能力。其對人事物的鑑別能力，方能建立其詩人品味。本書的鑑別力，便是毛文芳博論「閑賞美學」中品味鑑識系統的鑑賞力。鑑賞力關乎優劣品評及喜惡感受，所以依此能力，才能建立起品味標準。在第一節中，列舉白居易敏銳的感官感受力，還有具別「別畫」、「別花」、「別茶」、「別境」的辨別能力，能夠判別優劣，並將這些鑑別心得，寫入詩中，讓讀者亦能體會其詩人的鑑別品味。第二節則獨舉白居易對「氣味」特別敏感，來說明白居易嗅覺或味覺感官能力的優異準確。第三節則對白詩中面對身形變化的描寫、第四節對於以忠貞不二、久要不諼的標準來評判他人是否有資格成為自己的摯友，都有相當程度的分析。在這一章之中，提出白居易在季節感的敏銳感受力、別物別景別情的區別能力、對於氣味及各處境狀況的分辨能力、對自我身體觀察力，還有對友情深淺的判斷力，都作出了研究。具備這些能力後，才能建立自己具區別力的獨特品味。因此，白居易詩人品味的建立，便在於具備及培養這些能力的條件之上。

在第四章後，本文便真的進入到白居易實際品味物事生活的實例剖析了。第四章在探討白居易吃穿用度還有住所上對品味的追求，我們可以發現一件事，隨著白居易仕途愈順遂，政壇上的地位愈高，他欲遠離政壇中心追求無事閑適的願望就更強烈。但是他又不可能棄官

歸隱，因為經濟上的富裕，才能支持他追求優質的品味生活。本章從白居易的食物開始談起，細數白居易的食饌品味，最後認為白居易是唐代詩人中的美食家。第二節則探討白居易對於身分地位表徵的服飾之重視，幾乎在人生各階段都會細緻地書寫其衣著來呈現當時的處境。尤其是把朝衣當成是朝參資格的象徵，也代表著白居易早年十分重視自己在朝廷中的地位。同樣，如果他打算隱退時，也會以捨棄朝衣作為一種表達的方法。此外，著緋與否，也是白居易仕途中的大事。除了對服色等第的在意，白居易對衣料的質感似乎也有相當研究，展現了他對服飾的品味，這些在文中都有探討。接下來則用兩節的篇幅，將白居易自長安任官開始到晚年退居洛下履道宅的所有住所，詳細地介紹了一次，看看白居易如何對待整理他各時期的住所，以呈現其居住品味。在住宅選擇的品味上，我們可以清楚地看出，不論是長安新昌宅還是洛陽履道宅，白居易都是先以地點位置為首要考量，購入後再進行修葺整理，將屋宇營建成他心中的樣貌。不斷地整修過程，也可以看出白居易之品味呈現。當然在這些住宅中，他描寫最多的乃是廬山草堂、長安新昌宅、洛陽履道宅，尤其是最後一處，是他晚年居住了十八年的住所，有許多筆墨用以描寫此宅及園池，成為學術界研究的熱點。本書以品味的切入點，重新審視白居易修整、布置此宅的過程。

　　最後第五章，則將白居易的興趣嗜好作一番研究探討，而這些興趣嗜好，即是白居易詩人品味的展現。在此章一開始，筆者用「退屈」的概念來看待白居易晚年退居洛下的狀態。以中文的語境而言，退屈應該是佛教用語，但佛教常用的是「不退屈」，亦即在佛法修行的過程中，精進努力，不使自己修持的果位退屈。本書之所以會認為白居易晚年任分司官是「退屈」，乃是因為以當時白居易的聲望及政治資本，實有可能在政壇上更上一層，甚至可以像元稹一樣經營相位。拜相之後，再以朝中重臣的地位外任節度使，完成「出將入相」的世

俗人生最高成就。但是白居易自刑部侍郎的職位，「退屈」回洛陽任分司官，這種抉擇，是一種自我退卻委屈的做法。不追尋人生仕途上的成就價值，而以閑適無事的生活取代高官厚祿，白居易甘於退屈。也由於他在政壇上的退屈決定，讓他在晚年保有自我及自由的生活模式，可以縱情享受在他的興趣嗜好中，成為一個無事忙的富貴閑人。

不過本書又間接地使用日文「退屈」這個語彙的意思，乃是「無聊、無趣」之意，亦即洛下分司官的生活，因為無公事可做，因此會有多餘、剩餘的諸多時間，如何排遣這些時光，不使自己感到「厭煩」，這也是白居易退居洛下任分司官必須思考的事。

在討論貯石嗜好時，文中對白居易喜好的天竺石和太湖石作深入探討。尤其是太湖石，再以〈太湖石記〉中，提出白居易以牛僧孺愛石一事，發展其愛石理論。白居易將嗜石與品評人物相結合，便成了白居易最獨特的貯石品味觀。接著討論白居易養鶴的行為，細數白居易詩文中將丹頂鶴作為自己分司洛陽的處境相埒，因此品評其池鶴，即是白居易對自我的評價。其養鶴品味，即白居易對自我的觀察及鑑賞。接著，討論白居易因喜好飲酒，而著手親自釀酒，在手作酒品的過程，更讓白居易飲酒的品味深化及專業化。在茶藝上，白居易雖然也曾經嘗試自己種茶、製茶，但最後以失敗告終。但是他還依然喜歡飲茶煮茶，至老不休。本節在日人布目潮渢的研究基礎上，對白居易的飲茶作更深入的研究，發現白居易飲酒時會呼朋引伴，而飲茶時，通常是獨飲，還經常與讀書寫詩一起，成了獨處時面對自我最重要的飲品。在第三節時，則探討白居易的音樂品味，並以白氏對琴藝的專精，還有精深音樂後，訓妓以供其聲樂之娛，來展現其音樂素養和音樂知識。

最後一章，則是探討白居易遊山玩水的山水之興，及其遊玩之後的山水詩寫作。據研究，白居易早年遊山玩水的次數及頻率相當少，而且就算到山中遊玩，山水景色在詩中的書寫，也僅是點綴而非書寫

的重點。這種情況，到了左遷江州後有所轉變。白居易在寫作山水或景物時，自江州後開始用心觀察且細心描寫，因此江州後的山水景物詩變得相當動人真切，以詩藝而言，進步許多。從江州後山水風景的細膩描寫，也可見白居易開始對山中風景及周遭環境開始進行有品味的鑑賞，而形成其山水風景詩的品味。

在這些興趣嗜好的探討中，我們可以察覺白居易的生活品味。這些生活品味，若無富貴的經濟條件，根本無法達成。例如園中的太湖石，取石搬運的工程昂貴；養鶴所需的池塘空間及飼料供給，更是一般人的經濟能力無法負擔得起的。釀酒、飲茶、好琴、訓伎，也是需要極龐大的資財才能負擔。因此，若無富貴條件，白居易的任何一種「玩好」或「興趣」，都無法成形，更何況深入其中成為鑑賞專家。此外，若是身形被公務束縛，無法勻出時間來從事休閒活動，那麼徒有富貴經濟能力，也沒有時間和精力可以從事這些活動。所以從這裡更可體會寶釵所說的「天下難得的是富貴，又難得的是閑散，這兩樣再不能兼有」，白居易竟然兼而有之，所以他晚年很得意地說自己「前頭更有忘憂日，向上應無快活人」（〈對酒勸令公開春遊宴〉，卷33：頁753），沒人比他更快活了。因此，若說白居易在政壇上退屈不求上進後，所追求的人生究極價值為何？大概就是成為寶釵口中的「富貴閑人」吧。

引用書目

一　原典文獻

〔先秦〕莊周著、〔清〕郭慶藩編、王孝魚整理：《莊子集釋》，臺北：萬卷樓圖書公司，1993。

〔漢〕許慎撰、〔清〕段玉裁注：《說文解字注》，臺北：藝文印書館影經韻樓藏版本，1989。

〔後秦〕僧肇等注：《注維摩詰所說經》，上海：上海古籍出版社影民國間刊本，1990。

〔劉宋〕謝靈運著、顧紹柏校注：《謝靈運集校注》，臺北：里仁書局，2004。

〔唐〕李林甫撰、陳仲夫點校：《唐六典》，北京：中華書局，1992。

〔唐〕元稹著、冀勤點校：《元稹集》，北京：中華書局，1982。

〔唐〕白居易著、謝思煒注：《白居易詩集校注》，北京：中華書局，2006。

〔唐〕白居易著、朱金城箋校：《白居易詩集箋校》，上海：上海古籍出版社，1988。

〔唐〕白居易著、顧學頡校點：《白居易集》，北京：中華書局，1979。

〔唐〕杜佑：《通典》，北京：中華書局，1988。

〔唐〕杜甫著、〔清〕仇兆鰲注：《杜詩詳註》，北京：中華書局，1979。

〔唐〕范攄：《雲溪友議》，臺北：世界書局，1991。

〔唐〕陸羽：《茶經》，臺北：藝文印書館影百川學海本，1965。

〔唐〕陸羽撰、沈冬梅校注：《茶經校注》，北京：中華書局，2021。

〔後晉〕劉昫：《舊唐書》，北京：中華書局，1975。

〔宋〕王溥：《唐會要》，臺北：世界書局，1989。

〔宋〕司馬光：《資治通鑑》，北京：中華書局，1956。

〔宋〕杜綰：《雲林石譜》，臺北：藝文印書館影知不足齋叢書本，
　　　　1966。

〔宋〕周密撰、張茂鵬點校：《齊東野語》，北京：中華書局，1983。

〔宋〕陸游：《老學庵筆記》，臺北：廣文書局，1972。

〔宋〕歐陽修等：《新唐書》，北京：中華書局，1975。

〔明〕文震亨著、李霞、王剛編著：《長物志》，臺北：文光圖書公
　　　　司，2021。

〔明〕高濂：《燕閒清賞箋》，收入黃賓虹、鄧實編：《美術叢書》，第
　　　　三集第十輯，臺北：藝文印書館，1975。

〔清〕曹雪芹著、馮其庸校註：《彩畫本紅樓夢校注》，臺北：里仁書
　　　　局，1984。

〔清〕阮元校勘：《十三經注疏・周禮》，臺北：藝文印書館影嘉慶二
　　　　十年南昌府學雕本，1993。

〔清〕阮元校勘：《十三經注疏・禮記》，臺北：藝文印書館影嘉慶二
　　　　十年南昌府學雕本，1993。

〔清〕阮元校勘：《十三經注疏・周易》，臺北：藝文印書館影嘉慶二
　　　　十年南昌府學雕本，1993。

二　近人論著

〔英〕雷蒙・威廉斯（Raymond Henry Williams）著、劉建基譯：《關
　　　　鍵詞：文化與社會的詞滙》，北京：三聯書店，2005。

〔日〕白居易研究會編：《白居易研究年報1-20》，東京：勉誠出版，2000-2019。

〔日〕下定雅弘著、李寅生譯：《白樂天的世界》，南京：鳳凰出版社，2017。

〔日〕下定雅弘著、蔣寅譯：《中唐文學研究論集》，北京：中華書局，2014。

〔日〕川合康三著、劉維治、張劍、蔣寅譯：《終南山的變容：中唐文學論集》，上海：上海古籍出版社，2013。

〔日〕布目潮渢：〈白居易の喫茶〉，收於三上次男博士喜壽記念論文集編集委員會編：《三上次男博士喜壽記念論文集‧歷史篇》，東京：平凡社，1985，頁121-134。

〔日〕布目潮渢等著、許賢瑤譯：《中國古代喫茶史》，臺北：博遠出版公司，1991。

〔日〕平岡武夫：《白居易──生涯と歲時記》，京都：朋友書店，1998。

〔日〕芳村弘道著、秦嵐等譯：《唐代的詩人研究》，北京：中華書局，2014。

〔日〕青木正兒著、范建明譯：《中華名物考（外一種）》，北京：中華書局，2005。

〔日〕青木正兒著、盧燕平譯：《琴棋書畫》，北京：中華書局，2008。

〔日〕埋田重夫著、王旭東譯：《白居易研究：閑適的詩想》，西安：西北大學出版社，2019。

〔日〕國分功一郎著、方瑜譯：《閒暇與無聊》，新北：立緒文化事業公司，2018。

〔日〕興膳宏著、李寅生譯：《中國古典文化景致》，北京：中華書局，2005。

〔日〕齋藤茂著、王宜瑗、韓豔玲譯:《文字覷天巧——中晚唐詩新論》,北京:中華書局,2014。

〔法〕Pierre Bourdieu, Distinction, *A Social Critique of The Judgement of Taste*, translated by Richard Nice, by the President and Fellows of Harvard College and Routledge & Kegan Paul 1984.

〔法〕Pierre Bourdieu, *The Field of Cultural Production: Essays on Art and Literature*, editor and introduced by Randal Johnson, Cambridge: Polity Press, 1993.

〔法〕布爾迪厄著(Pierre Bourdieu),劉暉譯:《藝術的法則——文學場的生成與結構》,北京:中央編譯出版社,2011。

〔法〕傑哈・簡奈特(Gerard Genette)著,廖素珊、楊恩祖譯:《辭格第三集》,臺北:時報文化出版社,2003。

〔美〕Gene Bammel、Lei Lane Burrus-Bammel 著,涂淑芳譯:《休閒與人類行為》,臺北:桂冠圖書公司,1996。

〔美〕宇文所安著,陳引馳、陳磊譯:《中國「中世紀」的終結:中唐文學文化論集》,臺北:聯經出版事業公司,2007。

〔美〕范伯倫(Thorstein Veblen)著、李華夏譯:《有閒階級論——一種制度的經濟研究》,新北:左岸文化,2007。

〔美〕楊曉山著、文韜譯:《私人領域的變形:唐宋詩歌中的園林與玩好》,南京:江蘇人民出版社,2008。

〔英〕A. S. Hornby(霍恩比)原著,趙翠蓮、鄒曉玲等翻譯:《牛津高階英漢雙解詞典・第八版》,香港:牛津大學出版社,2013。

〔英〕休姆(David Hume)著,楊適等譯:《休姆散文集》,臺北:志文出版社,1990。

〔挪威〕拉斯・史文德森(Lars Svendsen)著,黃煜文譯:《最近比較煩:一個哲學思考》,臺北:商周出版,2009。

〔德〕馬克斯・韋伯（Max Weber）著、錢永祥等譯：《學術與政治：
　　　　韋伯選集I》，臺北：遠流出版社，2014。

毛文芳：《晚明閒賞美學》，臺北：臺灣學生書局，2000。

王鴻泰：〈導讀：感官、品味與文化身分——晚明文人的生活經營與
　　　　品賞文化〉，收入〔明〕文震亨著、李霞、王剛編著：《長物
　　　　志》，臺北：文光圖書公司，2021，頁1-8。

任繼愈編：《佛教大辭典》，南京：江蘇古籍出版社，2002。

朱金城：《白居易年譜》，臺北：文史哲出版社，1991。

朱金城：《白居易研究》，臺北：文史哲出版社，1992。

何劍平：《中國中古維摩詰信仰研究》，成都：巴蜀書社，2009。

何騏竹：〈白居易詠病詩中呈現的自我療癒〉，《成大中文學報》第57
　　　　期（2017年6月），頁39-82。

佛陀教育基金會：《實用佛學辭典》，臺北：財團法人佛陀教育基金
　　　　會，2011。

呂正惠：〈白居易的「中隱」觀及其矛盾〉，《唐代文學研究》第12輯
　　　　（2008年1月），頁658-669。

巫仁恕：《品味奢華：晚明的消費社會與士大夫》，臺北：聯經出版事
　　　　業公司，2007。

李怡：《唐代文官服飾文化研究》，北京：知識產權出版社，2008。

邱德亮：〈癖嗜文化：論晚明文人詭態的美學形象〉，《文化研究》第8
　　　　期（2019年春），頁61-100。

侯迺慧：〈身體意識、存在焦慮與轉為道用——白居易詩的疾病書寫
　　　　與自我治療〉，《臺北大學中文學報》第22期（2017年9月），
　　　　頁1-49。

侯迺慧：〈從知命到委命——白居易詩命限主題中才、命、心的角力
　　　　與安頓〉，《臺北大學中文學報》第25期（2019年3月），頁
　　　　71-109。

孫昌武：《中國文學中的維摩與觀音》，天津：天津教育出版社，
　　2006。

孫昌武：《詩與禪》，臺北：三民書局，1994。

孫機：《中國古輿服論叢（增訂本）》，上海：上海古籍出版社，
　　2013。

張仲禮著，李榮昌譯：《中國紳士──關於其在十九世紀中國社會中
　　作用的研究》，上海：上海社科院出版社，1991。

張錯：《西洋文學術語手冊──文學詮釋舉隅（第二版）》，臺北：書
　　林出版公司，2011。

曹淑娟：〈江南境物與壺中天地──白居易履道園的收藏美學〉，《臺
　　大中文學報》35期（2011年12月），頁85-124。

曹淑娟：〈唐代官亭的建制及其書寫〉，《臺大中文學報》第67期
　　（2019年12月），頁45-86。

許嘉猷：《藝術之眼──布爾迪厄的藝術社會學理論及其在台灣之量
　　化與質化研究》，臺北：唐山出版社，2011。

陳家煌：〈由白居易貶江州之史實考察論其詩人意識之形成〉，《中山
　　人文學報》第34期（2013年1月），頁189-216。

陳家煌：〈從鶴的物性看白居易詩中的鶴〉，《成大中文學報》第45期
　　（2014年6月），頁95-138。

陳家煌：〈論白居易詩的晚期風格〉，《國文學報》第54期（2013年12
　　月），頁113-148。

陳家煌：《白居易生命歷程對詩風影響之研究》，高雄：中山大學中文
　　系碩論，1999。

陳家煌：《白居易詩人自覺研究》，高雄：中山大學文學院，2009。

陳寅恪：《元白詩箋證稿》，收入《陳寅恪先生文集・三》，臺北：里
　　仁書局，1982。

賈晉華：〈「平常心是道」與「中隱」〉，《漢學研究》第16卷2期（1998
　　年12月），頁317-349。

賈晉華：《唐代集會總集與詩人群研究》，北京：北京大學出版社，
　　　2001。

楊宗瑩：〈白居易的愛好：音樂〉，《國文學報》第12期（1983年6
　　　月），頁143-166。

楊宗瑩：〈白居易的愛好：飲酒〉，《國文學報》第13期（1984年6
　　　月），頁143-154。

楊宗瑩：〈買笑黃金莫訴貧：白居易與妓女〉，《中國學術年刊》第6期
　　　（1984年6月），頁101-128。

楊宗瑩：〈白居易的飲食習慣〉，《中國學術年刊》第8期（1986年6
　　　月），頁233-241。

臺灣商務印書館編審委員會編纂：《增修辭源》，臺北：臺灣商務印書
　　　館，1978。

齊邦媛：《霧起霧散之際》，臺北：天下文化出版，2017。

劉寧：《唐宋之際詩歌演變研究——以元白之「元和體」的創作影響
　　　為中心》，北京：北京師範大學出版社，2002。

蔡叔珍：《白居易「閑適」詩研究——以「情性」為考察基點》，臺
　　　南：成功大學中文所碩論，2004。

鄭毓瑜：《引譬連類：文學研究的關鍵詞》臺北：聯經出版事業公
　　　司，2012。

蕭馳：《佛法與詩境》，北京：中華書局，2005。

蕭麗華：〈唐宋佛教居士形象的兩個人物——王維與蘇軾〉，《佛光學
　　　報》新4:2（2018年7月），頁203-246。

蕭麗華：〈唐詩中的維摩詰意象〉，《武漢大學學報（人文科學版）》第
　　　68卷第2期（2015年3月），頁44-52。

蕭麗華：〈從「一行三昧」看蘇軾的居士形象〉，《臺大中文學報》第
　　　54期（2016年9月），頁59-100。

蕭麗華：〈蘇軾詠茶詩及其茶禪研究——以唐代詠茶詩為映襯的觀
　　　察〉，《東吳中文學報》第35期（2018年5月），頁75-102。

謝思煒：〈中唐詩人的「自由」觀念及其思想史意義〉，《唐詩與唐史論集》，北京：中華書局，2016。

瞿同祖著、范忠信、晏鋒譯：《清代地方政府》，北京：法律出版社，2003。

簡錦松：〈長安唐詩與樂遊原現地研究〉，《臺大文史哲學報》第60期（2004年5月），頁75-111。

簡錦松：《山川為證：東亞古典文學現地研究舉隅》，臺北：國立臺灣大學出版中心，2018。

嚴志雄：〈錢謙益攻排竟陵鍾、譚側議〉，《中國文學研究通訊》14:2（54期）（2004年6月），頁93-119。

龔鵬程：《文化符號學》，臺北：學生書局，1992。

文學研究叢書・古典詩學叢刊 0804023

白居易詩人品味研究

作　　者	陳家煌
責任編輯	官欣安
特約校稿	林秋芬

發 行 人　林慶彰

總 經 理　梁錦興

總 編 輯　張晏瑞

編 輯 所　萬卷樓圖書股份有限公司

　　　　　臺北市羅斯福路二段 41 號 6 樓之 3

　　　　　電話 (02)23216565

　　　　　傳真 (02)23218698

發　　行　萬卷樓圖書股份有限公司

　　　　　臺北市羅斯福路二段 41 號 6 樓之 3

　　　　　電話 (02)23216565

　　　　　傳真 (02)23218698

　　　　　電郵 SERVICE@WANJUAN.COM.TW

香港經銷　香港聯合書刊物流有限公司

　　　　　電話 (852)21502100

　　　　　傳真 (852)23560735

ISBN 978-986-478-666-4

2022 年 6 月初版

定價：新臺幣 400 元

如何購買本書：

1. 劃撥購書，請透過以下郵政劃撥帳號：

　帳號：15624015

　戶名：萬卷樓圖書股份有限公司

2. 轉帳購書，請透過以下帳戶

　合作金庫銀行 古亭分行

　戶名：萬卷樓圖書股份有限公司

　帳號：0877717092596

3. 網路購書，請透過萬卷樓網站

　網址 WWW.WANJUAN.COM.TW

大量購書，請直接聯繫我們，將有專人為您服務。客服：(02)23216565 分機 610

如有缺頁、破損或裝訂錯誤，請寄回更換

版權所有・翻印必究

Copyright©2022 by WanJuanLou Books CO., Ltd.

All Rights Reserved　　　**Printed in Taiwan**

國家圖書館出版品預行編目資料

白居易詩人品味研究/陳家煌著. -- 初版. -- 臺北市 ：萬卷樓圖書股份有限公司, 2022.06

　面 ；　公分. -- (文學研究叢書. 古典詩學叢刊 ；804023)

ISBN 978-986-478-666-4(平裝)

1.CST: (唐)白居易　2.CST: 傳記

782.8418　　　　　　　　　111005336